西部体育产业
与文旅产业融合发展研究

朱亚成　张青　朱萍　著

九州出版社
JIUZHOUPRESS

图书在版编目(CIP)数据

西部体育产业与文旅产业融合发展研究 / 朱亚成，张青，朱萍著. —— 北京：九州出版社，2021.10

ISBN 978－7－5225－0623－4

Ⅰ.①西… Ⅱ.①朱… ②张… ③朱… Ⅲ.①体育产业－关系－文化产业－产业发展－研究－中国②体育产业－关系－旅游业－产业发展－研究－中国 Ⅳ.①G812②G124③F592.3

中国版本图书馆 CIP 数据核字(2021)第 222232 号

西部体育产业与文旅产业融合发展研究

作　　者	朱亚成　张　青　朱　萍　著
责任编辑	曹　环
出版发行	九州出版社
地　　址	北京市西城区阜外大街甲 35 号(100037)
发行电话	(010)68992190/3/5/6
网　　址	www.jiuzhoupress.com
印　　刷	北京市北方华天彩色印刷有限公司
开　　本	787 毫米×1092 毫米　16 开
印　　张	14.75
字　　数	300 千字
版　　次	2021 年 12 月第 1 版
印　　次	2021 年 12 月第 1 次印刷
书　　号	ISBN 978-7-5225-0623-4
定　　价	78.00 元

前　言

　　"10＋2＋2"是我国西部地区最新定义，所谓的"10"即西南地区的重庆、四川、云南、贵州、西藏和西北地区的陕西、甘肃、青海、新疆、宁夏10个省、自治区、直辖市；所谓的"2"分别即为内蒙古、广西2个自治区；以及湖北的恩施土家族苗族自治州和湖南的湘西土家族苗族自治州2个自治州。按此概念计算，西部地区土地面积约690万平方公里，占全国国土面积的71％；2017年人口约3.9亿，占全国人口总数的29％；2019年地区生产总值205179亿元，占全国比重的20.71％。西部地区自然生态环境丰富多彩，瑰丽独特。学者将其地理特征描述为"三原四盆"，即占据西部大部分的青藏高原、黄土高原和云贵高原，以及居于其间的柴达木、塔里木、准噶尔和四川盆地。在气候上，"一高一干一季"构成了西部的三类自然区，即青藏高原区、西北干旱区和局部地区的季风区。正因为其奇特的地理与气候环境，造就了其雄伟壮观、神奇瑰丽的自然风貌。包括绚丽多姿的高原、峡谷、草原、河流、湖泊、崖壁、冰雪等资源成就了其天然的高品质户外运动资源，部分地区已经成为海内外知名的户外运动休闲旅游和高山探险目的地。

　　西部地区疆域辽阔，大部分地区是我国经济欠发达地区和众多少数民族的主要集聚地。另外，西部地区有独具特色的包括语言、故事、歌谣、舞蹈、节日、服饰、建筑、手工艺、礼仪习俗、民族传统体育以及生存理念、生活和生产方式在内的各民族文化。根据地域和文化特质差异，西部地区大致可以划分为几个大的文化圈：以黄河流域为中心的黄土高原文化圈，北方草原文化圈，以天山南北为核心的西域文化圈，以青藏高原为主体的藏文化圈，长江三峡流域和四川盆地连为一体的重庆巴文化、四川蜀文化圈，云贵高原及向东延伸的滇黔文化圈等。这种多样性的文化形态与各个民族的生活方式、观念、习俗、艺术以及悠久历史、生存环境紧密相连，在西部地区民族节庆、习俗和日常生活娱乐文化中，孕育了丰富多彩的具有明显体育元素的民族民间体育文化和体育旅游。西部地区民族民间体育文化夹杂着独特的民族情感、审美和生活观，也包含着其特有的身体文化和健身、娱乐、休闲价值取向，成就着当前及今后区域民族体育文化旅游资源的开发潜质和产业融合发展的光明前景。

　　2018年3月，十三届全国人大一次会议批准文化部、国家旅游局合并为文化和旅游部，推动文化事业、文化产业和旅游业融合发展，建立适合体育文化旅游融合发展的体制机制。同年 12 月，国家体育总局副局长李颖川在中国体育文化博览会和中国体育旅游博览会上表示，体育、文化、旅游，已经成为人民群众幸福感、获得感的重要载体，要推动体育、文化、旅游的融合发展，使体育具有更广阔的发展空间，使旅游具有更强的参与感、体验感，使文化具有更丰富的载体和依托。2021 年 3 月 12 日发布的《"十四五"规划和 2035 年愿景目标纲要》提出推动文化和旅游融合发展。坚持以文塑旅、以旅彰文，打造独具魅力的中华文化旅游体验。深入发展大众旅游、智慧旅游，创新旅游产品体系，改善旅游消费体验。加强区域旅游品牌和服务整合，建设一批富有文化底蕴的世界级旅游景区和度假区，打造一批文化特色鲜明的国家级旅游休闲城市和街区。推进红色旅游、文化遗产旅游、旅游演艺等创新发展，提升度假休闲、乡村旅游等服务品质，完善低空旅游等发展政策。同时还提出发展服务消费，放宽服务消费领域市场准入，推动文旅体育等消费提质扩容，加快线上线下融合发展。推动健康关口前移，深化体旅融合。扩大体育消费，发展健身休闲、户外运动等体育产业。这对体育、文化、旅游产业融合发展提出了新要求和新目标，是引领"十四五"时期体育产业与文旅产业融合发展的纲领性文件。

体育产业与文旅产业融合发展是实现体育产业跨越式发展的重要途径，是推进和实现体育强国战略的有效保证，是培育经济新动能的内在要求，更是促进我国社会经济结构转型的强力手段。"十四五"时期深入推进文体旅融合发展具有重要的现实意义和实践价值。

第一，文体旅融合是经济高质量发展的内在要求。文化、体育、旅游都具有精神文化属性，以满足民众的精神文化需求为目的，具有天然耦合性和产业关联性。文化产业、体育产业、旅游产业都是改善民生的"幸福产业"，具有资源消耗低、带动系数大、综合效益好的绿色特征，资源相互利用率和产业重合度较高，多方位、多层面、多维度融合成为主流趋势。文体旅产业融合以资本、创意、技术、市场为驱动，通过全要素的聚合与重组产生全新的"化合反应"，催生融合型的新业态、新产品、新市场，不仅拓展自身发展空间，也带动其他产业共同发展，产生 1＋1＞2、1＋1＋1＞3 的效果。目前，发达国家体育赛事以及与体育相关的消遣娱乐活动在旅游活动中所占的比重已达 25％以上，而中国仅占 5％（2017 年官方统计数据）。2021 年 2 月，文化和旅游部、国家开发银行、中国进出口银行、中国农业发展银行、中国工商银行、中国银行、中国光大银行等 7 家单位联合公布了全国文化和旅游投融资项目遴选结果，包括 320 个项目，总投资 6194.1 亿元，拟融资 2325.4 亿元。同年 3 月，新疆西域联创文旅发展创业投资基金拟定总规模 10 亿元，主要投向新疆内外优质旅游资源的并购、重组、开发、运营、提质、改造，以及参与旅游业上市公司定向增发等业务。文体旅产业融合高效盘活存量资源，获得叠加效应和放大效应，在资源配置方式创新、供给体系质量提升、新旧动能转换中发挥带动作用。

第二，文体旅融合是中华文化传承创新的重要途径。"建设优秀传统文化传承体系，弘扬中华优秀传统文化"是党的十九大提出的重要任务。《"十四五"规划和 2035 年愿景目标纲要》中对"传承弘扬中华优秀传统文化"作了详细论述，深入实施中华优秀传统文化传承发展工程，强化重要文化和自然遗产、非物质文化遗产系统性保护，推动中华优秀传统文化创造性转化、创新性发展。当前，弘扬中华优秀传统文化还存在传承手段和方式比较单一的问题，传统文化或被视为"阳春白雪"难以为大众感知，或是简单化、庸俗化、过度商业化对文化造成歪曲和损害。由于活化利用水平不高，现代性转化不足，严重影响了传统文化的生命力。文体旅融合发展突破旅游产业单一化发展的格局，将旅游与体育、文化产业有机结合起来，不仅能够实现对我国传统文化的保护和传承，使我国传统文化得到进一步发扬光大，不断走向国际市场，为更多的人所了解，而且能够进一步扩大优秀传统文化遗产的文化力量，使体育、文化、旅游产业的融合发展体现出浓厚的民族特色。文体旅融合是文化体验、文化认知与文化分享的重要形式，将传统人文精神与文化基因植入现代消费，在传统文化和当代价值之间建立"纽带"和"桥梁"，赋予传统文化以现代意义和当代表达，能够唤醒民众对传统文化的认同感和珍视感，是中华优秀传统文化传承创新的有效途径。

第三，文体旅融合是满足消费升级需求的有力支撑。随着我国消费结构升级，追求差异化的文化体验、健康有质量的生活方式，寻求身心愉悦、获得难忘体验，越来越成为大众消费的价值目标。满足多样化、个性化、品质化的消费升级需求，是文化、体育、旅游发展的内在要求。作为提升消费层次、释放消费潜力的重点领域，文体旅融合创造新供给、满足新需求，已经成为拉动社会消费的新引擎。根据 2020 年 6 月 20 日发布的《中华人民共和国文化和旅游部 2019 年文化和旅游发展统计公报》显示，2019 年国内旅游人数 60.06 亿人次，入境旅游人数 14531 万人次，出境旅游人数 15463 万人次，全年实现旅游收入 6.63 万亿元，同比增长 11.1%。2019 年全国文化和旅游事业费 1065.02 亿元，比上年增加 136.7 亿元，增长 14.7%。全国人均文化和旅游事业费 76.07 元，比上年增加 9.54 元，增长 14.3%。2020 年 12 月 31 日，国家统计局发布了 2019 年旅游、体育等产业的总规模与增加值等数据。经核算，2019 年全国旅游及相关产业增加值为 44989 亿元，占国内生产总值（GDP）的比重为 4.56%，比上年提高 0.05 个百分点。2019 年，全国体育产业总规模（总产出）为 29483 亿元，增加值为 11248 亿元。从名义增长看，总产出比 2018 年增长 10.9%，增加值增长 11.6%。从供给侧持续发力，推出特色鲜明、高品质的文体旅融合产品，才能扩大文体旅优质供给和有效供给，增强人民群众的获得感和幸福感。

当前，国家已作出推动文化、体育、旅游融合发展的战略部署，文化部和国家旅游局出台了《关于促进文化与旅游结合发展的指导意见》、国家旅游局和国家体育总局出台了《关于大力发展体育旅游的指导意见》，明确推进文化旅游协调发展、旅游产业和体育产业深度融合的战略部署。2019 年 9 月国务院办公厅关于印发的《体育强国建设纲要的通知》明确提出完善体育全产业链条，促进体育与相关行业融合发展，推动区域体育产业协同发展。与此同时，2020 年 5 月 17 日中共中央、国务院出台的《关于新时代推进西部大开发形成新格局的指导意见》提出支持西部地区发挥生态、民族民俗、边境风光等优势，深化旅游资源开放、信息共享、行业监管、公共服务、旅游安全、标准化服务等方面国际合作，提升旅游服务水平。依托风景名胜区、边境旅游试验区等，大力发展旅游休闲、健康养生等服务业，打造区域重要支柱产业。目前，西部体育、文化、旅游融合受到业界高度关注，但表现出实践经验较为丰富、理论相对匮乏的状态，对文体旅产业融合的理论研究相对滞后。有鉴于此，本研究基于西部体育产业与文旅产业融合发展实践，拟从产业融合和利益相关者的视角，探讨体育、文化、旅游产业融合的理论逻辑，分析西部体育产业与文旅产业融合发展的相关问题，提出推动西部体育产业与文旅产业融合发展的路径选择。

体育产业与文旅产业融合发展的重庆实践。2021 年 2 月川渝体育深化融合发展推进会上，重庆市体育局与四川省体育局、成都体育学院共同签署了《成渝地区双城经济圈体育产业协作协议》。两地体育部门将共同打造成渝地区文体旅品牌。具体而言，双方将充分利用两地江、河、湖、山等优势自然资源，共同创建国家体育旅游示范区，打造以巴山蜀水为特色的体育旅游目的地和运动休闲特色小镇，每年举办"巴山蜀水·运动川渝"体育旅游休闲消费季活动，开发集运动休闲、竞赛表演为一体的体育旅游产品，以及冰雪、山地户外、水上、航空、汽摩等时尚运动项目，打造具有巴蜀特色的城市健康乡村休闲文体旅商品牌，进一步推动川渝体育深化融合发展。2020 年 10 月重庆市第四届体育旅游产业发展大会立足重庆体育旅游产业发展实际，提出促进体育、文化与旅游深度融合共同推动体育旅游产业高质量发展，努力创建全国体育旅游示范区。重庆市先后建成渝北区体育馆、渝北区全民健身中心等大型体育场馆，推进公共体育场馆建设改造功能、改革机制，充分发挥场馆资源优势惠民利商。国际华园体育小镇初具规模，成功入选"全国特色体育小镇"，极限运动、户外运动、赛事活动日益兴起，走出了一条独具渝北特色的文体旅融合发展之路。放眼全市，用体育赋能区域发展，围绕"体育＋"做文章，将文化、旅游、商业和体育产业玩出新花样的成功案例还有很多。如重庆市彭水县近年来依托"民族、生态、文化"三大特色，因地制宜地将丰富的水域资源与水上赛事、民族之美和文化盛宴相结合，走出了一条文体旅融合的特色发展之路，成功打造了中国摩托艇联赛、中美澳艺术滑水精英赛、阿依河国际漂流赛、苗族踩花山节、渝东南生态民族旅游文化节等系列节赛品牌，将彭水县养在深山人未知的旅游资源及苗族风情传递到全国乃至全世界。如今，彭水县的节赛活动已发展为覆盖全域、贯穿全年的综合性系列活动，体育旅游产业已成为彭水县创新发展的助推器。

体育产业与文旅产业融合发展的四川实践。近年来，体育与文化、旅游在四川呈现融合之势，成为经济社会发展的助推器。四川省具有丰富的文体旅资源和广阔的市场空间，坚持以产业融合发展为路径，完善文体旅游产业发展布局，加快构建现代文体旅游产业体系，推动"体育＋""文化＋""旅游＋"融合发展。最近四川省作出了重大决策：一是政策层面出台了《四川省体育旅游融合发展三年行动计划（2018－2020年）》，将文体旅游产业纳入全省4＋6现代服务业体系予以重点培育发展。二是构建完善文体旅游产业发展布局。完善"一核五带"文旅布局和构建"一核三带五区"体育布局。三是打造一批具有四川特色的文体旅赛事品牌活动，目前正式启动"跑遍四川"系列赛，陆续举办"游遍四川、骑遍四川、滑遍四川、打遍四川、划遍四川、舞遍四川"等系列活动，形成具有自主赛事IP的赛事集群。四是创建一批国家体育旅游精品项目，围绕冰雪运动、山地户外、水上运动、汽车自驾运动、航空运动、武术健身等旅游产品，创建一批精品旅游线、旅游区、达到整个提升四川"体育＋文化＋旅游"的目的。2020年10月四川省雅安市以成渝地区双城经济圈建设为契机，主动深耕国内特别是成都、重庆市场，激发发展活力，聚焦高水平融合、高质量发展、高品质生活，聚焦文旅融合推进业态创新，加快建设一批文旅融合发展示范区，储备包装一批跨界融合的旅游综合性项目。推动文化旅游产业恢复性增长和可持续发展，加快建设文化强市旅游强市，为全省、全国文化旅游恢复振兴贡献雅安力量。同年8月四川省宜宾市江安县大妙荷花体育赛事活动以"体育＋文化＋旅游"的形式，把大妙荷花文化与户外运动、旅游等元素有机融合，引领老百姓崇尚健康环保、时尚前卫的生活方式。

体育产业与文旅产业融合发展的云南实践。2020年8月《云南省人民政府办公厅关于加快建设体育强省的意见》（以下简称《意见》）出台，《意见》明确提出推动体育与旅游、文化、康养等产业深度融合，聚集产业核心要素，打造完整产业链条；依托高原体育训练基地群，培育以昆明为核心的体育产业经济圈、"大滇西"体育旅游发展带和滇东北山地户外运动带等产业集聚区，打造高原体育训练与康复基地品牌，助力打造世界一流"健康生活目的地牌"；打造集体育赛事、体育消费、体育旅游、体育服务、全民健身为一体的云南高原特色体育产业综合体，推进体育产业市场化发展。紧接着，同年8月云南省委、省政府出台了《关于加快构建现代化产业体系的决定》（以下简称《决定》），明确提出要打造5个万亿级支柱产业和8个千亿级优势产业。其中，旅游文化业被纳入万亿级支柱产业进行打造。根据《决定》，云南省旅游文化业要实现到2025年总收入达到2万亿元，到2030年达到3.5万亿元、占GDP比重达到12％的目标。到2035年，把云南建设成为全国旅游文化业发展领先省份、世界旅游文化重要目的地。2019年11月，"7个景区、31个赛事、8条线路、4个目的地"获评2019

年云南省省评体育旅游精品项目，作为 2019 中国国际旅游交易会重要活动之一，旨在联合各方进一步深度挖掘云南体育旅游资源，赋予其更多的文化内涵，促进"体育＋文化＋旅游"的深度融合，培育和发展更多优质的体育旅游项目。同年 9 月，"七彩云南·运动德宏"体育文化旅游节成功举办，赛事规模创历史之最，受益人群众多。从 2012 年的几百人到 2019 年上万人参赛，体育文化旅游节质量双升，是基于德宏良好的体育设施建设，得天独厚的户外体育资源以及良好的群众基础。德宏在国庆小长假期间搭建的优质赛事平台，为人们健康出游提供了更多更好的选择，也极大推动了德宏"体育＋文化＋旅游"的融合发展。

体育产业与文旅产业融合发展的贵州实践。贵州被誉为"户外运动天堂，体育旅游胜地"。2020 年 9 月体育旅游精品线路和体育旅游基地创建名单的发布，极大丰富了贵州体育旅游产品体系。2020 年 3 月贵州省体育局、省文化和旅游厅召开体育旅游融合发展座谈会，省文化和旅游厅党组书记、厅长张玉广指出体育、旅游、文化有先天的吻合，特别是通过此次疫情，更有了后天的需要，大家对健康的需求更加迫切，双方有必要在前期签订合作备忘录的基础上，通过创新体制机制、充实合作内容、扩大合作领域等方式，充分利用创建全国体育旅游示范区的大好机遇，共同打造"体育＋旅游＋文化"精品项目，不断拓展体育旅游融合发展的深度和广度，为旅游产业化发展提供更多更优的体育旅游产品，不断满足人民日益增长的美好生活需要。省体育局党委书记、局长吴涛提出按照体育产业的"盘活存量资产，拓展增量资源，打造品牌赛事，培育龙头企业，发展体育康养"的思路，基本构架的很多内容都与文化旅游息息相关，体旅融合发展必将成为重要的抓手。2020 年 9 月贵州道真自治县充分利用民族文化和体育资源优势，坚持党建引领，以提升服务质量为抓手，全力打造体育旅游产品，相继举办了"交旅（君立）杯"篮球赛事、绿色健步走、马拉松、国内外广场街舞、足球赛和具有民族特色的高台舞狮、打篾鸡蛋等体育活动，以体育运动带动该县生态、文化旅游产业发展。"十四五"时期，贵州将大力推进旅游产业化，构建高质量发展现代服务业体系。加快形成全域旅游发展新格局，提升旅游产业发展质量和效益，持续提升"山地公园省·多彩贵州风"品牌影响力，推动"体育＋文化＋旅游"深度融合发展，打造国际一流山地旅游目的地、国内一流度假康养目的地，建设多彩贵州旅游强省。

体育产业与文旅产业融合发展的西藏实践。近年来，相约西藏、体验登山、参与户外，逐步成为象征旅游最高品质的"巅峰之约"，体育旅游人群在连创新高的赴藏旅游人次中占比日益增加。在地面户外活动已形成品牌效应的同时，西藏计划通过打造山地户外运动天堂开展"水、陆、空"各类户外活动，形成立体化、特色化、差异性、联动性的户外运动产业发展格局。通过"体育＋旅游""体育＋文化""体育＋扶贫"等方式助推地方经济高质量发展、农牧民群众增收致富。在前期规划中主要以拉萨、林芝、日喀则为重点，逐步向其他市地拓展。

其中，林芝重点打造南迦巴瓦户外运动小镇；日喀则重点打造珠峰高海拔登山产业带；拉萨重点打造环拉萨国际 100 公里山地越野挑战赛、羊八井大众山地户外运动乐园和建设滑雪场；昌都重点打造然乌湖和来古冰川户外运动品牌；山南重点打造羊湖（羊卓雍措）和浪卡子户外运动品牌；那曲重点打造嘉黎沿线户外运动品牌；阿里重点打造"神山圣湖"户外运动品牌。实施西藏户外运动"12358"计划。依托各地资源优势、区位特点和体育传统，打造以墨脱为代表的海拔1000 米左右的亚热带户外运动区、以易贡为代表的海拔 2000 米左右的亚高原户外运动区、以多雄拉为代表的海拔 3000－4000 米的高原山地户外运动区和以羊八井、定日等为代表的海拔 5000－8000 米以上高海拔山峰户外运动区。2020 年11 月林芝市进一步统筹规划、整合资源，把南迦巴瓦山地户外运动小镇建设和林芝体育产业发展纳入"十四五"体育发展规划和广东省第九批援藏工作计划，加快发展特色山地户外运动，推动林芝体育产业创新发展；把"体育＋旅游""体育＋扶贫""体育＋文化"融合发展，作为体育产业发展的重要路径，积极培育体育市场主体，因地制宜开发体育产品，大力开发特色体育产业，充分挖掘体育的经济价值，使体育产业真正成为推动经济高质量发展的新动力。

体育产业与文旅产业融合发展的陕西实践。2021 年 3 月陕西省体育局公开发布 15 项"一带一路"陕西 2021 体育精品赛事，赛事将覆盖 8 个市（区），影响力和辐射效应将进一步增强。经过连续两年举办，"常态化、国际化、专业化、市场化"标准的体育精品赛事已成为陕西体育最具代表性的名片之一。陕西2020 年有 13 项体育精品赛事相继举办，吸引观赛游客 114 万人次，带动经济收入 5.16 亿元，社会效益、民生效益、经济效益同步凸显。2021 年春节期间西安市文化和旅游局举办以迎接"十四运"为主题的多项文体旅活动，积极把握"十四运"重要机遇，充分展示千年古都文化西安、国家中心城市现代西安、创新创业活力西安、开放包容国际西安的良好形象。2019 年第二届"12·28"陕西旅游消费节暨体育旅游嘉年华，以"赋能文体旅，年终聚惠趴"为口号，是在首届陕西旅游消费节的基础上的进一步拓展和升级，除了惠民内容、力度、时长均大幅提升外，还以陕旅集团成功融合重组陕西体育集团为契机，加入了"体育旅游嘉年华"相关内容，大力推动"旅游＋体育＋文化"深度融合发展。2019 年陕西将通过旅游消费节和"i 奔跑全民运动联盟"的带动引领，通过"文化＋旅游＋体育"的深度融合发展，实现文化产业、体育产业和旅游产业三大产业体系的优化提升，助推三大产业体系的有机融合发展，为陕西在文化、旅游、体育领域的融合发展探索更加成熟的经验。文化产业、体育产业和旅游产业三大产业体系是陕旅集团产业发展的三驾马车，也是陕西在新经济领域的增长点和爆发点。新成立的"i 奔跑全民运动联盟"是陕旅在体旅融合方面的一个大胆尝试。通过本次旅游消费节，陕旅集团以让利于民、惠民服务的方式，为陕旅的三大产业体系吸引更多的流量，助力三大产业体系的做大做强，推动三大产业体系的有机融合发展，为陕西"三个经济"注入新活力。

体育产业与文旅产业融合发展的甘肃实践。2021年《甘肃省政府工作报告》提出坚持以文塑旅、以旅彰文，释放甘肃厚重多彩的文化魅力，打造文化兴、生态美、百姓富的体育文化旅游强省。2020年，全省接待旅游总人数2.13亿人次，实现旅游综合收入1455亿元。2020年8月甘肃甘南藏地传奇自行车赛在临潭县冶力关镇举行，经过6年的培育，该赛事的影响力不断扩大，已成为全国业余公路自行车赛的品牌赛事。本届藏地传奇自行车赛线路赛道全程穿行冶力关国家4A级旅游景区，途经碧波荡漾的天池冶海、钟灵毓秀的赤壁幽谷、鬼斧神工的阴阳石、风光旖旎的国家森林公园。甘南藏地传奇自行车赛已不仅是一场文体活动，更是甘南文化旅游大融合、大发展的新亮点，甘南州旅游经济探索和发展的新业态。据临潭县文旅局统计数据显示，仅8月3日到5日，冶力关大景区接待游客9300人，旅游创收300多万元。"旅游＋体育＋赛事"是大众旅游时代的大势所趋，符合市场需求，也符合旅游业态转型。临潭县相关负责人表示，该县将紧紧围绕游客需求，探索"旅游＋文化""旅游＋农业""旅游＋赛事"的发展模式，深入挖掘洮州历史、饮食、服饰等文化资源内涵，推动旅游业更快发展。2018年8月甘肃省定西市委、市政府出台《关于推进文化和旅游（体育）融合发展的意见》（以下简称《意见》），这是我国西部乃至国内第一份较为完整的文体旅融合发展的指导意见，具有重要的学术指导价值和实践参考价值。《意见》提出到2020年，定西市发展一批具有较强实力的文旅体企业，开展一批文旅体活动，推出一批文旅体品牌，建成一批功能完善的文旅体示范基地。文化产业增加值占GDP的比重争取达到5％，接待游客年均增长22％以上，旅游综合收入年均增长27％左右，体育产业开发总规模达6亿元以上。

体育产业与文旅产业融合发展的青海实践。近年来，青海省文化体育旅游融合发展取得重大进展。落地环青海湖国际公路自行车赛事、青海高原世界杯攀岩赛，打造大众体育15分钟健身圈，保证多巴国家训练基地平稳发展……青海省一直在尝试挖掘青海体育产业更大的可能。结合青海当地的自然优势，青海省体育局早年提出了"体育＋旅游"融合发展的方针，并在此基础上希望促进体育与文化、金融、教育、健康、扶贫等领域结合发展。青海省海西蒙古族藏族自治州文化多元、旅游资源类型丰富，全州有100多处经典景观。2020年3月海西州在文旅融合中通过完善公共文化旅游服务体系、加快文旅产业发展等措施，提升"祖国聚宝盆、神奇柴达木"文化旅游品牌知名度。在青海百余条精品旅游线路中，海西州以"云中漫步·天镜之旅"为主题的钻石线路受游客青睐，线路包含了天空之镜茶卡盐湖、巍巍昆仑雪山、神秘火星小镇、水上雅丹、广袤美丽草原、千年枸杞林、海子诗歌馆等众多景点，直观展示了海西丰富的文化旅游资源。今年，海西州将坚持"宜融则融、能融尽融、以文促旅、以旅彰文"的工作思路，打造更多融入文化体育内涵的特色旅游精品线路，持续推进国家特色文化产业发展工程、丝绸之路文化产业带等海西片区重点项目建设。2020年5月13日青海省副省长杨逢春在西宁市调研时强调推动文化旅游体育融合发展，更好满足人民群众高品质生活需求。青海省同德县围绕"文化＋旅游＋体育＋扶贫"的发展思路，依托"宜融则融、能融尽融，以体育搭平台，以文化促旅游，以旅游推经济"发展模式，大力推广高原独特的宗日文化与体育赛事相结合，让更多人一览班多村的美丽，体验在高原独特风景。通过"住在班多、食在班多、玩在班多"的方式来带动当地乡村旅游发展、增强当地群众通过旅游增收的信心，实现体育活动与乡村旅游的完美结合。

体育产业与文旅产业融合发展的新疆实践。2020年5月新疆体育局党组书记聂春明确指出要全力打造新疆"体育＋旅游"独特品牌，着力发展沙漠品牌赛事活动和特色体育旅游、冰雪旅游资源，进一步提升环塔克拉玛干汽车摩托车越野拉力赛（以下简称"环塔拉力赛"）的品牌效应，带动体育旅游消费，推动山地户外、汽车摩托车、徒步越野、航空等体育旅游发展，最大限度发挥环塔拉力赛在"旅游兴疆"战略中的作用。近年来，新疆沙雅县深入实施自治区"旅游兴疆"战略，不断加大旅游资源开发力度，形成了"＋旅游""旅游＋"的多元文化旅游模式，同时将群众体育与旅游深度融合，结合本县实际推出节庆文化旅游、体育赛事旅游、特种旅游等，打出"四季"旅游牌，将新疆沙雅县丰富人文、胡杨、塔河、大漠等旅游资源转化成为促进县域经济增长，进一步推动体育事业和文化旅游产业融合发展，积极培育赛事活动旅游市场，实现"体育＋文化＋旅游"深度融合，为打响"世界胡杨公园、千年秘境沙雅"旅游品牌做出更大的贡献。近年来，特色文体旅小镇在南北疆蓬勃兴起。这些特色小镇和美丽乡村建设相结合，将民俗、非遗、美景和文创、休闲、美食融合到一起，成了隆冬时节城里人休闲度假的好去处。2019年起，当地积极打造"归园田居·塔村"乡村旅游品牌。2018中国可可托海体育旅游露营大会以"体育＋文化＋旅游"模式，将休闲户外运动、汽车运动与新疆美景有机结合，令参与者最大限度地体验少数民族地域特色，充分领略户外运动的魅力。同时，倡导生态平衡，环境保护，人与自然和谐的理念，引导社会公众树立低碳、环保、健康的现代生活理念。此举不仅丰富和活跃了人民群众文化体育生活，同时，在运动项目发展、推动旅游、拉动当地经济、促进社会和谐稳定和民族团结等方面，发挥了重要作用，为推动新疆休闲运动发展做出了突出的贡献。成为展示新疆新时代、新气象、新作为的重要窗口和靓丽名片。

体育产业与文旅产业融合发展的宁夏实践。近年来宁夏借鉴张家界体育旅游营销推广经验，打造宁夏文体旅融合亮点。挖掘贺兰山、六盘山、沙漠、草原、黄河、长城、湖泊湿地、阳光星辰、丝绸之路、红色旅游、葡萄酒产业等资源，重点围绕"自驾游""户外运动""徒步探险""极限运动""马拉松""自行车赛事""水上运动""冰雪运动""垂钓""风筝""滑翔伞"等体育运动，创新举办具有全国、世界级体育赛事。策划"环贺兰山汽车拉力赛""宁夏全域旅游自驾游""呵护母亲河自驾游""酒庄马拉松嘉年华""六盘山国际冰雪节"等活动，全面融合旅游业，培育打造宁夏体育旅游业亮点。同时，广泛发动大众参与体育活动，紧紧围绕丰富的山、水、沙资源，推动健身休闲、竞赛表演等业态协同发展，促进体育与旅游、医疗、养老、教育、文化等融合发展。鼓励支持各市、县（市、区）打造一批富有地方特色、具有一定影响力、群众喜爱的国际性、区域性精品赛事，逐步形成"一地一品"，激发广大人民全方位参与体育活动，掀起体育旅游业消费的高潮。2020年8月由国家体育总局体操运动管理中心和宁夏旅游协会主办的"挖掘与传承中国民族传统体育文化"排舞采风走进宁夏活动在银川举行，此次排舞采风走进宁夏，既是展示宁夏文化和旅游品牌形象的一个舞台，也是当地"体育＋文旅"创新融合的一个契机。在国家经济发展正在由高速增长阶段转向高质量发展阶段，希望通过排舞项目与宁夏文旅产业、体育产业等领域的深度结合，为宁夏经济社会发展注入新动能，以"体育＋文旅"共同打造排舞采风宁夏样板，进而辐射到全国乃至世界舞台上，打造新时代美丽新宁夏的新名片。在宁夏其他城市，文体旅融合独具特色，如中卫市做足"新""特""创""活"四篇文章，扛起了文体旅产业高质量发展的中卫担当，特别是体育旅游文化深度融合，已经成为中卫市经济社会发展的新路径，为中卫体育旅游文化融合发展探索出了一条新路子。

体育产业与文旅产业融合发展的内蒙古实践。内蒙古是体育文化、旅游资源富集区。近年来，内蒙古不断提高体育旅游项目建设水平，加大体育旅游产品研发推广力度，积极组织丰富多彩的体育旅游赛事和节庆活动，体育旅游渐成新风尚。2021年呼伦贝尔市依托草原冰雪资源和蒙古族民族民俗文化，积极承办大型体育赛事，举办内蒙古（国际）马术节、鄂尔多斯国际那达慕、草原丝路马拉松、草原风筝节、那达慕赛马、环内蒙古自行车系列赛、呼（呼和浩特）海（海拉尔）大通道汽车摩托车拉力赛、环阿拉善沙漠户外赛事、巴彦淖尔龙舟赛等赛事活动。2020年10月环乌梁素海自行车赛从大众赛事逐渐成为当地体旅融合的新名片，从传统的体育赛事到拉动社会经济发展、推动内蒙古"旅游＋"的进步。内蒙古乌拉特前旗以文化兴旗，体育强旗，旅游活旗为目标，将带动时尚酷炫的骑行潮流文化，给乌拉特前旗增添新的活力，同时，也会有更多的骑行爱好者加入骑行队伍中来，亲身体验自行车运动带来的"速度与激情"。相关体育赛事活动的举办，将为宣传推广"天赋河套"区域公用品牌注入活力。深入开展全民健身活动，全力打造巴彦淖尔自行车品牌赛事，营造健康文明、团结奋进、繁荣和谐的良好氛围，为推进内蒙古体育、旅游、文化产业融合发展助力。同年8月乌兰察布市深耕"旅游＋"，立足资源优势，打造"大旅游"格局，坚持"文化为魂、旅游为体、体育为用"理念，宜融则融、能融尽融，文体旅产业发展呈现融合进程加快、融合领域拓宽、融合深度加强、融合新业态涌现的良好发展态势。从燃热冰雪运动到启动网球进校园，乌兰察布在旅游与体育产业融合上持续发力，将现代旅游、体育运动与城市形象完美结合，让"旅游＋体育＋文化"逐渐成为乌兰察布体育事业的新亮点、旅游产业的新名片、地方经济的新支撑。

体育产业与文旅产业融合发展的广西实践。近年来，广西深入贯彻落实国务院关于加快发展体育产业促进体育消费的若干意见，实施体育产业发展工程，注重发挥广西"山＋海＋边"优势，创新打好"山水牌""赛事牌""东盟牌""民族牌""融合牌"，打响"广西绿色生态运动"的体育旅游品牌，加快发展体育经济。主打"山水牌"，打造"广西绿色生态运动"的体育旅游品牌。自治区体育局和文旅厅共同签订《关于推进体育产业与旅游业融合发展的合作框架协议》，出台实施了《关于大力发展广西体育旅游的实施意见》《广西创建全国体育旅游示范区三年行动计划（2019－2021年）》等，推动体育与旅游在理念、机制、政策、规划、组织、设施、队伍、活动等方面深度融合。精打"赛事牌"，以赛兴旅助推赛事经济。实施体育赛事兴旺工程，建立重大赛事补助机制。近年来发放赛事补助2900万元，支持和鼓励各地举办和引进国内外高水平赛事。巧打"开放牌"，打造"体育＋旅游"对外交流名片。充分利用广西地处东盟桥头堡的独特区位优势，加强与东盟国家和我国西南中南地区的体育旅游交流合作，成功举办中国－东盟山地户外体育旅游大会、中国－东盟国际马拉松、亚洲及大洋洲地区大众体育合作发展论坛暨中国－东盟大众体育合作发展论坛等一批"东盟"系列的重大体育赛事（活动）。深打"民族牌"，以民族体育及特色活动打造桂风壮韵的体育旅游新形象。深度挖掘广西民族传统体育文化优秀资源，发展民族传统体育旅游。在全区培育十大广西民族体育特色之乡、十大广西民族体育传承馆、十大广西民族传统体育示范基地等，形成广西特色的民族体育旅游发展模式。打好"融合牌"，大力发展"体育＋"。从"体育"到"体育＋"，成功打造"体育＋文旅＋扶贫＋县域发展"的马山模式。近年来，南宁市马山县先后举办中国－东盟山地户外体育旅游大会、环广西公路自行车世界巡回赛（马山弄拉赛段）等，"赛事＋节庆（美食节）"成为群众脱贫致富的新路径。

本研究基于体育产业与文旅产业融合发展的西部实践，参考西部主要省市区体育局、文旅局官员和负责人，相关领域专家、学者的观点和建议，提出了加快西部体育产业与文旅产业融合发展的路径选择：

一是以赛事资源为核心发展西部体育旅游。以体育赛事举办权为核心发展西部观赛旅游和参赛旅游，按照竞赛表演产业链，对文体旅产品和服务进行重新组合配置，满足消费者在运动健身中追求赛事体验、旅游体验和情感体验的需求，实现文化、体育、旅游协同发展。二是以产品创新为核心升级西部文化旅游。产品创新的关键是强化内容资源运营，持续注入新的内容IP，在主体产品上实现迭代创新。通过体育、文化、旅游产业价值链的重组延伸，增强西部景区流量和变现能力，在运营上不断完善服务管理体系，创造新的附加值和市场竞争力，破解文化旅游产品同质化困境。三是以业态融合为纽带融通西部体育文化。利用体育产业和文化产业的精神文化特征和强关联性，通过产业渗透和产业派生，打破边界促进业态裂变新生，发展文化体育融合型业态，丰富体育产业的文化内涵，创新体育文化产品，为大众提供观赏型和体验型精神产品，提升体育产业和文化产业的社会价值和经济价值。四是以产业生态为核心促进西部文体旅融合。以构建产业多维网络体系为核心，顺应现代产业跨界融合、协同共生的发展趋势，依托特定的载体空间，以城市生活服务和旅游服务功能为黏合剂，布局影院、剧院、博物馆、书店等文创业态，室内沙滩、冲浪、滑冰等体育休闲业态，彼此交织渗透、跨界关联形成开放的产品和市场，构建需求对接、产品关联、市场融合、经营协同的产业生态，形成产业关联效应和价值乘数效应。

本书共分十章，绪论部分主要对西部体育旅游资源、西部文化旅游类型与特色进行概述，并分析了西部体育文化旅游开发现状；第一章详细分析了西部体育文化旅游资源开发的条件，包括有利形势和制约因素；第二章针对西部体育文化旅游资源开发过程中可能带来的经济、社会文化环境效应进行深入探讨，并提出西部体育文化旅游资源开发效应的对策建议；第三章对西部体育产业与文旅产业融合开发的战略选择进行探讨，阐述了产业融合开发的积极影响，分析了其中蕴含的文化内涵，对可采取实施的投融资方式进行介绍，并提出了体育产业与文旅产业融合开发的路径选择；第四章对西部体育产业与文化旅游产业融合发展中涉及的利益关系进行分析，阐述了利益平衡的规制机制；第五章对西部体育产业与文旅产业融合发展的人才培养途径进行论述，主要从人才培养要求、培养差距和培养模式进行阐述；第六章对西部体育产业与文旅产业融合发展的问题与对策进行分析，找寻其中存在的主要问题，剖析其融合发展的内在机理和外部动力，对未来发展提出了相应的对策和建议；第七章从资源、市场和营销等方面论述了促进西部体育产业与文旅产业融合发展的整合手段；第八章从组织制度、要素投入以及社会支持等角度提出了保障体育产业与文旅产业融合发展的具体措施；第九章从组织管理、要素融合、融合模式和融合业态等视角论述了西部体育产业与文旅产业融合发展的创新机制；第十章对西部体育与文旅产业融合发展的效益做出具体评价，并提出了效益评价原则、评价内容以及对评价指标进行构建。

本书是由西藏民族大学朱亚成博士牵头负责，杨凌职业技术学院体育教学部讲师张青、西藏民族大学硕士研究生朱萍参与合著的一本专著。本书具体分工如下：朱亚成负责撰写了前言、第三章、第四章、第五章、第六章、第七章、第八章、第十章和后记，合计20万字；张青负责撰写了绪论、第一章、第二章，合计8万字；朱萍负责撰写了第九章，合计2万字。全书最后由朱亚成博士统稿。

本书涉及的研究内容和区域比较宽泛，由于受经费和人力限制，只能到西部地区部分省市区调研，尚未涉及湖北恩施土家族苗族自治州和湖南湘西土家族苗族自治州，所以调查研究的范围略显不足；由于受时间限制，对于我国西部体育产业与文旅产业融合发展的效益评价原则、效益评价内容和效益评价指标构建仅得到西部部分省市区一级政府体育单位和文旅部门的反馈意见，鉴于部分省市区实地调研的具体文体旅产业规划数据不便于公开发表，具体能否适合西部体育产业与文旅产业融合发展的需要，还有待于通过西部省市区体育和文旅部门的实践来检验。今后在研究中需要进一步将研究触角深入西部县域经济和典型案例，并强化产业经济相关量化实证研究。同时，为了使本书的研究能够丰富和完善，真诚期望有关专家、学者及各方人士提出批评指正。

朱亚成

2021 年 10 月

目　　录

绪 论

第一节 西部体育旅游资源概述

一、西部各省区体育旅游资源状况

旅游资源，即能够触发人类旅游动机并促使其落实旅游行为的一切因素之和，它涵盖了自然界以及人类社会中所有能够吸引旅游者，且具有被开发、被规划基础，有望成为旅游消费客观对象的事物。从该角度出发，体育旅游资源的定义为可以触发人类采取体育旅游活动的诸多要素的总和。一般来说，体育旅游资源能够分成自然景观、人文景观及其他景观这三个大类，下面对其进行详细阐述。

第一，自然景观资源。顾名思义，即散发吸引力的是大自然造物本身的体育旅游资源，它通常涵盖了诸多子类型，比如水体、地质、气候、地貌、地理、动植物等。具体来说，如为开展滑雪、探险、穿越、攀岩等体育旅游活动提供条件的山川、沙漠、高原等自然景观；为开展游泳、漂流、赛艇、冲浪等体育旅游活动提供条件的溪流、河海、湖泊等自然景观；为开展竞走、狩猎等体育旅游活动提供条件的草原、动植物等自然景观。

第二，人文景观资源。其指的是以社会文化事物作为主要依托散发吸引力的体育旅游资源。通常它涵盖了园林、社会民俗、文物古迹、城镇、宗教文化以及文学艺术等诸多子类型。举例来说，像彝族的火把节、藏族的赛马节等都属于此类资源。另外，水平较高的单项体育赛事以及规模较大的运动会等也都属于人文景观资源，它们能够对旅游者形成较强的吸引力，比如世界杯足球赛、奥运会等。

第三，其他景观资源。即不包含上述两种类别的体育资源在内的其他属性的资源。例如体育事业发展程度较好的城镇、人工建设的锻炼设备等，它们具备一定的可开发基础，也可以成为体育旅游景观。

因为体育旅游业发展定然要将体育资源作为其重要物质基础，所以全面分析西部体育资源状况，能够为制定相关对策奠定重要基础。

二、西部地区体育旅游资源优势

西部地区有着十分丰富的体育旅游资源，且这些资源类型齐全，能够和其他旅游资源进行优化组合，既能够保留体育产品特性，又能够发挥旅游产品功能。下面对西部地区的体育旅游资源优势进行详细阐述。

（一）形式多样，类型齐全

在长期的生产生活过程中，西部地区的各少数民族创造出了较多具有民族特色的体育项目，这些项目不仅有着多种类型，还具有丰富多彩的形式。具体如下：第一，生活、生产类。许多少数民族的体育项目都源自日常的生活和生产过程，与生活、生产过程相伴相生。举例来说，壮族人往往在劳动的间隙会打扁担，瑶族人喜爱射弩则主要源自他们传统的狩猎习惯。第二，纪念、祭祀类。我国很多少数民族的体育活动都产生于古代的宗教祭祀活动，或者是对本民族先祖的纪念活动等，和民族英雄有着较为密切的关系，这些活动往往带有十分浓厚的迷信色彩。在远古时期人类起源的具体过程中，宗教长期占据着重要地位。古代的很多少数民族也具有祖先崇拜、英雄崇拜、自然崇拜等情结，几乎每个民族都有其各自的纪念、祭祀活动，比如苗族拉鼓、壮族的师公舞、彝族的跳弓舞、藏族的赛马等。第三，文化娱乐类。受到地理条件等因素的诸多制约，很多少数民族的生活环境缺少与外界的接触，相对来说较为闭塞，生活乏味单一，他们为了令自己的生活更加丰富多彩，便创造出了诸多精彩有趣的娱乐活动。举例来说，壮族有打铜钱、打陀螺、倒立竞走等娱乐活动，而这些后来又逐渐演变成了该民族的传统体育活动。第四，战争和军事类。早期部落之间的争斗和战争也催生了很多传统体育活动。在民族的产生和发展过程中，为了令本民族具有更好的生存空间，获取更多的利益，各民族之间常常会发生战争。战争的存在催生了武器，传说中剑、箭就是黄帝为了战争而发明出来的。而与此同时，军事体育活动也应运而生，例如射箭、赛马等。

（二）组合性好，互补性强

西部地区的体育旅游资源能够和其他的旅游资源组合起来，比如自然旅游资源、人文旅游资源等。通常来说，它们的组合形式有如下几种：第一种，体育旅游资源与人文旅游资源相结合；第二种，体育旅游资源与自然旅游资源相结合；第三种，体育旅游资源、人文旅游资源与自然旅游资源三者相结合。举例来说，云贵高原拥有奇特美丽的高原湖泊，以及较为少见的喀斯特地貌，有在亚洲首屈一指的黄果树瀑布，还有西山滇池、打鸡洞、路南石林以及大理景区等。其中，贵州将黄果树瀑布和围棋这二者组合起来，实际上就对应了上述的第二种组合，即体育旅游资源与自然旅游资源相结合。另外，西部地区有着十分独特的民族风情。例如，在历史进程中，云南经历了民族的分化、迁徙以及融合，因而其省域内生活着多个少数民族，有着较强的文化封闭性，并且其有着巨大的民族美学价值，尚待人们深入挖掘。虽然在大类上都被划归为西部地区的范畴，但是各个地域的体育风格、自然人文景物皆存在差异，这就带给人不同的感觉，并且它们周边的环境差异也能够将西部地区的自然和人文风貌反映出来。举例来说，云南苗区的爬花杆活动由来已久且始终较为流行，但是在滇南一带该活动却是最为惊险的。在表演过程中，竞赛者用双足紧紧地缠绕在花杆之上，头朝向地面吹芦笙。之后表演者上身翻转 180 度，令上身正直朝上吹芦笙。表演者在这样的动作循环中慢慢到达杆顶，之后用脚趾将酒瓶线火燃，将两只脚伸到杆外侧亮相。之后表演者蛇形下落，直至距地约 2 米时立马一个筋斗将自己翻落到地，在表演过程中其笙声不曾中断。这些体育项目无疑都是将体育资源和人文旅游资源两者相结合之后的呈现。

互补性则具体体现为每个民族传统体育盛会所举办的时间不尽相同。西部地区生活着 40 多个民族，这就使得西部地区形成了多民族文化共存的景象，而民族文化又多通过民族传统节日鲜明地表现出来，西部地区有着众多民族节日，这在世界范围内都是极为少见的，并且这些节日有着十分精彩丰富的内容，令人赞叹不已。事实上，西部地区少数民族的体育活动往往不是独立存在、单独开展的，而是和生产、生活、节日等相结合，从而使少数民族原本单调的生活变得多姿多彩，而体育活动也成为这些地区民俗事象的一个关键标记。举例来说，摔跤活动是佤族人民的一项重要的娱乐和健身体育活动，在佤族地区开展得较为普遍。等到了春节、新米节、撒谷节来临之时，便是佤族人们开展摔跤活动的时间，各村寨的人们会彼此邀请进行分组比赛，并且受到人们的普遍欢迎。佤族的射弩比赛通常来说也会在节日里开展，佤族往往在林茂山区里生活，他们善于用弩来猎取飞禽走兽，所以在开展射弩比赛的时候，人们也都表现得十分积极。同样地，普米族的诸多体育活动，比如斗狗、赛马、摔跤等，也往往会选择特定的日子或者节假日开展。

（三）多功能性

1. 健体功能

体育活动通常都具有强身健体功能，而民族传统体育自然也不例外，竞技类、军事类的体育项目其主要目的就是增强人们的身体素质。从古代开始，中国人就认识到了运动具有极佳的养生作用。当前，健身运动受到世界各国人民的重视和欢迎，很多国外游客也非常喜爱中国传统的武术、太极拳等项目。各少数民族在其发展过程中几乎都发明了自己独特的武术传统项目，比如回族的查拳、弹腿，苗族的苗刀、矮拳，瑶族的盘王拳、双刀舞，壮族的白鹤棍、壮拳等。这些体育项目不仅对于强身健体十分有效，并且动作姿势优美、刚柔相济，具有极强的观赏性，具有不可忽视的旅游开发价值。

2. 娱乐功能

民族传统体育项目注重人们感情的自然流露，它原始、粗犷、奔放、纯朴，有着较强的感染力。少数民族的体育项目往往会选择在节日里表演，并且通常和歌舞相结合。在节日升腾的气氛和乐器的伴奏、愉快的歌声之中，人们充满热情，载歌载舞。外来游客身处此种情景之中，旅途所带来的疲劳倦怠感觉会瞬间消失，并且难掩心中激动、兴奋的感情，尤其是一些热情开朗的外来游客，往往会亲自参与到这种活动之中，深入体验这种异域风情。少数民族许多传统的体育项目本身就带有传情达意的作用，是少数民族人们交流情感、传递心意的重要方式；还有一些项目则是少数民族热情好客、注重礼仪的重要体现。举例来说，在春节的时候，侗族人民会开展芦笙踩堂活动，该活动既有利于青年男女彼此间进行交流，同时也有利于他们在活动中习得各种礼仪。这些新鲜有趣的体育活动，既能够给旅游者以新奇、别致的感觉，同时也能够让他们在活动中更好地感受到少数民族热情好客的传统。

3. 教育功能

我国少数民族传统体育活动具有较为鲜明的教育功能，且具有各自的特色。首先，很多活动在开展过程中都伴随着歌唱表演，这些歌唱表演具有鲜明的教育色彩。歌唱内容通常来说要么是怀念先祖、歌颂祖先功德，要么是叙述本民族的历史渊源，或者是叙述故事传说等。这种形式的体育活动有着极为突出的生活气息和少数民族特色，能够对游客形成较强的吸引力，并能够打动他们的内心，令他们发自内心地接受和喜爱这种活动。其次，部分体育活动自身就寄寓着教育作用和教育目的。举例来说，我国每年都会开展赛龙舟活动，该活动不仅受到国内人民的喜爱，也受到不少外国游客的青睐和欢迎，举办该活动的目的就是纪念爱国诗人屈原。因此，该活动既具有娱乐竞技活动的性质，同时也具有极强的爱国主义教育功能。另外，很多少数民族体育活动都有着十分强烈的竞技性和集体性，因而对参与者提出了较高的要求，他们彼此要团结起来，齐心协力，并且要勇敢拼搏，唯有如此，才能摘得最后的桂冠。举例来说，游客在观看苗族拉鼓、侗族抱花炮、京族顶竹杠等活动的时候，定然会被他们所展现出来的高昂的民族情绪、蓬勃的精神所吸引和震撼，并且从中受到一定的启发和教育。

4. 表演功能

少数民族传统体育活动之所以能够源远流长并受到人们的喜爱和欢迎，一个重要原因就在于它们具有突出的表演性。而表演性实际上和艺术性、娱乐性有着极为紧密的关系。我国少数民族体育活动很好地融合了这三个方面。特殊的形式、动听的音乐、鲜明的动感、富有节奏的舞蹈以及美丽的服饰，诸多方面共同构成动人画面，令游客体验美、感受美、欣赏美的同时感觉到强烈的震撼。实际上，很多体育活动在最初产生的时候并不具有表演性质，而仅仅注重实用性以及满足社会当时的需要。但是在历史发展过程中，一些活动原本的实用目的逐渐丧失，并朝竞技性和表演性活动转变，比如摔跤、武术、射箭、赛马等都属于此类运动。传统体育活动逐渐朝着艺术化、表演化方向发展，是不可避免的趋势。游客通常更加倾向于表演性活动，这些活动既给了游客领略民族风情的机会，同时也能够令游客得到艺术熏陶和艺术享受。

5. 竞赛功能

体育运动项目往往会制定统一的规则，让个人或者是集体依照规则展开较量，比拼各自的力量、智慧和技艺等。竞技体育的场面十分紧张和激烈，并且具有较强的挑战性，因而往往能够吸引游客前来观看。近些年，通过体育旅游强劲的发展势头就能够看出旅游者对旅游方面所产生的新需求，他们期待在旅途中得到不同以往的心理体验以及更深层的文化感受。部分游客甚至希望参加具有冒险性的旅游活动，从而使自身的意志和体魄等通过锻炼得到加强，比如部分游客会选择参与探险游、攀岩游等。与此同时也应注意，竞争心理给人们提供了强大的精神动力，让人们勇于拼搏、追求卓越，能够不断提升自己、完善自己。

6. 观赏功能

民族传统体育具有观赏功能是毋庸置疑的，其娱乐性、技巧性显而易见，其艺术观赏价值等也是很多现代体育无法超越的，再加上民族传统体育形式和内容较为丰富，因而其散发的魅力给人以新鲜感受，尤其是那些艺术性、表演性较为突出的体育项目，比如射弩、抛绣球、抢花炮等，更是受到全国人民的欢迎和喜爱。部分项目还传播到了其他国家，在世界上具有较高的知名度。

第二节　西部文化旅游类型与特色

一、西部地区文化旅游资源类型

（一）遗址、遗迹类资源

在长期的历史发展过程中，西部地区的人们凭借自身的智慧和劳动创造了大量的物质财富和精神财富，经过岁月长河的冲刷，最终留存下来许多遗址、遗物以及遗迹等，构成了西部地区独有的历史文物古迹。这些历史文物古迹无疑是价值极为珍贵的文化遗产，是古代西部地区人民生活、艺术、科技、文化等方面的具体反映。现今人们在西部地区发掘出了许多珍贵的遗迹、遗址，它们是民族文化的重要载体和有力说明，凝结着古代西部地区人民的智慧，也是古人留给后人极其珍贵的文化瑰宝。

若要对西部地区的遗迹、遗址进行具体的划分，可将它们分成如下几类：史前人类活动场所、文物散落地、人类活动遗址、原始聚落、历史事件发生地、社会经济文化活动遗址遗迹、废弃生产地、军事遗址与古战场、烽燧、废城与聚落遗迹、交通遗迹、废弃寺庙、长城遗迹等。西部地区遗迹遗址类文化旅游资源有很多是重点保护文物单位，其数量约占全国总数的1/5。这些遗迹、遗址分布在西部各个省区，比如西藏的卡若遗址、古格王国遗址、拉加里王宫遗址，新疆的尼雅遗址、楼兰故城遗址、石头城遗址，宁夏的水洞沟遗址、鸽子山遗址、秦长城遗址，广西的白莲洞遗址、高岭坡遗址，内蒙古的大窑遗址、阿善遗址、红山遗址群、元上都遗址，贵州的穿洞遗址，云南的元谋猿人遗址等等。西部地区的遗迹、遗址数目众多，在此不再赘述。

（二）建筑、设施类资源

受民族文化和宗教信仰等的影响，西部地区各民族建筑皆风格各异，形式不一。这些建筑是对历史风貌和民族文化的映照，同时其所具有的文化价值、科学价值、历史价值以及艺术价值等都较高。

西部民族地区的设施类建筑同样也属于民族特色建筑的范畴，它涵盖了如下内容：宗教和祭祀活动场所、社会和商贸活动场所、文化活动场所等。它们无疑都属于民族旅游资源，是文化遗产的重要组成部分。西部地区的古老设施和建筑都是在历史发展过程中遗留下来的，它们见证了西部地区历史的发展，是历史的镜子，承载着厚重的历史文化以及人民的智慧结晶。

西部地区不同民族的建筑设施，散发着不同的旅游吸引力，蕴含着各民族独特的文化底蕴。

（三）旅游商品类资源

旅游产品指的是可以令游客的需求得到满足，能够用于交换的全部商品，它既包括有形商品，也包括无形商品。旅游商品具体能够分成以下几类：饮食菜品、水产品及其制品、农林畜产品及其制品、中草药材及其制品、传统手工产品以及工艺品、日用工业品等。我国西部地区的此类资源更多地是指民族宗教特色产品，在尚未得到开发的时候，这些产品主要指的是简单的手工制品，伴随着西部地区文化旅游产业的不断开发和发展，简单的手工制品已经无法令消费需要得到较好的满足，此时便出现了更高级的商品形态，开始了集约化、集团化形式的生产活动，各个地区都出现了其代表性企业。举例来说，西藏、青海地区主要流传佛教文化，此处生产唐卡、藏香等的企业便应运而生；内蒙古、新疆等地区有着比较发达的畜牧业，且旅游者比较倾向于购买当地的羊毛制品，因而此地涌现出了一些规模较大的羊绒制品企业。另外还有宁夏的刺绣、民间剪纸、贺兰砚、朔方石刻，广西的柳州奇石、桂林字画、壮锦瑶绣，贵州的土陶、织锦、蜡染、苗族银器、刺绣，云南的扎染、大理石工艺品、银器饰品等。

（四）人文活动类资源

西部地区的人文活动资源能够将当地的民族文化、社会环境、风土人情等集中展现出来，它属于人为活动景观，具有突出的旅游功能。我国西部地区的人文活动种类繁多，包罗万象，比如西部地区的手工艺品、节庆活动、风俗人情、艺术创造等。西部地区的人文活动资源是在长期的发展过程中逐渐形成的，它们蕴含着深厚的文化内涵，同时极具旅游价值。

从文学艺术方面来说，我国西部地区拥有三大少数民族英雄史诗巨作，即蒙古族的《江格尔》、藏族的《格萨尔王传》以及柯尔克孜族的《玛纳斯》。除此之外，我国西部地区的各个少数民族都拥有其独特的民族传承文学故事，例如维吾尔族的《阿凡提故事》以及彝族的《阿诗玛》等。

受到宗教、民族、文化等诸多因素的影响，西部地区的民族演艺也十分精彩，有着突出的地域风格和民族特色。它们之中或表达了愉悦情感，或讲述了原始狩猎生活，或带有鲜明的宗教意味。例如侗族大歌、傩戏、藏戏、瑶族的长鼓舞、傣族的孔雀舞、景颇族的祝酒歌、土家族的哭嫁歌等等。

伴随着西部地区文化旅游业的不断推进和发展，我国西部地区逐渐形成了将人文旅游活动作为依托的旅游形式，并且也对当地的旅游文化节日进行挖掘和宣传。部分地区将节日融入旅游业，使节日成为文化旅游盛会，并从中获得了巨大的经济效益。

二、西部地区文化旅游项目及旅游景区

（一）西部地区文化旅游项目

旅游项目指的是对游客的需要、动机等加以探求和科学分析总结，对游客的购买行为及方式展开研究，并在特定时空刺激游客落实购买行动并从中获取利润的一种活动。也能够将其定义为旅游吸引单元，它能够在较长一段时间内对游客产生吸引力，能够在一定时间和空间之内经过投入构建成形，并且可以恰当合理地将既有资源优势转化成经济效益。通常来说，旅游项目具有突出的整体性，它能够对地区周围的基础设施等加以整合利用，并在此基础上创作出供游客观赏游玩的各种项目。

旅游业运作的核心就是旅游项目，只有优良的旅游项目才能够有效推动旅游业的发展。在我国发展市场经济的过程中，旅游产业不断增加其市场份额，并且迎来了快速发展阶段，国家也愈加重视对品牌化项目的开发。西部地区经过长期的努力研究和探索，已经创造出诸多具有吸引力的旅游项目。例如广西"刘三姐"风情游，将民俗风情、山水景色、故事传说、民俗歌舞等结合起来，带给游

客不一样的旅游体验；云南香格里拉藏族民俗文化风情游，令游客既能够尽情观赏风光美景，品尝当地民族美食，又能够观看舞蹈表演，参加民族节庆，感受当地文化及少数民族人民的热情，这些独特的不可复制的旅游资源吸引着大批游客前往。另外，西部地区的各个省份也都推出了具有特色的少数民族旅游项目，比如新疆的喀纳斯冰雪风情旅游节、宁夏的清真美食旅游文化节、广西的玉林传统美食节、青海的"花儿会"文化节等。

（二）西部地区文化旅游景区

景区指的是能够令旅游者的旅游兴趣得到有效满足的地域，并且应当配备有基础的旅游服务设施。旅游景区具体包括以下类型：风景区、旅游度假区、文博院馆、主题公园、自然保护区、寺庙观堂、森林公园、动物园、地质公园、游乐园、文化艺术景区以及其他各类旅游景区等。西部地区的民族文化景区则主要是以各民族地区的风土人情为依据来进行具体划分的，其主要代表有文博院馆、文化艺术及寺庙观堂。

表 0－2－1 西部地区 4A 级以上旅游景区示例

地区	主要文化旅游景区
西藏	巴松措生态旅游区、阿里地区神山圣湖旅游区、雅砻河风景名胜区、念青唐古拉山—纳木错旅游区、唐古拉山—怒江源旅游区、土林—古格旅游区
新疆	阿勒泰地区喀纳斯湖景区、乌鲁木齐市天山天池风景名胜区、吐鲁番市葡萄沟风景区
宁夏	沙湖生态旅游区、沙坡头旅游区、黄河生态园、镇北堡影视城
广西	七星景区、芦笛景区、漓江景区、北海银滩旅游区、象山景区、桂林世外桃源旅游区
内蒙古	莫尔格勒旅游区、响沙湾旅游区、准格尔黄河风情旅游景区、腾格里沙漠月亮湖生态旅游区、巴丹吉林世界级沙漠生态探险旅游区
青海	格尔木昆仑旅游区、互助土族故土园旅游区、塔尔寺旅游区
贵州	黄果树瀑布景区、黔灵公园旅游区、红枫湖旅游区
云南	云南世界园艺博览园、云南民族村、丽江玉龙雪山旅游度假区、云南石林风景名胜区、中科院西双版纳热带植物园

三、西部文化旅游特征

西部文化旅游实际上主要是由民族文化和旅游活动这两个部分构成，它既具有民族文化特征，又具有旅游活动特征。具体来说，西部文化旅游特征如下：

（一）地域性

地域性指的是西部地区文化的形成和发展过程都必然要受到地理环境的重要影响，并逐渐形成有着先民各地域特色的文化。西部地区文化的形成过程有其特殊的地理环境和历史环境，并且大多在较为独立的少数民族中产生和发展，因而其地域特色不言自明。西部地区文化所具有的地域性特点决定了该地区的文化旅游必然具有鲜明的地域性特征，共同地域特征表现为共同的地理环境、经济生活、体貌、语言及心理素质等方面。所以，在对西部地区的文化旅游项目继续进行开发的过程中，既要对少数民族文化特色加以重视，同时还要积极地将这些文化的地域性特点凸显出来。

（二）民族性

民族性是西部地区文化旅游的另一个重要特征。西部地区的文化旅游需要少数民族文化作为其重要根基。在西部地区，无论是何种文化旅游，都应当尽量显示和体现当地的民族物质文化以及民俗风情等，比如民族文化美食、文化建筑、文化语言以及文化服饰等，恰恰是这些文化因子的存在，促使游客对各民族有了更加直观和深入地了解。所以，西部文化旅游的核心特点在于其民族性，民族性是西部文化旅游对民族文化、特色及内涵加以体现的一个重要特征。

（三）文化性

旅游的灵魂寄寓于文化之中，旅游活动从本质上来说是一种文化活动。旅游者到西部地区开展旅游活动，主要是为了体验异域文化风情，感受和自己居住地不一样的文化氛围，文化旅游重点就是要将别样的文化感受提供给游客。西部地区的文化旅游实际上属于跨文化体验，它沟通了主流文化和西部地区非主流文化的桥梁，令文化异质性得到了淋漓尽致的凸显。

（四）神秘性

西部地区的文化旅游若能够对少数民族的神秘性进行充分挖掘，也许能够对游客形成强烈的吸引力。通常旅游者对不同于自己本民族的语言、饮食、节庆、传说、服饰、建筑、禁忌等充满了好奇心。西部地区相较于东部较为发达的省份来说较为封闭，这无疑更令其充满了神秘色彩。游客参与西部地区的文化旅游活动，一个主要的目的就在于探寻各民族地区的文化真面目，感受独具特色的民俗风情，体验别具一格的民族文化，了解自己所未知的民族禁忌，并在这些过程中深刻地体验民族文化的神秘性。

（五）参与性

西部地区具有丰富的少数民族文化，而民族文化无疑是群体文化的一种，旅游者到民族地区开展旅游活动时，十分希望亲身体验并参与到此种群体文化之中。旅游者到西部地区亲自感受和参与各民族的生产生活活动，和当地居民一起开展各种丰富多彩的文化活动，能够赋予他们新鲜有趣的旅游经历。若是西部地区的文化旅游拒绝游客参与其中，不让当地居民参与到活动中，那么游客便无法亲自感受当地文化的独特魅力，丧失了文化旅游的意义。

第三节 西部体育文化旅游开发现状

西部地区的旅游资源十分丰富多彩，为当地发展体育旅游奠定了坚实的基础，提供了较为广阔的发展空间。首先，西部地区在形态和构造方面的神奇魅力，能够令游客在漂流、登山、滑雪、探险等活动中深入感受大自然的美景奇观；其次，西部地区生活着数量众多的少数民族，游客能够在民族文化和体育的结合中感受到少数民族的体育文化魅力。依照民族特征、生态环境的不同，以及不同区域的体育文化旅游体现不同地域的差异性，笔者将西部地区体育文化旅游划分成西南地区、西北地区和青藏高原地区这三个区域进行重点阐述。

一、西南地区体育文化旅游开发现状

这里所说的西南地区主要包括云南、广西、四川、重庆和贵州地区。该地区的地形有着较大的变化，这里不仅有高山峡谷风景区，还有典型的岩洞地貌、类型齐全的岩溶地形等诸多优良自然资源。另外，该地区还居住着诸多少数民族，是人们体验民族风情、民族文化的理想之地，为开发体育文化旅游奠定了重要人文基础。近些年，西南地区的体育文化旅游有着较快的发展速度，比如广西和云南都开发了民族传统体育文化旅游，并吸引了大批旅游者，发展态势较好。

（一）云南

云南地形复杂，地质构造较为奇特，且气候条件比较多变，拥有独特的生态环境和多元的民族文化资源。这里不仅是旅游者心中的天堂，同时也是户外运动爱好者的向往之地。伴随着中国昆明国际文化旅游节的多次顺利举办，体育活动在旅游节中的地位日益得到凸显和巩固，多项大赛融入其中，令旅游节内容更加丰富，发展得愈来愈好。

昆明所开展的诸多体育活动都十分具有影响力，比如昆明东川泥石流越野赛、万人赤足登山比赛，以及昆明原生态体育文化旅游节等。其中，昆明原生态体育文化旅游节所安排的比赛内容有十余项，涵盖了功夫扇、风筝大赛、草墩象棋等诸多体育文化项目，从中能够看出昆明对当地人文内涵的充分重视和挖掘。与此同时，与旅游节配套推出的一系列文化旅游路线之中，也有许多和民族体育、体育旅游等结合起来，从而让旅游者体验到了更多的民族体育资源。

云南的民族传统体育文化，是少数民族在其历史发展过程中，为了维持其生产生活而创造出来的，它具有十分鲜明的民族色彩，有着多元内容和形式。云南的民族传统体育项目数量居全国首位。伴随着旅游业的快速发展，旅游业界人士愈加注重民族传统体育所具有的巨大的潜在旅游价值。而民族传统体育活动往往是诸多旅游产品不可或缺的部分。2021年3月5日，云南省体育局副局长张晓憬提出充分挖掘云南少数民族传统体育与节庆日丰富的内涵，以节庆带动赛事，以赛事丰满节庆活动，为人民群众提供优质的体育产品。举例来说，滇东地区的部分旅行社在其旅游产品中融入了少数民族的狩猎和滑雪等活动。云南当地的诸多旅行社则借助数量众多的体育文化项目开展丰富的旅游活动，比如带领游客观赏傣族"泼水节"中的划龙舟比赛，或是组织旅游者参与民族歌舞体育文化项目，比如彝族的"阿细跳月"、白族"三月街"的赛马等，这些体育文化项目令旅游产品更富特色，为当地创造了可观的社会效益和经济效益。

表 0-3-1 云南民族传统体育文化旅游项目示例

发展类型	项目名称
观赏型	赛马、穿衣裙赛跑、摔跤、赛龙舟、陀螺、斗牛、斗鸡、射箭、射弩、武术、吹枪、堆沙、抢花炮、马术、上刀杆、过溜索、珍珠球、磨秋、秋千、舞龙、剽牛等
参与型	秋千、磨秋、轮秋、射箭、射弩、吹枪、狩猎、钓鱼、跳竹竿、骑马、过溜索、穿衣裙赛跑、划猪槽船、爬竿、跳月、跳歌、丢包、飞石索、蹲斗、泼水、用民族渔具捕鱼、跳月、烟盒舞、左脚舞、霸王鞭、白族迪斯科、武术、蹬窝乐、跳锅庄、摆手舞、民族武术、围棋、月亮棋、十八赶将军棋、陀螺、射箭、射弩、藤球、鸡毛球、秋千、爬杆、划船等
旅游商品	藏刀、弩枪、弓箭、陀螺、烟盒、吹枪、围棋、霸王鞭、藤球、武术器械、民族乐器、斗鸡、画眉鸟等

（二）广西

广西山多林茂，水暖洞奇，并且该地居住着多个民族，有着丰富多彩的民族文化，加之该地经常举办体育赛事，因而形成了别具一格的体育文化旅游资源，对旅游者形成了较强的吸引力。近年来，广西充分把握自身优势，将当地体育文化融入休闲旅游之中，并开发出了一批独具风味的体育文化旅游产品，进一步扩展和丰富了旅游的内涵。

近年来，广西开始在三门江国家森林公园、姑婆山、大明山等旅游景点开展各种体育旅游活动，吸引更多的旅游者骑自行车或者是徒步外出旅行。另外，该地的体育文化经济项目也给当地旅游业发展提供了强劲的助推力。广西所具有的气候和人文条件极为独特，所以该地体育项目训练基地数量较多。举例来说，武鸣开设有射箭训练基地，在南宁开设有手球训练基地等。并且该地还会举办一些大型的体育文化赛事及体育文化活动，其中较具新颖性的有柳州重阳节老年旅游健身"秧歌大赛"、龙胜温泉保健游、阳朔中国功夫健身游等。此外，2021 年 2 月广西梧州市文广体旅局积极推动健康梧州行动，开展丰富多彩的体育赛事活动。同年 3 月广西打造东盟赛事区域中心，国际体育活动"好戏连台"。这些都让广西体育文化旅游更具人气。

此外，广西的传统体育文化旅游也有着较快的发展速度。广西具有丰富的民族传统体育文化资源，该地的各个民族都有其独特的具有民族特色的传统体育文化活动。这些传统体育文化活动类型多样，内容丰富，有对日常生产生活进行表现的，有对宗教和祭祀活动加以反映的，有展现民族风俗的，也有供群众文化娱乐的。这些体育文化资源为广西发展体育文化旅游打下了牢固基础。

表0-3-2 广西各地市民族传统体育文化旅游开展情况

地市	主要居住民族	主要开发项目	主要开设形式
桂林市及辖县	壮、瑶、侗、苗、回、汉	芦笙踩堂、多耶、抛绣跳竹杠、打扁担、板鞋舞	表演和观赏
河池地区	壮、瑶、水、仫佬、毛南	抢花炮、板鞋舞、板鞋竞走、抛绣球、打铜鼓、打扁担、长鼓舞、爬坡杆、跳芦笙、赛马等	表演和观赏
百色地区	壮、瑶、回、苗、彝、仫佬	抢花炮、舞狮子、抛绣球、牛头戏、打秋千、打磨秋	表演和观赏
柳州市	壮、瑶、侗、苗、汉	抢花炮、抛绣球、长鼓舞、爬坡杆、跳芦笙、多耶、上刀山、过火链、拉鼓	表演和观赏
南宁市	壮、瑶、苗、汉	抛绣球、打铜鼓、抢花炮、舞春牛、师公舞、跳芦笙	表演和观赏
梧州市	壮、瑶、回、汉	盘王五旗兵、打长鼓、上刀山、过火链	表演和观赏
防城港市	汉、京	跳竹杠、顶竹杠	表演和观赏

（三）四川

四川的体育旅游业发展较早，并且其滑雪、漂流等诸多体育项目已具规模，这里不再赘述。值得注意的是，四川省也具有十分丰富的民族传统体育文化资源，该地有多个民族体育节庆，是开展民族体育文化项目的宝贵资源。举例来说，理塘有规模较大、比较隆重的八一国际赛马节。理塘县自古以来就有赛马的传统，每年的藏历六月初三日是山神敬日，长青春科尔寺就会依照习俗举办赛马会，长达10天，其目的在于祭拜山神，庆祝人们丰收。到1964年，为了体现人们和解放军之间的鱼水之情，当地县政府将赛马会的举办时间修改为八月一日，因此它才被称为八一国际赛马节。理塘的八月温度适宜，花开遍地，在碧水蓝天下一望无垠的大草原上，各地群众会穿着自己本民族的服饰前来参加赛马节，并带着帐篷在毛垭大草原驻扎游玩，构造成一座气势恢宏的帐篷城。

四川理塘2020年8月1日国际赛马节，是四川省理塘县的文化节日，主要内容有开幕式、跳锅庄、文艺表演、赛马比赛、射箭比赛、佛事活动、物资交流、商贸洽谈、闭幕式等。理塘八一国际赛马节气势壮大，且比赛项目数量众多，比赛场面紧张刺激，其中最为精彩的当属其马术比赛。马术比赛又分为多个类型，有耐力赛、马术赛、小走赛等。在比赛过程中，骑手们生龙活虎、神采飞扬，战马头上装饰着红缨，颈部戴有铜铃，身上则配有五色鞍鞯，整个马身皆有缎花彩带装饰。骑手们充分展现着自己的高超技艺，表演马背倒立、马肚藏身等，要么表演马背上捡拾哈达，或者是表演飞骑射击等，个个令人惊叹，令人感受到马背上民族的豪放气概。除了精彩的马术表演，在马会上还有理塘服饰展演和歌舞表演等，令人目不暇接。青年男女身穿藏袍，并用豹皮、虎皮、水獭皮等作为装饰，胸前佩戴各种金银饰品，腰上系有金链、银链等，手上则佩戴有象牙佛珠、玉石圈等，将康巴男女的风采展示得淋漓尽致。他们所穿着的服饰往往有着高昂的价格，极具欣赏价值和收藏价值。另外，在赛马会举办期间，还能够观看到诸多具有当地民族特色的文化表演，比如弦子、藏戏、山歌以及锅庄表演等，同时也能够开展背水、打酥油茶、翻腾比赛等众多民族风趣鲜明的活动。理塘举办赛马节，不仅令本县在全国有了更高的知名度，同时也有力地促进了理塘旅游业的进一步发展。

四川省政府部门对当地体育文化旅游事业发展极为重视，建立了以体育旅游为主业的、政府主导、企业主体的开发模式。在政府的领导下，攀枝花市积极开发金沙江漂流旅游，泸定县政府则对贡嘎山的旅游资源进行了大力开发等。在此种发展背景下，四川省的各级旅行社也开设了诸多特色旅游分部、特种旅游分部等；而那些非体育旅游的团体或者企业也纷纷开办了具有专业性的户外俱乐部或者是体育旅行社。上述种种努力，既让体育文化旅游产业投入增量有了较大的提升，同时也让四川省的体育文化旅游形成了具有一定规模的产业化格局。

(四) 重庆

重庆市地处我国西南部，这里生活的少数民族数目多达 49 个，主要分布在五个民族自治县和涪陵地区。在 2021 年川渝体育深化融合发展推进会上，川渝两地体育部门将通过共同创建国家体育旅游示范区、打造以巴山蜀水为特色的体育旅游目的地和运动休闲小镇、每年举办"巴山蜀水·运动川渝"体育旅游休闲消费季活动等方式，进一步推动川渝体育深化融合发展。重庆市具有优越的旅游开发条件，这里拥有得天独厚的自然景色，也拥有不可复制的人文景观。从传统体育文化旅游的角度来说，巴渝地区长久以来就流传着诸多特色体育文化活动，比如武术、对弈、摔跤、凫水、舞龙、龙舟竞渡等。重庆长寿区、渝北区和江津区是我国较为著名的"田径之乡"和"武术之乡"。另外，重庆市还提倡人们走进森林，拥抱自然，很多民间社团主动发起各种绿色旅游活动，比如"徒步游三峡"等，从而有效地宣传和促进了该地体育旅游资源的开发以及旅游业的发展。总的来说，重庆目前比较适合开展的传统体育文化项目包括以下几类：抛绣球、竹竿舞、打扁担、射箭、叼羊、投镖、赛马、摔跤等。

(五) 贵州

贵州是天然塑造的"公园省"，此处风光迷人，有着极具特色的水景、山石、林木以及洞穴等景观。该地的传统体育文化活动也丰富多样，并且和当地少数民族的风俗民情等有着相当密切的联系，和各民族的生活生产环境有着千丝万缕的联系，这些体育文化活动大多是民族节日活动，它们的内容原始豪放，洋溢着少数民族的生活智慧和热情，具有极为浓郁的民族民间乡土气息。

贵州苗族的武术表演有着悠久的历史，每到过年过节的时日，苗族的青年男女就会开展具有一定规模的武术表演活动，并且表演过程中往往会有芦笙伴奏。苗族武术有着十分丰富的内容，保留了古朴的表演形式，呈现出特殊的风格，且分为多种流派。镇宁、安顺等地方较为流行苗族花拳，它有着较多的套路，是将跳花舞步、跳芦笙、斗牛等各种动作糅合在一起创作而成的，因此在花拳中有较多的舞蹈动作，其观赏性较为突出。

侗族较为代表性的体育文化活动则属"抢花炮"。临近农历三月初三的时候，江、黎平等地方的侗族选手就会身穿节日盛装，到广西三江侗族自治县的富禄参加花会，花会中一项关键内容就是"抢花炮"。花炮分为以下几种，即头炮、二炮、三炮。据说若是能抢到头炮，那么就意味着"吉祥如意"；若是能抢到二炮，那么就意味着"风调雨顺"，若是能抢到三炮，那么就意味着"五谷丰登"。"抢花炮"这项活动的对抗性十分突出，讲求迅速的攻防转换，参与人员既要注重个人的突破，还要注意与整个团队的协调配合。该活动不仅受到国内旅游者的欢迎，同时也受到了世界上其他国家人士的关注，它还有一个响亮的别称，即"东方的橄榄球"。

摔跤，又被称作"抱腰"，在苗族、侗族、彝族等少数民族群众之间开展得比较广泛。在摔跤时，有用带子将对方腰部缠绕住的，但是也可不用带子，其规则皆为用腰摔，最先倒地的一方即为失败者。苗族和彝族并未设有专门的摔跤节，每到节日他们便经常举行该活动。而侗族则专门将每年农历的二月十五日和三月十五日定为摔跤节。

龙舟竞赛深受土家族、苗族等少数民族群众的欢迎和喜爱。每年农历五月二十四日，在清水江的台江施洞、施秉平寨一带，都会迎来龙舟竞赛，有上万群众从各处赶来此地共同欢度龙舟节。在节日当天，各寨的龙舟都集聚在平寨，响过三声号炮之后，龙舟竞赛便正式开始，岸边围观的人便会一同呐喊加油，伴随着鞭炮声、锣鼓声，热闹的氛围便席卷而来。而土家族的龙舟节则将举办时间定在了农历五月初五这一天，其龙舟竞赛也有其自身特色。这些体育文化活动都是发展贵州旅游业的活资源。

2021年贵州省体育工作电视电话会议提出，2021年贵州将继续加快体育产业发展，推进全国体育旅游示范区建设。贵州不仅大力发展当地的体育文化旅游，同时还因地制宜，根据当地特有的人文资源、自然资源等将各地的旅游框架搭建了起来。举例来说，黔东南制定了主要对杉木河漂流进行开发的计划；贵阳市则积极发展围棋运动，举办多种类型的围棋比赛；白云区则多次举办国际风筝节等。另外，贵州省各地还依靠自身的独特优势，成立了各项体育文化活动的俱乐部和协会等，既扩大了贵州省的国际影响力，也为本地经济发展提供了巨大推动力。

二、青藏高原地区体育旅游开发现状

（一）青海

目前，青海的生态环境并未遭到较大破坏，而这也为青海的旅游发展提供了重要基础。该地既有壮观多彩的自然景观，同时也有蕴含文化的人文景观。近年来，青海的体育文化旅游重点集中在下列几个方面：

1. 多巴高原训练基地旅游

多巴高原有着 2366 米的海拔高度，它在发展体育文化旅游方面具有下列优势：第一，作为一个高原体育训练基地，它具有较高的知名度，非常适宜开展耐力性项目训练；第二，该地有可供开放的体育设施和场馆，并且能够为旅游者提供专业的健身指导服务，能够让旅游者真正体验到运动员是如何开展高原训练的；第三，该地的自然环境较为特殊，且极具交通优势。该地是"唐蕃古道"以及"古丝绸南路"的一个重要中转地，青藏公路在基地门前经过，旅游者前往青海湖、日月山、可可西里野生动物保护区、塔尔寺等景点时也都会途经此地。所以说，多巴高原训练基地可积极借助自身优势，完善自身的体育旅游设施和环境，积极发展体育文化旅游，吸引更多的旅游者来到此地观光和训练。

2. 体育赛事旅游

2021 年 3 月 1 日，《青海省体育赛事活动管理办法》正式施行，此举旨在支持引进重大体育赛事活动，鼓励融入或体现地方文化特色，培育自主品牌赛事，满足社会公众的多样化需要。青海已经多次成功举办环青海湖国际公路自行车赛，其赛段设计充分利用了当地的海拔和地势特色，并将多个景点融入比赛途中，令参赛选手在比赛的过程中，能够观赏到青海迷人的风貌景致。另外值得一提的是，青海省各地还会举办很多具有民族特色的体育文化赛事活动，比如射箭、摔跤、射击、轮子秋、武术、腰带拔河、打岗、赛马、赛牦牛等，这些活动多集中在藏历春节、二月二、三月三、六月六、九月九、那达慕期间开展，是青海体育文化旅游一道迷人靓丽的风景线。

3. 疗养保健旅游

青海省有着众多药水温泉，例如民和的慈利寺、贵德的扎仓、湟中的药水滩等地的温泉资源都较为丰富。温泉中含有大量微量元素，对人体有益，外浴能够有效改善关节炎和皮肤病等，内服则有利于肠胃保健，因此说药水温泉具有极佳的保健功能。青海的这些药水温泉都在旅游景点中，因此青海可将温泉和景点两方的优势结合起来，加以重点开发，打造全新的旅游景观，吸引更多游客前来观赏游玩。

4. 探险旅游

青海省的探险旅游又能够具体分为两种，一是徒步探险旅游，二是登山探险旅游。青海省具有十分丰富的探险旅游资源，在这里可以开展三江探险以及高山探险。长江的发源地在唐古拉山北麓的格拉丹冬冰峰脚下，冰塔林长达几十里，十分壮观，它的正源就是沱沱河；黄河的源头位于巴颜喀拉山北麓的卡日曲河谷及约古宗列盆地，这里景美水肥，遍布小溪和湖泊，给人以震撼感受。而青海省杂多县拉塞贡马山南麓末端就是澜沧江的源头。青海可对三江发源地的旅游资源进行深入开发，组织旅游者开展徒步探险旅游。另外，可可西里无人区也是徒步探险的较好选择，该地海拔高、气温低，有着广阔的地域但杳无人迹，这里被称作"人类生存的禁区"。这里有著名的太阳湖、可可西里湖，还有很多珍稀野生动物等。

另外，青海省境内还有许多高大山脉，比如阿尔金山祁连山脉，东昆仑山脉、唐古拉山脉等。这些山脉奠定了青海省基本的地貌框架。从登山探险的角度来说，尽管青海在山体高度上比新疆、四川、西藏等地略低，但是其山峰的数量和类型在全国范围内可排在第三名。另外，青海省的山峰也有其特殊地缘优势，那就是它有着较小的地理空间距离，交通方便。

5、狩猎旅游

都兰县地处柴达木盆地的东南部，其境内有两个狩猎点，一个是巴隆，一个是沟里，在不违背国家政策法规的前提下，能够让游客适当开展狩猎活动。该地有着起伏的山峦，地势较为平坦，并且生长着旺盛的草木，因而很多野生动物在此处栖息，比如盘羊、雪豹、雪鸡、岩羊、石鸡、马鹿、麝、白唇鹿等。

（二）西藏

目前，西藏已经开发了 60 余处旅游参观点，并基本形成了以拉萨为中心，结合山南、日喀则，辐射阿里、那曲、林芝的资源开发利用格局。该地的体育文化旅游更倾向于观光，并且同时民俗风情、宗教活动等特种文化旅游活动也初具规模。2020 年西藏拉萨雪顿节通过多年的举办和发展，伴随着西藏拉萨经济社会的快速发展，其在保留传统风俗的同时又被赋予了新时代的文化内涵，它不但具有浓郁的民族特色，而且丰富的文化内涵也让人称道，更是国务院首批列入保护名录的非物质文化遗产，已发展成为集传统展佛、文艺汇演、体育竞技、招商引资、经贸洽谈、商品展销、旅游休闲为一体的藏民族节庆盛会，在西藏节日中具有引导地位，在全世界都具有很高的知名度，深受海内外游客及投资客商的欢迎和好评，西藏拉萨雪顿节让西藏的文化传统历久弥新。

西藏传统体育文化由来已久，是西藏民族文化不可或缺的组成部分，它产生于人们的现实生活中，并世代传承保存至今。它有着多元形式和繁多内容，且极富藏族文化特色。在历史长河中，藏族体育文化活动与其他民族体育之间相互借鉴，彼此融合，从而令西藏体育文化具有了更强的生命力。西藏传统体育文化活动并没有固定的举行时间，既能够在日常闲暇或者是喜庆佳期举行，也能够在特定节日举行，不过在节日举行的活动更加具有观赏性。举例来说，在藏历新年、那曲羌塘恰青赛马节、江孜达玛节、林卡节、望果节、雪顿节等，都会举行一些传统体育文化项目，比如射弩、抱石、举石、赛马、骑马射箭、古朵（抛子）、跑马拾哈达、碧秀（响箭）、刀术、藏式摔跤、押加（大象拔河）、藏式围棋、吉韧（弹克朗棋）等。每当节日来临的时候，便会有大批民众在旁观看，青少年们也都试图在节日上一展风采。另外，近年来西藏的登山运动蓬勃兴起，并且成为人们的自驾旅游胜地，较好地满足了人们愈加个性化和多样化的体育文化旅游需求。

三、西北地区体育文化旅游现状

（一）陕西

受地形、地貌、气候、地理条件等诸多方面的共同影响，陕西形成了三个不同风格的旅游板块，即陕南、陕北和关中。陕北主要是黄土高原，而陕南则呈现出一派江南景色，而关中平原又被称作八百里秦川，可见其地貌、地形以及景色的丰富性。另外，它还集中了很多体育文化旅游资源，这里不仅有黄河壶口瀑布、太白山、翠华山，还有汉中红寺湖、安康瀛湖以及红碱湿地保护区等，这些自然条件具有不同程度的垄断性质，是开展体育文化旅游的独特优势。

近年来，陕西还积极举办各种体育赛事以及节庆体育旅游活动，推出了一系列特色体育项目。2021年陕西省将举办的15项"一带一路"体育精品赛事，分别为：西安马拉松赛、长安剑客国际击剑精英赛、"中国台协杯"全国斯诺克团体锦标赛、西安城墙国际马拉松赛、中国跆拳道国际公开赛、世界女子国际象棋大师巅峰赛、全国街舞公开赛、宝鸡鳌山滑雪公开赛、宝鸡"百合杯"乒乓球国际大奖赛暨第38届"百合杯"乒乓球联赛、咸阳中国杯城市定向赛、铜川射箭公开赛、渭南华山国际自然岩壁攀登公开赛、吴堡黄河大峡谷国际漂流公开赛、汉中国际铁人三项赛、安康国际博击争霸赛。此外，西安还借助自身古城墙的优势，开展了多场国际城墙马拉松赛；安康市则积极开展汉江龙舟大赛，为当地积聚了较高的人气；铜川则对当地的冰雪旅游资源加以充分开发利用，推出冰雪旅游品牌，创造了巨大经济效益；榆林则推出了陕西古长城沙漠探险游等特色旅游项目；华山、太白山则依靠山体条件组织了多场大型的攀岩赛事和登山赛事，令自身更具知名度。

（二）甘肃

1. 沙漠旅游

甘肃省是我国的内陆省份，该省风强雨少，多流沙，加之间歇性地表水，共同造就了此地的沙源地貌。沙漠及沙漠里的奇特地形、绿洲等都十分具有观赏性，是发展体育文化旅游的重要资源。甘肃境内有敦煌鸣沙山，该山背风向阳，每当有风吹来，便会出现"鸣沙"的神奇现象，此时沙石之间彼此碰撞摩擦，会形成巨大的轰响，是寻常难以见到的奇异景象。在鸣沙山开展各种体育文化活动，比如骑骆驼比赛、登沙、滑沙等，自然别有一番感受。另外，甘肃境内还有腾格里沙漠，这里日照极强，人烟稀少，且常会出现蜃楼奇景，因此这里是沙浴、沙疗以及科考探险爱好者比较青睐的旅游目的地。目前这里的沙漠体育文化旅游已经具有一定规模。

2. 山岳冰川旅游

甘肃省境内分布着较多的山脉，且都具有较高的海拔，其中山岳冰川资源十分丰富，在保证安全的同时能够恰当运用这些资源促进体育文化旅游活动的发展。甘肃省较为有名的冰川资源当属"七一"冰川以及老虎沟冰川。"七一"冰川位于祁连山腹地，它是"亚洲距离城市最近的可游览冰川"，因此它具有突出的地理位置优势。老虎沟冰川群则位于祁连山西段的大雪山北坡，其中较为著名的当属"透明梦柯"冰川。"透明梦柯"是蒙古语，意思是宽广高大的大雪山。该冰川有着较大的规模，并且有很多独特的冰川地貌，比如冰蘑菇、冰谷、冰斗、冰裂缝、冰瀑布等，另外此处还有琳琅满目的冰雕造型。这里幻变、新奇、神秘，满目皆是冰清玉洁，一派北国风光。在夏季的时候，旅游者也无须厚衣层层包裹，仅穿短袖衫就能够在冰川中尽情游览，向远处望去，群山皆位于脚下。游览结束后，旅游者便可租雪板，自冰川顶端滑下，体验飞翔的感觉。

3. 草原旅游

甘肃还拥有辽阔草原，这里的草原与蓝天、雪山、湖泊共同构成一幅美景画图，令人迷醉。旅游者能够在草原上开展赛牛、赛马等活动，能够在湖泊旁垂钓、徒步休闲，或是到居民家做客，感受当地的风土人情。上述种种都是甘肃可供深入开发的体育旅游资源。

4. 气候、气象旅游

气候、气象环境是开展旅游活动不可忽视的重要因素，也是开展旅游活动必定要注意的条件。甘肃省所具有的气候、气象条件是开展体育活动的有利因素。举例来说，嘉峪关的气候特征十分有利于开展滑翔机、热气球等运动。每年的6到10月这段时间，嘉峪关的热力气流、波浪气流与动力气流十分强烈，并且能够持续较长的时间，每天约长达10小时，可见度也较高。

5. 体育赛事旅游

近年来，甘肃各市州纷纷推出了各类有影响力的品牌赛事。如兰州国际马拉松、天水龙舟赛等。2021年甘肃开始主要打造国际山地自行车多日赛和国际武术节两项赛事。甘肃省经常开展各种户外体育文化赛事，这些赛事极具特色。举例来说，嘉峪关曾举办"长城杯"铁人三项赛、甘肃省汽车场地越野邀请赛等；平凉市则发挥崆峒武术的魅力积极举办武术比赛，进一步提升当地的影响力和知名度；贵清山国家森林公园则举办了"全国攀岩精英赛"，为当地带来了巨大的经济效益。

（三）宁夏

宁夏的摩托旅游以及沙湖生态旅游景区的旅游活动较为有名，另外，宁夏还在积极开发下列几种体育文化旅游：

1. 观光型体育文化旅游

观光型体育文化旅游本质上来说是一种休闲活动，指的是令游客通过对体育赛事、体育相关的摄影、雕塑、绘画等艺术进行观看和欣赏后，令游客的审美需要和情感需要得到充分满足。体育文化有着极为丰富的含义，并且具有众多表现形式，因而其娱乐性、观赏性都十分突出。2021 年 2 月，宁夏以冰雪系列品牌赛事为主打的群众体育、竞技体育、体育产业与文化、旅游、健康等领域的"冰雪模式"初现端倪。同年 3 月，排舞采风进宁夏，打造"体育＋文旅"时代新名片。

2. 民族传统体育文化旅游

该地的民族传统体育活动的举行时间通常会集中在各种节日，它有着极其鲜明的娱乐性和游戏性。举例来说，宁夏的回族武术、木球，固原山区回民群众的踏脚以及方棋等，和当地的民族风俗、文化传统等一同成为当地特色的体育文化旅游资源。

3. 健身旅游

这里所说的健身旅游是宁夏依照其自身的地貌、地形所开展的具有强身健体效果的体育文化活动。宁夏境内比较有名的高山是贺兰山、六盘山，并且宁夏还有黄河、沙漠、原始森林等，加之此处有贺兰山岩画、黄河渡口、大佛寺等人文景观，都为开展体育健身旅游奠定了优良基础。该地较为适宜开展野营登山、户外运动、滑草、羊皮筏、沙滩比赛、穿越沙漠等体育活动。

（四）内蒙古

内蒙古具有丰富的冰雪资源，其中比较出名的冰雪旅游项目当属阿尔山冰雪节。其举办时间为每年的 11 月底至 12 月初，举办地点为阿尔山市。阿尔山冬季雪原面积巨大，且有着壮丽的冰川奇景，温泉热气蒸腾，云雾缭绕。阿尔山市也始终保留着其传统的雪雕艺术，室内还会举办相关展览，令人们感受雪雕魅力。此处的雪龙滑雪场给了人们开展冰雪旅游的理想场所，人们可以在此处赏雪、观雾凇；可以到野外畅快地越野滑雪，切身感受林海雪原的独到美景。

另外，内蒙古地区的赛马节也享有较高的知名度。科尔沁草原的马背文化由来已久，如今这里的赛马节既保留了其马背比赛传统，更是增添了多元文化内容，增设了博克比赛、民族歌舞表演、电影晚会、祭敖包等特色活动，令该地成了旅游者健身、休闲、交友的重要地点。此外，内蒙古的那达慕大会更可谓民族盛会，尽管各地举办大会的规模不同，但皆受到当地人的热烈欢迎，声势浩大。2021 年 7 月呼伦贝尔举办的大会上，不仅开设有传统的赛马、摔跤以及射箭等体育活动，还开设了民族歌舞、蒙古象棋、乌兰牧骑文艺演出、民族服饰表演以及其他现代体育竞赛项目，丰富了大会的内涵和形式，增强了大会的观赏性和趣味性。另外，内蒙古还拥有目前我国最大的赛马场，名字就是内蒙古赛马场，旅游者在这里能够看到由内蒙古马术队上演的射箭、马上体操、马上射击、马上技巧、乘马斩劈等具有蒙古族特色的体育文化节目。

内蒙古始终大力挖掘本地区的传统体育文化旅游资源，致力于让人民的文体生活更加丰富，因而该地的传统体育文化运动发展速度较快。在较长一段时间以来，蒙古族都被誉为"马背民族"，他们数百年来都很好地继承了赛马、射箭、摔跤等传统体育文化，"那达慕"是内蒙古少数民族开展传统体育活动的重要形式。上述体育文化皆为内蒙古提供了丰富的休闲旅游资源。

（五）新疆

为进一步助推新疆体育＋旅游融合发展，大力宣传体育健身和体育消费理念，引领健康生活新风潮，新疆于 2021 年 6 月 4—6 日在新疆国际会展中心首次举办"2021 新疆国际体育运动与健康生活博览会"。2021 新疆国际体育运动与健康生活博览会规划展览面积 2 万平方米，展示范围涉及体育用品与装备、户外及休闲运动、体旅融合、健康生活、配套设施与服务等五个方面，展会同期举办"新疆体博进校园"、体育明星"宠粉日"、"新疆特色民族体育运动发展论坛"、"新疆体育与旅游融合发展研讨会"等系列活动，与广大市民一起领略体育运动魅力，见证体育＋旅游融合发展成果，畅享体育健身和体育消费新理念。新疆有着多种体育文化旅游资源，类型多样，特色鲜明，有着较高的品位。目前，新疆较为重视的体育文化旅游项目如下。

1. 地质地貌考察旅游

新疆面积广阔，不仅境内冰峰耸立、草原广阔、沙漠广袤，且高山环抱，绿洲点布。并且其境内湖泊、河流的数目非一般内陆城市可比。再加上此处较为鲜明的三山夹两盆地貌，更是为开展地理考察以及其他科学考察提供了便利条件。

2. 民族传统体育文化旅游

新疆少数民族传统体育文化丰富多元，它们已经超越了娱乐、健身或者比赛的定义，而成为具有广泛社会参与性、蕴含深厚历史积淀的一种特色文化活动。新疆各少数民族在其发展过程中运用其智慧创造了十分多元的体育文化活动，例如维吾尔族的沙哈尔地（意为"转轮秋千"），蒙古族及哈萨克族的速度赛马、马上角力、叼羊、姑娘追，锡伯族的射箭等。这些体育文化资源大部分具有鲜明的游牧民族和边塞特点，比较推崇"野"与"力"，有着明显的"游戏"意味。近年来，新疆各相关部门坚持对传统体育文化活动进行发掘和宣传、弘扬，如速度赛马、民族式摔跤、赛走马、叼羊、赛骆驼、背式拔河、武术、秋千以及国际象棋等都已经被列为自治区少数民族传统体育运动会的正式比赛项目；达瓦孜、射弩、马上角力、姑娘追、斗鸡、斗羊、斗狗等成为自治区少数民族传统体育运动会的表演项目；速度赛马、赛走马、民族式摔跤、射箭、秋千、武术已成为全国少数民族运动会的正式比赛项目；达瓦孜、马上角力则多次参加了全国少数民族运动会的表演。新疆多种传统体育文化活动大多会在节日聚会的时候举办，举办时伴有歌舞及游戏，有着突出的娱乐性，能够对游客形成较大的吸引力，因而是能够促进当地旅游业发展的重要资源。

表0-3-3 新疆民族体育文化旅游资源示例

项目类型	具体项目内容
观赏型	切西、赛马走、套马、赛马、达瓦孜、斗羊、斗狗、斗牛、叼羊、马上角力、民族式摔跤、斗鸡
参与型	姑娘追、萨哈迪、盖莱特盖、麦西莱普、骑马、骑骆驼、射弩、骑驴、阿尔木西、依兰古期、处可处可、武术、射箭、秋千、跳绳、背式拔河、帕普孜球、切力西、踢毽子、游泳、比腕跑、拔棍、库尔特牌、跷跷板、国际象棋、卡塔尔棋

3. 水上体育旅游

新疆具有丰富独特的水域资源，比如塔里木河、额尔齐斯河等，并且还有天池、喀纳斯湖以及赛里木湖等各种湖泊，这些都是开展水上体育文化旅游的重要资源。

新疆目前所推出的体育文化旅游产品有新疆丝绸之路古道沙漠探险游，翻越天山触摸博格达峰7日游，新疆天山风情观光游，新藏公路、昆仑山、藏北无人区29日游，罗布泊徒步探险13日游，以及各滑雪场的游乐活动等。其旅游者大部分来自国内相邻省份以及邻近的国家。目前，新疆体育文化旅游业有着良好的发展趋势。

第一章　西部体育文化旅游资源开发的条件分析

在针对体育文化旅游资源进行具体开发时，必然要受到很多因素的影响，这些来自自然、社会、经济等方面的诸多因素组成了体育旅游的开发环境条件。笔者针对西部地区的体育文化资源开发环境进行深入分析后发现，西部地区既有很多环境上的优势，也存在着许多制约因素，唯有对这些有利和不利的条件有清晰的认知，才能有的放矢地促进西部体育文化旅游产业实现进一步的发展。

第一节　西部体育文化旅游资源开发的有利形势

一、旅游产业飞速发展，奠定体育文化旅游发展基础

我国西部地区的旅游业相对于东部地区来说发展较晚，但这并不能阻挡其惊人的发展趋势。西部地区各省市的领导对区域内的旅游产业开发倾注了极大的精力，有关旅游的相关政策和管理机构不断完善，旅游的投资环境也得到了极大地改善，且积极寻求融资渠道，进一步加大投资的力度，最终使西部地区的旅游产业发展远超于国内其他地区的平均水平。据调查显示，2010 年至 2019 年期间，西部地区的旅游人数和消费明显高于东部城市，尤其是西南地区的重庆、昆明、成都等城市，呈现出爆发式增长的趋势。

随着西部旅游产业的蓬勃发展，四川、重庆、西藏、新疆等地已经将旅游业作为重要发展产业，在各个方面都给予了大力支持，这也是旅游业在西部地区经济建设中占据重要地位的充分体现。在西部地区众多的旅游资源中，存在着诸如峡谷、高山、沙漠等丰富的自然资源，为举行体育运动以及休闲旅游活动提供了极大的便利。西部地区特有的传统民族节日中也蕴含着形式多样、丰富多彩的民族体育文化，这些都为西部地区体育文化旅游资源的开发奠定了坚实的基础，也为其发展提供了更为宽广的发展空间。

二、西部地区有丰富且独具特色的体育文化旅游资源

和沿海的东部城市不同，西部地区的体育文化旅游资源种类繁多、非常丰富，且有着极强的垄断性。西部地区的地理位置和自然环境形成了它非常千态万状、雄伟壮丽的自然景观，和主要由丘陵、平原以及三角洲组成的东部景观不同，它主要由各种盆地、峡谷以及高原形成，不仅吸引了大批以休闲旅游为目的的游客的到来，也提供了开展漂流、登山、攀岩、探险等户外活动的重要资源，是我国户外运动比赛举办的主要场地。比如山地资源较多的重庆举办各种登山、自行车比赛；在丝绸之路古道以及大漠戈壁举办摩托车拉力赛；结合西部地区特有的高原气候进行各种高原耐受训练或者比赛等等。

西部地区的体育文化资源不仅丰富，还有着很强的民族风情，有着东部地区所没有的特色。受历史和地理环境的影响，西部地区多数是少数民族居民，经历了漫长的朝代变迁，各个民族都有独特的民俗风情保留下来，形成了悠久、丰富的民族文化，也保留了非常浓郁的风情景观，其中又以少数民族的体育文化活动更具特色，它是西部地区众多传统习俗以及民族风情的主要内容。根据调查统计，西部地区延续下来的体育运动项目多达七百多种，其中既有和民族日常生活息息相关的轮子秋、射弩、姑娘追等运动，也有节庆气息非常浓厚的龙舟节、赶歌节、那达慕大会等活动，不管是哪一种，都具有非常浓厚的民族气息，且因为十分罕见而强烈吸引到众多游客慕名而来。据调查，西部地区多数城市的风俗民情和旅游资源都比东部地区更加有吸引力。如下图所示。

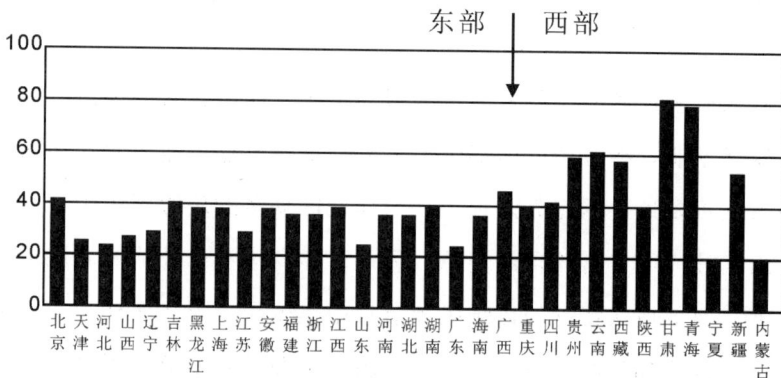

图 1—1—1 国外游客对各省市区民俗风情的兴趣比较（%）

东部 | 西部

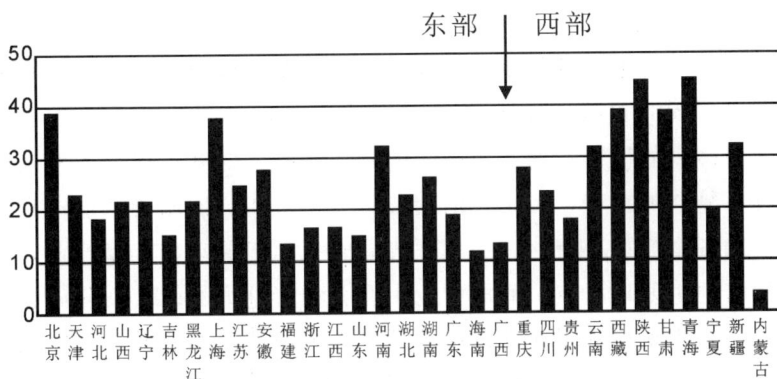

图 1-1-2 国外游客对各省市区文化艺术的兴趣比较（％）

东部 | 西部

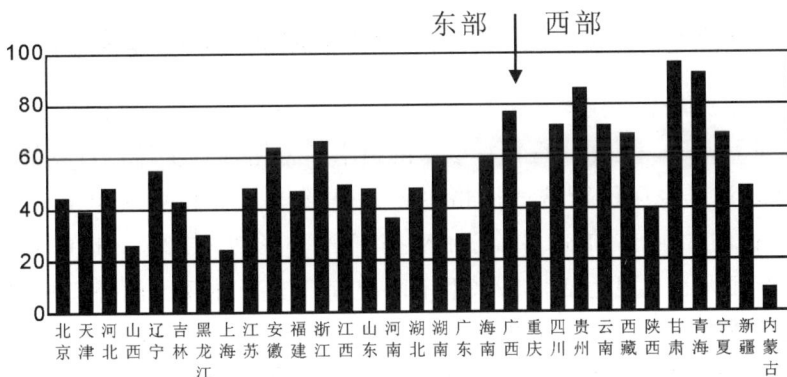

图 1-1-3 东西部自然旅游资源对游客的吸引力比较（％）

三、西部大开发战略提供资金、政策、法律支持

2020 年 5 月 17 日，中共中央、国务院印发《关于新时代推进西部大开发形成新格局的指导意见》（以下简称《指导意见》），《指导意见》指出，强化举措推进西部大开发形成新格局，是党中央、国务院从全局出发，顺应中国特色社会主义进入新时代、区域协调发展进入新阶段的新要求，统筹国内国际两个大局作出的重大决策部署。其中在"推动形成现代化产业体系"中提出支持西部地区发挥生态、民族民俗、边境风光等优势，深化旅游资源开放、信息共享、行业监管、公共服务、旅游安全、标准化服务等方面国际合作，提升旅游服务水平。依托风景名胜区、边境旅游试验区等，大力发展旅游休闲、健康养生等服务业，打造区域重要支柱产业。

自国家提出要针对西部地区进行大开发的决策后，西部地区的体育旅游产业发展就如虎添翼，取得了更加繁荣的发展。这是由于西部各省市原本要注重西部旅游产业发展的内在要求和国家整体的开发战略方针不谋而合。战略开始实施后，国家不仅为西部地区的旅游产业提供了更多基础设施，出台了一系列相关产业法规、政策，同时也投入了大量的财政资金，为西部地区输送了很多优秀人才，为其发展体育旅游产业奠定了坚实的物质基础。此外，西部大开发战略是一个非常系统、复杂的工程，一个好的突破口至关重要，而旅游产业本身有着极高的开放度，和各个产业都有一定的关联，同时又属于劳动密集型产业，因此被作为大开发战略的主要切入点，而旅游业中有着独特魅力的体育文化旅游产业也因此受益，在近几年来得到了非常迅速的发展。为扶持西部旅游业，国家还通过每年发行10亿国债的方式来提供相应的财政支持，也出台了相关政策文件，西部地区各省市也给予了高度重视，先后出台了各类文件来促进旅游产业的发展，并拨出资金作为旅游业专用。

四、经济快速发展，体育文化旅游产业极具潜力

自改革开放以来，我国经济飞速发展，人们的生活水平得到了极大改善，物质需求得到了满足，更加注重精神层次的追求。根据调查统计，自改革开放初始至2017年，城、乡居民消费的恩格尔系数呈逐渐下降趋势（如图1-1-4所示），由最初的57.5%和67.7%分别降至了28.6%和31.2%。这些数据也是国家经济逐渐强大和人民生活物质水平不断提高的充分体现。此外，根据2019年的旅游统计数据显示，这一年我国旅游总收入达到了6.63万亿元，城镇居民和农村居民用于旅游的总消费分别达到了4.75万亿元和0.97万亿元，对于体育旅游的需求正随着物质水平的提升而逐年增加。

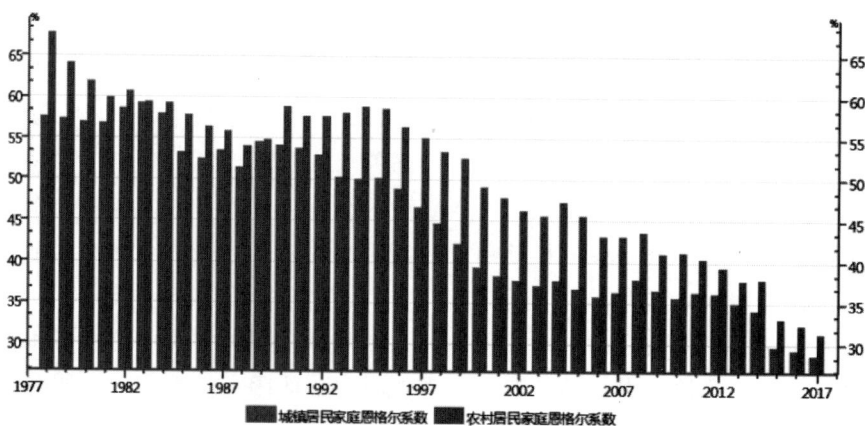

图1-1-4　1978至2017我国城乡居民家庭恩格尔系数

此外，我国早在 1999 年开始实行每周双休的休假制度，这使得人们的闲暇时间增多，用于娱乐、运动的时间也相应增加。而现代社会激烈的竞争使得人们普遍工作压力较大，生活节奏较快，因此在闲暇时间，人们更愿意离开繁华喧嚣的城市，进行短暂的休闲旅游或者体育活动来释放身心压力。西部地区丰富的自然资源和秀丽的风景无疑对人们有更大的吸引力，而收入的增加以及对精神世界的高追求无疑使人们在选择体育旅游活动而没有太多顾虑。由此可见，随着西部地区体育文化旅游资源的进一步开发，体育旅游活动势必将成为人们日常的一种生活方式，在民众巨大的旅游需求带动下，发掘出西部地区体育文化旅游的巨大潜力，真正促进西部地区体育文化旅游产业的发展。

五、全球化发展使西部地区具备开发国际市场的优势

我国加入 WTO 后和国际的不断接轨使得旅游产业有了更加广阔的发展空间，利用得天独厚的自然资源，加大旅游市场的开发力度，做好宣传工作，吸引其他国家游客的注意力，促使我国的旅游产业逐步走向世界。作为最早开放的产业，旅游业得到了国家的大力支持，且提供了相应的政策支持，西部地区的客源和资金投入相对都比较稳定，有着较强的承受力，这也为西部体育文化旅游产业的进一步发展提供了必要的基础。

我国西部地区地处亚洲大陆中心，不管是和南亚、中亚还是东欧联系都非常便捷。在加入 WTO 后，我国和很多国家建立起了良好的外交关系，交通也相对更加便利。如图 1—1—5 所示，东南亚国家的居民之前要想到西部地区旅游，必须经过北京、上海等地，而现阶段，西部地区成为中国主要的国际旅游业发展中心，对于旅游爱好者来说则节省了大量的时间和金钱，大大提升了旅游体验。西部地区只要将自身丰富的旅游资源利用到位，就占据了开发国际市场的巨大优势。比如自 2002 年起开始举办的环青海湖国际公路自行车赛，每年都聚集了世界各国体育爱好者的广泛参与，且取得了不俗的成绩，在比赛中向世界展现了青海、宁夏、甘肃三个省区的风采，不仅为丰富民众的体育、文化生活做出了贡献，也带动了西部地区旅游产业和世界各国的深层交流与合作，大力推动了西部地区体育文化旅游业的发展，取得了可观的经济收益。

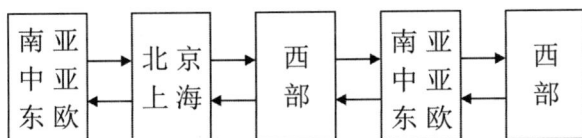

图 1—1—5　中南亚以及东欧旅游者出入西部地区发展示意图

第二节 西部体育文化旅游资源开发的制约因素

一、观念亟待转变，资源开发不足

西部地区有着种类繁多、形态各异的旅游资源，很多体育文化资源更是呈现出原始特征，其他地区根本不存在，这也使其具有很强的垄断性。但这些极具价值的珍贵资源却难以转化成真正的产品，更在实现产业化的道路上遇到了极大的阻碍。西部地区的旅游业尽管在这几年得到了一定的发展，但整体来讲依然没有将资源优势最大化利用，其中最大的原因就是较为落后的思想观念和对旅游业的错误认知。西部民族地区的不少民众对休闲旅游的概念理解有误，部分管理者还将其归类到"娱乐产业"，而旅游行业的从业人员开拓市场的能力不足，缺乏一定的市场开发意识。这种不足在体育文化旅游产业上表现得更加明显。造成这一现象的原因主要有两个：第一，休闲文化旅游产业相对于旅游业来说算是新兴产业，尚处于萌芽阶段，民众对体育文化旅游的意义、特点缺乏正确的理解，而针对体育文化旅游的书籍也十分有限，专论更是少之又少，这就导致有关体育文化的研究只是浮于表面，缺乏一定的完整性和系统性。此外，西部地区尽管意识到了旅游业对区域经济发展的重要作用，但针对体育文化旅游产业的市场潜力并没有进行深入调查，因此也没有具体的政策引导，管理职能也较为模糊，众多旅游企业更是对此不够关注。第二，对西部地区体育文化资源的特殊性和巨大的市场潜力认知有误，在一定程度上阻碍了体育文化资源的开发和建设，降低了资源的利用率。据相关调查显示，现阶段西部民族地区体育文化旅游资源开发量尚且不到整体潜力的 10%，其中青藏高原地区大片自然资源都未能得到有效开发。针对体育文化旅游的投入资金较少，开发资源时也没有系统而全面的规划。多数针对体育文化旅游的开发都只是开放景点，有关景点专业、详细的介绍几乎没有，游客进入景区内也只是大致欣赏下风景，真正的体育文化价值被忽略，这在某种程度上也是对资源的另一种闲置和浪费。

除此之外，对西部地区究竟拥有多少体育文化资源没有确切的数据，这也对西部地区大力发展体育文化旅游产业的信心造成了一定的打击。由于西部地区占地面积大，部分地区自然环境险恶，在统计西部地区体育文化资源时面临着较大的难度。因此体育文化资源的整体质量、资源的具体范围、自然环境、涵盖数量、开发前景都缺乏详细、科学、全面的统计与分析，这也导致西部地区在和其他地区、国家进行资源比较时处于被动地位。在进行资源开发时没有可靠的数据支撑，导致体育文化旅游资源未能得到合理、均衡的开发。

二、西部地区经济落后，城镇化水平较低

受地理位置、历史因素等多方面影响，西部地区的经济、文化发展程度都较其他地区落后。尽管最近几年来国家对西部地区的经济发展逐渐重视起来，但和东部城市相比依然有一定的差距。如表 1－2－1 所示，2019 年西部地区各城市生产总值的平均值仅有 17098.76 亿元，和东部的 51116.14 亿元相比依然有着不小的差距，而东部地区 GDP 最高的广东省为 107671.07 亿元，是西部地区 GDP 最小的西藏的 63 倍，双方存在十分巨大的鸿沟。

表 1－2－1 2019 年我国东西部地区各省国内生产总值（亿元）对比

东部地区		西部地区	
省区	国内生产总值	省区	国内生产总值
广东	107671.07	四川	46615.82
江苏	99631.52	陕西	25793.17
山东	71067.5	重庆	23605.77
浙江	62352	云南	23223.75
福建	42395	广西	21237.14
上海	38155.32	内蒙古	17212.5
北京	35371.3	贵州	16769.34
河北	35104.5	新疆	13597.11
天津	14104.28	甘肃	8718.3
海南	5308.94	宁夏	3748.48
东部平均	51116.14	青海	2965.95
		西藏	1697.82
		西部平均	17098.76

受西部地区落后的经济因素制约，西部地区的城镇化水平也和东部地区有着较大的差距。实现农村居住地城镇化，将城镇作为居民生活、消费、交通、教育的中心，能够大力推动地区经济的快速发展以及促进体育文化旅游产业的大力开发。总的来说，西部地区落后的经济和城镇化发展水平使其严重阻碍了地区社会的法治化、市场化，也不利于其对外开放，而且对西部地区的体育文化旅游的主要消费群体以及投资群体也造成了一定的束缚。

三、整体教育水平有待提高，优秀人才匮乏

西部地区的居民多数是少数民族，且受到地理位置、历史人文等诸多因素的限制，整体文化教育处于较低水平，和我国的整体发展水平有一定的差距。此外，西部地区和其他较为发达的地区相比，有着受教育机会不公平现象，导致各个省区的高中升学率也远远落后于国家平均水平。教育水平的落后便得西部地区民众的整体素质难以提升，对其经济的发展以及各项产业的开发都是一种桎梏。

西部地区有着非常丰富、独特的自然资源，但西部地区的旅游院校却数量有限，在全国中的比例也较小，且目前来看，仅有西安体育学院、成都体育学院这两所高校设立的有体育产业经营管理的课程，招收体育旅游专业的学校则只有成都大学体育这一所。人才培养的规模和西部地区众多的体育文化资源明显不对称，而造成这种人才匮乏现状的主要原因有以下三点：首先，西部地区的人才机制存在一定缺陷，其采取的依然是以往的计划经济模式，未能给出相对放松的环境氛围和优越的物质条件，因此无法吸引大量人才的到来；在聘用人才后的管理模式也是按照既有规定硬性约束，缺乏科学、合理的人才流动；其次，西部地区的高等院校规模有限，无法满足地区经济发展对高质量人才的需求，也难以满足民众对高等教育的渴求。尽管西部地区早已开始着重建设和发展西部地区的多所高等院校，但供需不平衡的局面依然存在；最后，由于西部地区多数环境较为恶劣，且受经济发展的影响待遇较低，因此很多人才都不愿意留在本地，导致人才大量流失，人才匮乏现象愈发严重。

四、交通基础设施短缺，制约产业发展

西部地区地理风貌和东部大有不同，多为盆地、高原，交通极为不便，这也是其旅游产业未能得到充分发展的重要原因。近年来，我国大力发展西部旅游产业，加大西部地区交通设施补给力度，在一定程度上缓解了交通困境，但不可否认的是，西部地区的交通依然存在着众多问题，主要体现在以下两个方面：

其一，各地区的旅游景点与邻近的旅游中转城市间直达车数量有限，有的甚至不存在直达车，给游客带来了极大的交通困扰，因此失去了不少客源，景区的发展受到不小影响。

其二，西部地区和东部沿海城市不同，其机场、公路、铁路交通设施数量都相对较少，交通网线不够密集，承载游客能力相对薄弱，限制了体育文化旅游业的进一步发展。诸如九寨沟、青海湖、敦煌等地久负盛名，对很多游客来说都有着巨大的吸引力，但实际上每年的游客数量却十分有限，在众多原因中，交通因

素难辞其咎。

以西藏为例，作为我国乃至全球范围内登山活动、探险旅游的绝佳目的地，很多专家学者就提出了要开发西藏地区的体育文化资源，推出体育运动、科学考察、山洞探险等活动，充分利用西藏地区的特色资源，将其发展成为综合性的、全面发展的旅游基地。但在开发的过程中，落后的交通基础设施成了最大的拦路虎，严重制约了体育文化旅游产业的发展。在青藏铁路正式运行之前，国内以及其他国家的游客只能乘坐飞机到达西藏，且之前通往西藏的航班十分有限，其主要的国际航线也局限在美国、日本、尼泊尔等少数国家，针对尼泊尔开通的航线只有六个月，又恰逢西藏旅游业的淡季。针对国内城市，主要开通的航线有上海、成都、北京等地。游客只能选择费用昂贵、航班、航线选择范围小的航空运输，或者是川藏、青藏、滇藏这些设施不完善的公路进入西藏区域，这就导致很多原本对西藏十分向往的游客在面临如此落后的交通条件时望而却步，失去了大量客源。交通运输的落后成了制约西藏体育文化旅游产业发展的重要因素。在2006年青藏铁路贯通后，西藏的旅游业得到了快速发展。据相关调查统计显示，2006年西藏一共接待了国内外游客251万/次，旅游业总收入仅有21.71亿元，到2019年，西藏接待海内游客数量达到了4000万/次，收入则达到了560万亿元，体育文化旅游业也相应得到了巨大发展，带动了当地其他产业，实现了整体经济的飞速提升。

由此可见，唯有注重西部地区的交通基础设施建设，才能真正地促进西部地区体育文化旅游产业的发展。除西藏外，四川的碧峰峡也是一个很好的佐证。成都至雅安高速公路开通前，碧峰峡几乎无人问津，也没有足够的接待能力，而开通后则得到飞速发展，成为休闲、度假、户外运动多方综合的生态旅游景区。

加大西部地区的交通基础设施建设不仅对旅游业发展有利，更对体育文化旅游产业有着至关重要的意义。因为体育爱好者十分热衷的各种户外活动——漂流、登山、极限运动、攀岩等几乎都是在自然环境中进行，本就已经远离了主要的交通中心，一旦发生意外，不管是进行位置跟踪还是施加救援都有着较大的难度。改善交通环境，提供交通便利，在促进产业和经济发展的同时也是为了保障人民的生命安全。

五、旅游服务设施有限，宣传缺乏力度

西部地区落后的经济限制了其对旅游业的财政支出，导致各省区的旅游服务基础设施有限，落后于全国平均水平。由于各省（区）之间的经济发展各不相同，投入的资金力度也有所区别，诸如贵州、甘肃、西藏这些生产总值较低的地

区累积投资金额就十分有限，而这也加剧了不同区域间基础设施的差异。作为旅游的目的地，各个省（区）本应当为游客提供尽善尽美的服务，不仅包含路线中一切有趣的吸引物，也要包含必需的住宿、餐饮、健身等一系列服务、设施。但西部地区由于资源开发量有限加上资金有限，因此其基础设施和酒店配置水平较低，有待进一步完善。多数酒店、餐馆以及健身场所都比较陈旧，且数量有限，配套设施也并不齐全，导致其接待能力非常薄弱，和东部沿海城市酒店数量过多、竞争激烈的现象形成了鲜明对比。在 1998 年之前，西部地区很多省市甚至都没有五星级酒店，尽管在之后取得了一定的发展，但依然存在着服务设施落后的整体现状。此外，全球已经步入了互联网时代，网络和移动通信技术已经成为人们日常生活的一部分，但在许多西部地区，软件建设较为落后，网络配套服务水平极低，且普遍存在数量不足、设备不完善的情况，无法满足游客的需求。

此外，西部地区多数对体育文化旅游的宣传缺乏足够的力度。西部地区有着种类丰富、极具特色的体育文化旅游资源，但不管是国内还是世界的旅游市场中都仅占据较低的份额，这和宣传力度过小、推广工作效率低下、客源未得到有效开发有密切联系。诸如四川、青海、西藏地区对国际旅游市场投入了一定的资金来进行宣传，但针对国内游客的宣传却十分有限，导致很多游客对这些地区虽然心有神往，但由于对地势、环境、气候、海拔等问题了解不够，不敢像去其他地区旅游一样说走即走，而是充满了疑虑。这也正是地区宣传力度小、宣传内容局限导致的后果。而西部地区宣传力度有限，这种有限体现在以下几个方面：

第一，宣传产品过于单一，旅游产品种类过少，且宣传的内容不够丰富，采用的依然是以往较为陈旧的方式。

第二，缺乏足够的促销渠道，宣传手段较少，缺乏组织能力，不能把各方力量凝聚起来一同发挥作用，导致宣传活动规模过小，影响力不够。

第三，宣传工作缺乏连续性，经常因为各种原因中断，不能形成长期有效的宣传机制，因此很容易被民众遗忘，难以取得有效成果。

六、气候因素影响较大，环境保护不力

西部地区的众多省份中，除了贵州、四川、云南等地外，其他地区都有着非常明显的季节问题。受地理环境和气候的影响，西北地区的中西部有 5—6 个月的旅游淡季，游客数量明显减少，相关设施得不到充分利用；而旅游旺季又大多是在 6—9 月，游客多数都在这一时间段内出行，不仅带来了极大的交通压力，也造成了服务设施的极度紧张。

西部地区独有的高原环境对于体育爱好者来说无比珍贵，但也有很多游客对此有一定的恐惧心理。而多变的气候环境也要求游客具备一定的身体素质，否则很容易因为高原反应影响旅游体验，严重的甚至会危及生命。

另外，高原地区的生态环境需要得到重点保护，其脆弱的环境一旦遭到破坏，会产生较为严重的后果，这也在很大程度上制约了体育文化旅游产业的发展。对于体育文化旅游业来说，其发展是一个持续的、长期的过程，因此保护好生态、自然环境是至关重要的，一旦保护不力，就会影响到后续的发展，这也意味着要妥善处理资源开发和环境保护的关系，以寻求微妙的平衡。但西部地区部分景点并未将环境保护工作落实到位，出现了以下问题：

第一，部分景区生活垃圾污染严重。部分旅客环境保护意识不够、素质不高，随地乱扔垃圾，而生活垃圾处理方式不到位，严重破坏了景区的整体卫生状况。第二，自然资源价值退化。西部地区很多天然的壮观景致，吸引了大批游客的到来，但较弱的保护力度导致生态环境不断恶化，自然资源也在逐渐老化，出现了很多湖泊面积缩小、水流量缩小，水源被严重污染等问题，不再具备以往很高的旅游价值。第三，环境保护的技术手段不足。一些地区采用的环保技术较为落后，影响了最终的效果；有的地区则是根本未采取环境保护措施，也没有环保技术。第四，过分追求利益忽略环境影响的现象依然存在。随着西部旅游业的逐步发展，一些地区为了获得更大的经济效益，过度开发旅游资源，甚至为了旅游项目而破坏原有的植被环境，导致景区的环境受到严重影响。可惜的是，由于在环保方面缺乏明确的法规制约，一些景区本身的规划未考虑到对环境的影响，加上部分地区将景区开发、建设承包给他人后就不闻不问，导致这种为求利益放弃环保的问题层出不穷，对西部地区整体的环境都造成了不小的伤害，也制约了体育文化旅游产业的发展。

七、管理体系不完善，服务水平较低

现阶段，西部地区缺乏完善的体育文化旅游产业管理机制，出现了部分管理缺位、政出多门的问题。受历史文化和传统观念的影响，部分政府部门将体育文化旅游纳入文教事业的范围中，旅游部门的管理干部针对旅游业的管理工作采用的是和督促事业单位发展相同的方式，又或者从自身角度出发来进行管理，不去寻求合作的机会，无法促进产业的整体发展。在这种管理模式下，体育文化旅游产业发展中的环境、条件丧失的同时，也不能再根据自己的客观经济规律来获得发展。此外，由于受当地的旅游行政以及体育部门权限制约，不能在引导体育文化旅游业发展中起到有效的组织和协调作用，也不能起到管理、调控的作用，也就无法对体育文化旅游产业的进一步发展提供统筹规划。这种管理体制的极度不完善在很大程度上制约了体育文化旅游产业的飞速发展。

西部地区还有部分城市，对景区看似是进行了宏观管理，但实际上政出多门，管理体制混乱。有些地区的管理部门甚至将景区进行详细划分，规定不同海拔由不同人管理；有些景区不仅要接受旅游局的管理，还要接受文化局、林业局、宗教部门、人民政府的多方管理，而在实际的管理中这些部门又未做到统一协调，面对旅游收益分配平均，出现问题时未能解决，需要投入时又不管不问或者降低景区建设水平，导致财政资金用不到实处，自然资源也被破坏。此外，在针对景区的管理过程中还会出现一些旅游部门分不清政企区别，导致西部地区的很多旅游经营企业并不具备独立法人资质。种种问题都在影响着西部地区旅游产业的整体形象，阻碍着西部地区的可持续发展。

西部部分地区的体育旅游产业不仅管理体制出现了一些问题，整体的服务水平也有待提升，很多从业人员缺乏服务意识，整体素质有待提升，给游客带来的体验、观感较差。出现这种状况的原因是多方面的：第一，西部地区的资源十分丰富，且很多种类是其他地区所没有的，这种资源的独特性和唯一性使得许多服务人员并不在意游客的旅游体验；第二，缺乏能力出众的专业人才，致使在旅游业的管理、开发、技术和服务等方面都没有正确的引导，导致问题频频出现；第三，针对服务水平和质量没有明确而统一的标准，也不存在详细的服务规范要求，更缺乏有效的部门和市场监管；第四，尽管西部地区的体育文化旅游产业已经得到了一定的发展，但相关的体育旅行社却寥寥无几，且未能充分发挥在体育旅游产业的核心作用，市场地位也未能充分体现。第五，体育文化旅游产业牵涉到众多行业，娱乐、食宿、购物等行业的参与者中有一部分人过分注重短期经济效益，为了在最短时间内得到最大的投资回报率，行业间极易产生恶性竞争，旅游产品和服务的价格得不到统一，更有甚者通过任意抬高价格、欺骗顾客来牟取利润。深入分析这些现象后可以发现，这些地区之所以服务质量差，是经营者们过于看重旅游资源带来的红利，忽略了至关重要的综合质量建设的结果。丰富的旅游资源固然是旅游产业得到发展的基石，但如果综合质量不过关，旅客应得的权益无法得到充足保障，也会给游客带来极差的观感体验。随着人们生活水平的提高，人们出游的频率也相应增加，游客对景点的服务水平、意识也会有越来越高的要求，假如不及时提高体育文化旅游景点的整体服务质量，必然会使两者之间的矛盾进一步增大，对西部地区的体育文化旅游业的发展大为不利。

综上所述，尽管西部地区的体育旅游产业已经在国家和当地政府的扶持下取得了相应的成果，但依然存在着理论准备不足和实践积累缺乏的问题。西部地区的体育文化旅游开发应当对本区域内的现实环境条件有清晰的认知，能够合理利用丰富的自然资源，在国家和当地政府政策的引导下大步向前，挖掘市场潜力，并正确面对阻碍自身产业发展的因素，为体育文化旅游产业的进一步开发实践以及理论探索提供可靠的现实依据。在推进体育文化旅游产业的发展过程中，既要不断加大开发力度，使其产业化、市场化，也要结合实际情况，对其发展的主要特点、客观规律保持清晰的认识，不可过于冒进。而有利的条件和负面影响因素往往总是动态的，是相对而言的。西部地区经济落后、教育水平较低、基础设施不完备、思想观念有待转变这些制约因素，必将在国家的战略带领下不断被改善，得到整体的提高，为西部地区的体育文化旅游产业蓬勃发展奠定更加坚实的基础，提供更广阔的发展空间。

第二章 西部体育文化旅游资源开发的效应分析

体育文化旅游开发效应主要指的是在举办各种体育文化旅游活动时所产生的各种正面的、负面的影响，这种影响不仅作用于参加体育文化旅游的游客，还作用于各个不同的旅游目的地，同时对开发这些体育文化旅游的经商者有很大影响。体育文化旅游的开发效应包含以下三种：第一，经济效应，指的是体育文化旅游活动对经济的整体影响，比如使区域内的外汇收入增加，产业结构进一步优化，民众就业率得到提升，投资环境得到改善等。第二，社会文化效应，指的是开展体育文化旅游活动后对当地人民的思想观念、生活方式、风俗民情以及社会结构产生的影响。第三，环境效应，指的是体育文化旅游活动对当地环境造成的影响。在本章节中，将环境效应并入到社会文化效应内进行讨论。

第一节 体育文化旅游资源开发对西部经济发展的效应分析

一、西部地区经济发展的正面效应分析

（一）改善税务收入，提升经济实力

税收能够为一个国家的国防安全、社会安定、公共投资、社会福利提供充分的资金保障，它在社会的安定和可持续发展中起到举足轻重的作用。西部地区体育文化旅游产业的主要税务收入来自提供各休闲旅游的服务、产品的经营者和享受这些服务并为其消费的旅游者。而其收入类型主要有以下两种：一是体育文化旅游产业中不同营业部门的所得税、营业税，二是区域外旅游者产生的诸如机场税、入场签证费以及购买物品所缴纳的海关税。根据相关调查统计，在部分国家和地区中，旅游产业的收益和投资比维持在 3∶1—5∶1 之间，政府大力发展旅游产业，能够获得投入资金的 3 到 5 倍收益。除此之外，地区政府还可以从和旅游业有所关联的行业中得到更多税收。由此可见，西部地区大力促进体育文化旅游业

不仅可以适当提升区域政府的行政能力,而且还能增加区域内的税务收入,对推动地区的经济发展大有裨益。

(二)促进其他行业发展,带动经济提升

西部地区受地理位置和交通因素的影响,工业、农业发展缓慢,第三产业尽管得到了一定的发展,但整体来说依然有着规模较小、产业结构不合理、发展空间有限的问题。西部地区的众多行业中,依然以运输、餐饮、商贸零售等传统服务业为主要产业,而东部地区发展较快的信息、金融、保险、咨询等现代产业在西部地区的多个城市发展都较为滞后。体育文化旅游产业尽管发展时间有限,但却和很多行业有极强的关联性,且和旅游业的发展息息相关。借由西部地区蓬勃发展的旅游产业,体育文化旅游业能够起到促进其他行业发展的作用,使得原本发展滞后的产业达到平均水平,实现西部地区产业结构的大幅调整,缩小和东部地区产业发展的差距。体育文化旅游业对以下相关产业有明显的推动作用。

1. 丰富传统旅游业内涵

体育文化旅游业属于传统旅游业的一部分,其形成以及发展都要建立在对传统旅游业的支持和兼容上,同时其丰富的活动形式又在一定程度上弥补了传统旅游业的不足。传统的旅游业大多把观赏风景作为主要目的,偶尔也会进行度假、会议等旅游产品的服务。这些旅游产品最主要的问题就是游客不能完全参与其中,且没有一定的娱乐性和趣味性,导致游客对此兴致欠缺,也就无法满足游客更高的精神需求。但体育文化旅游活动则充满趣味性,能够让游客在参与的过程中感受大自然,有着较大的刺激性和挑战难度,十分符合旅游者的需求。由此可见,体育文化旅游在一定程度上是对传统旅游业的补充,使其类型更加丰富,产品更加具有吸引力,促使两个产业共同发展,共同进步。

2. 对交通运输以及通信行业发展的影响

西部地区的体育文化资源大多远离交通中心,游客在到达目的地后,要能让游客进得来、留得住还出得去,才能吸引更多人的到来,提高地区景点的可进入性。此外,通信的便利也是现阶段游客十分在意的服务标准之一,因此也要解决西部地区的通信行业问题。唯有将交通运输、通信的阻碍解除掉,将体育文化旅游的空间距离缩至最小,才能保证游客和营地、外界的联系不会中断,保证其生命安全不受威胁。

由于体育文化旅游资源多处在交通较为落后、通讯极其不便的偏远山区,因此大力开发体育文化资源时必然要先改变这些区域的交通状况,加快通信工程的建设,增加通信覆盖面,从而推动这两个行业的进一步发展。

3. 对餐饮、住宿等行业的影响

体育文化旅游产业除了特有的运动、文化因素外,其他和传统旅游业一样,都包含住宿、出行、游玩、饮食、购物、娱乐休闲等六大方面,因此推动体育文化旅游资源的开发,其实就是在促进和这六个因素相关的行业的发展,诸如酒店、餐馆、旅行社、为体育文化旅游业提供商品供应的销售行业和食品加工行业,都会在这一过程中得到飞速发展。

4. 对媒体、广告行业的影响

体育文化旅游资源不像一般商品可以进行全方位的展示,使消费者对其有直观的认知,这也决定了它的宣传和广告十分特殊,只能利用不同的方式来对这些看不见的、不能移动的产品进行生动的描述和介绍,以期获得更多人的注意力,促进产业的发展。因此,体育文化旅游产业的宣传方式和力度对旅游产品的推销至关重要。

相关调查统计数据显示,加拿大的旅行社投入到宣传上的资金占到全部预算的79%,而泰国旅游局的这一数据达到了60%。在早期旅游业的黄金阶段,美国1美元的旅游宣传费用就能为其带来一名游客,而墨西哥投入的1美元宣传资金能够收获40美元的回报,这些数据都表明了宣传的重要性。湖南湘西的土家族、苗族自治州在这一方面是一个很好的证明,为了促进地区旅游业的发展,地方政府投入了千万元资金对凤凰县、德夯苗族风情园等景点进行有效宣传,且连续不间断地进行了几年时间,最终取得了超高回报。不仅在2004年为期7天的五一假期内收获了4780万元的旅游收入,且在之后的每一年都逐渐递增,在2019年更是达到了9.67亿元。

西部地区多个省区的面积大,资源多,蕴含着极大的市场潜力,但由于宣传不到位,在国内外的知名度都较低,还有很多类似凤凰县的优秀资源不为人所知,未能充分发挥其强大的吸引力。唯有借助大范围、有效的广告宣传,才能使更多人了解西部地区,了解体育文化旅游,激发游客的热情,迎来体育文化旅游产业的繁荣发展,为媒体、广告行业带来无尽商机。

(三)扩大外汇收入,平衡财政收支

随着世界各国经济水平的整体提升,各个国家间的交流和合作增加,经济来往也愈加密切。但现代社会是商品经济发达的社会,各国之间只有通过货币来进行商品交换,如果想要扩大对外经济合作的范围,在竞争激烈的国际市场上拥有足够的支付能力,就一定要有充足的外汇储备做支撑。可以说,一个国家具备的外汇储备能力,是衡量其经济实力和支付能力是否强大的主要标准。

一般来说,增加国家外汇收入有两种方式,即对外贸易和非贸易方式。体育文化旅游产业属于直接创汇的非贸易性方式,和贸易创汇比较,它有着无形性和现汇收入的特点,并且有着较低的换汇成本。由此可见,大力发展我国西部地区的体育文化旅游产业,积极开发国际体育文化旅游的新航线,能够实现我国外汇收入的大幅增加,对平衡国际收入支出而言是一条非常有用的重要渠道。

此外,假如某个国家所发行的货币数量超过了全部市场商品价值的总和,就可能会引起通货膨胀,造成非常严重的经济和社会问题。因此,国家需要采取相应的回笼货币政策,现阶段主要的是服务回笼、信用回笼、财政回笼以及商品回笼等。西部地区的体育文化旅游产业在吸引大量游客到来的同时向他们出售旅游产品或者提供旅游服务,以此来回笼货币,恰恰符合了国家的商品回笼和服务回笼政策。从这个层面上来说,大力开发西部体育文化旅游产业,吸引游客到来,刺激游客的旅游消费欲望,是增加内需、平衡国家内部供应需求的一条重要途径。

(四)改善投资环境,推动经济发展

体育文化旅游产业的开发能够改善西部地区的整体投资环境,加深区域和外界的贸易合作,推动经济的飞速发展。体育文化旅游产业的短期目标是吸引国内各地区游客的注意,只要在国内的知名度到达一定水平,必然会有众多外国游客纷沓而来。因为体育、文化可以跨越区域的限制,它不受国家、民族、文化、信仰的约束,能够将不同的民族文化联系起来并互相融合,是各国人民彼此加深了解的主要媒介之一。

首先,作为开放度非常高的体育文化旅游产业,承担了展示西部地区魅力的重要任务,也是区域和外界联系的重要窗口。在其他地区的民众到此旅游的同时,加深了国家不同地区群众的情感交流,为达成经济合作创造机会。借由独特的体育、文化旅游产业链,可以让全世界了解西部,也能在与人不断交流的过程中了解全世界。在深度的开发过程中,西部地区和全国乃至全世界人民的了解更加深入,合作机会也大大增加,为吸引更多国内外投资奠定坚实的基础。

其次,由体育文化旅游的性质决定,它所吸引的游客群体中有很多颇具盛名的科学家、专家学者或者国内外的企业家等。而这些优秀人才提供了最新的科学技术信息,使得西部地区对世界的认知更加及时、全面。此外,不同地区的游客也能够借助体育文化旅游对西部地区蕴含的自然资源、投资环境有更加实际的了解,对寻求更多合作机会、加强彼此之间的合作关系十分有利,这些合作也可以推动西部地区经济、文化、体育、科技等方面的蓬勃发展。这种民众间的彼此交流和合作所带来的积极作用不容忽视,在某种程度上甚至能够起到官方宣传无法实现的效果。

最后,体育文化旅游本身就属于旅游业的一种,在外界学者、企业经营者到此考察时可为其提供良好的物质条件,使他们享受到娱乐、休闲、健康的休闲方式,并为之提供方便、快捷的住宿、饮食、交通服务。

(五)增强经济实力,消除地区差距

西部体育文化旅游产业的深度开发,可以实现经济实力的提升,减少其和其他区域的经济差距。国外游客为西部地区带来外汇收入,这就实现了国外游客财富的转移,而国内其他地区的游客则使财富实现整体民众收入的重新分配。通常情况下,诸如东部地区的发达城市,如北戴河、郑州等,往往有着较为广泛的游客群体,但只要西部地区的体育文化旅游能够充分利用自身丰富的自然资源,吸引国内、外游客的到来,就能够通过游客的消费实现旅游经济收入的提升,而这种收入的提升不仅可以带动经济的整体发展,也能够改善当地居民的生活状况,使得西部地区的整体经济实力增强,和其他地区的差距不断减小。

综上所述,西部地区体育文化旅游的开发确实能够对其他行业的发展起到促进作用,使得整个西部地区的前景更加广阔。

二、西部地区经济发展的负面效应分析

(一)对西部地区整体经济发展的负面影响

西部地区体育文化旅游产业的发展需要把控好整体的进度,急于求成和漫无目的都是非常不可取的,会在很大程度上导致社会资源的使用效率低下。由于西部地区本身的经济、教育都远远落后于东部沿海的城市,大力发展体育文化旅游业必然会导致政府各种优惠政策的偏向和倾斜,使得其他基础产业发展得不到足够的财政、人力支持,致使西部地区的不同产业发展不均衡,内耗不断增加。此外,尽管体育文化旅游业得到了一定的发展,但其总体仍然处于起步阶段,优势尚未充分显现出来,存在着后续潜力不足的发展隐患。由此可见,西部地区在开发体育旅游产业的过程中应当充分考虑地区资源的分配问题,避免出现资源配置不均衡的局面。假如在大力发展体育文化旅游产业的同时忽略了其他产业的进一步发展,破坏了西部地区经济发展的统筹规划,就会造成地区资源使用率不高、闲置浪费的情况出现,对西部地区的整体发展百害而无一利。

(二)对西部地区长远发展的负面影响

很多经济相对落后的地区在推动经济发展时,都会充分利用自身的自然资源来把旅游产业作为重要的突破口,这种战略尽管和地区的整体发展状况相符合,但也有着矛盾之处。这种情况在西部地区发展体育文化旅游产业中也非常明显。由于体育文化旅游业的发展对基础设施、旅游产品、服务质量等等都有着非常高的标

准,加上西部地区地理位置和气候环境的影响,西部地区的旅游资源要先进行有效的挖掘、整合,导致其开发工作需要有超出其他地区的资金、人才、物力投入,方能看到效果。如此一来,就造成了西部体育文化旅游出现了自相矛盾之处:西部地区的基础设施通常较为落后,也没有高质量的管理人才,人才的匮乏和资金的不足使得旅游资源的开发过程中出现了很多原本可以不出现的问题,使西部地区的体育文化旅游产业的长远、稳定发展受到较大的影响。

西部地区体育文化旅游业的深度开发符合我国西部地区经济发展战略的要求,它是一项独具特色的生态产业,但在开发的过程中务必要注意整体的结构调整以及优化,把这些独特的自然资源都转化为产业的巨大优势。现阶段,我国正在努力推进西部地区的经济发展,并为其旅游产业的蓬勃发展提供了众多政策和资金支持,西部地区更要把握机遇,实现体育文化旅游的产业化和市场化,以谋求更进一步的发展。但需要注意的是,这种发展务必不能脱离实际,而要结合实际情况一步步推进,避免毫无目的、急于求成的冒失行为。唯有对体育文化旅游的开发可能造成的负面影响有正确而清晰的认知,才能给出这一产业精准、合理的定位,在此基础上进行规划,在带动体育文化旅游产业发展的同时,也紧抓教育、交通等基础产业的发展,从而实现西部地区经济的整体提升,并持续、稳定地发展下去。

第二节　体育文化旅游资源开发对西部社会文化发展的效应分析

一、西部地区社会文化发展的正面效应分析

(一)冲破地区封闭桎梏,提升开放度

西部地区的经济落后,还存在着不少贫困村落,而怎样有效改善这一局面是国家和地区政府面临的重要问题。很长一段时间以来,西部地区获得了党和地方政府巨大的人力、财力、物力支持,但却因为其闭塞的环境,导致其无法脱离贫困的现状,实现真正的发展。很多产业在这种十分封闭、落后的环境无法长久地生存下去,更无法实现蓬勃发展。但体育文化旅游产业和其他产业不同,它有着极高的开放性,能够冲破西部地区封闭环境的桎梏,带动整个地区的经济发展。西部地区本身有着数不胜数的秀丽景观,也有着极具特色的民族文化,对那些喜欢户外旅游、注重身体健康的体育运动爱好者们有着极大的吸引力,他们到此旅游并消费,同时也将其他地区先进的、积极的信息带到相对闭塞的西部地区,不断改变当地人的观

念,促使他们改变长久以来的闭塞生活。借助各种体育文化旅游活动,西部地区的居民可以向全国乃至世界展示民族魅力,这是由于这种体育旅游活动本身带有一定的民族文化气息,不管是隐藏于内部的民族特质,还是彰显于外的各种身体运动,都把不同民族的风俗习惯、艺术风采、道德伦理、宗教信仰、神话传说等含义融入其中,因而有着强大的吸引力,也使得体育文化旅游活动成为闭塞的西部地区与外部世界互相联系、学习交流的重要途径。在不断地交流过程中,西部地区可以学到更加先进的科学技术,获得更加先进的文化,带动民族、地区的整体发展。

(二)消除民族误解,维护地区安定和谐

西部地区是少数民族的聚集地,其少数民族的人口数量是全国少数民族总数量的86%,且地区边界和14个国家接壤。这也使得西部地区有着各种各样的宗教信仰,其价值观也有所不同,容易产生误解。而体育文化旅游恰恰能够消除这种误解,它是人和人互相交流、加深理解的一项活动,而体育是不分民族和国界的,这就拉近了不同民族的距离,在活动中产生友情,进而实现合作,赢得支持。由此可见,开发西部地区的体育文化旅游产业能够促进区域内各个少数民族间的交流,也可以使西部地区的居民和全国各个民族的人民更紧密联系,使各民族彼此团结,从而促进西部地区的社会安定,对创建社会主义和谐社会有着非常关键的意义。

(三)保护民族文化,促进传承和发展

体育文化旅游,顾名思义和体育、文化有着密不可分的联系的,可以说其产业的发展离不开文化的支持,文化生活是整个旅游活动的核心部分,参与体育文化旅游的民众所需要的各种资源、设施、服务都要把民族文化当作中心,而不管是人文资源抑或是自然资源,都是民族文化的最终呈现、也是民族文化的重要结晶。西部地区的各种古代建筑、独特的民俗风情、神秘的帝王陵墓等人文资源之所以使众多游客不远千里赶来欣赏,最重要的原因就是这些恰恰是民族文化和历史的外在表现;而自然景致的魅力也不仅仅是大自然的鬼斧神工,更是因为它有着动人的神话抑或感人的事件。体育文化旅游者更欣赏那些具有民族风情、风格强烈的休闲设施,也更在意体育旅游服务是否有一定的文化修养,是否充满生气,是否优雅礼貌。由此可见,民族文化可以说是体育文化旅游产业的灵魂所在,也是其持续发展必不可少的内容。

西部地区受地理位置的限制,其绵延千年的特色文化始终不能被更多人知晓,而现代社会,人们的生活压力剧增,在繁忙的工作之余迫切希望接触不一样的事物来释放压力。异域文化以其神秘性获得了人们的关注,加上一定的猎奇心理,很多休闲旅游爱好者纷纷到西部地区游玩,在体育文化旅游的过程中感受西部民族文

化的魅力。随着西部地区宣传力度的加强,越来越多的人渴望探索西部民族文化,而交通、通信的便捷也使得很多人真正走进西部。这种对西部民族文化的探索和了解,其实也恰恰是西部民族文化传播到世界各地的过程。

此外,体育文化旅游业的大力发展不仅能够使普通民众对民族文化的了解进一步加深,也能使他们了解后对文物更加爱护,自觉地保护这些历史文物的完整性。而相关文物管理部门和政府部门也会重视文物的保护工作,采取合适的保护措施,并进行有效开发利用。不管是地区内的各种文化古迹,还是民间存在的各种艺术、体育,都应该得到相关组织的评价、论证,对其具有的文化价值做出评估和肯定,并号召社会去维护或者修复这些文化遗址,对民间活跃的那些传统体育团体或者文化团体给予一定资金支持,使他们重新散发活力,在快节奏的现代生活中生存下来并获得进一步发展。自中华人民共和国成立以来,我国投入了大量资金修复那些即将倒塌的民族体育古迹,还帮助了 55 个少数民族恢复其传统体育运动,避免这些传统文化陷入无法流传的命运。

(四)改善环境卫生,营造整洁环境

在外旅游时,每个游客都非常看重环境质量,而确保每位游客的身体健康是最根本的要求,因此西部地区的景区环境质量应当提高环境质量标准,要高于日常生活、生产的环境质量标准。目前,很多西部地区的景点都出现了一定的环境问题,给西部体育文化旅游业的发展造成了一定阻碍,因此,为了促进体育文化旅游产业的进一步发展,当地的旅游管理部门以及政府部门需要重视这些环境问题,采取科学、合理的环境管理措施,改善景区的卫生状况,竭力营造一个整洁的旅游环境,给游客带来良好的观感和体验。

(五)促进科学研究,加强技术应用

体育文化旅游活动将体育和文化融为一体,两者彼此影响,大力发展体育文化旅游产业对这两者都有一定的推动作用,且体现在以下两点:首先,体育文化旅游者中有很多体育界、文化界的知名学者和技术人员,他们到西部地区进行游访后,会和当地的体育、文化部门人员互相交流,针对体育文化方面举行座谈会,将体育科学技术、体育文化行业的最新知识传达给当地的有关人员,而西部地区的相关单位人员在获取前沿信息的同时,也可以掌握到一定的技术、管理经验。其次,不同的体育文化旅游者有着不同的需求,而为了满足这种需求,西部地区的景区负责人员也要时常改进科学技术,将一些先进的、合适的技术应用到各种体育文化旅游设施以及运动器材上,也可以用于设备的改造、建设,尽力迎合游客的需求,使体育文化旅游产业获得更好的发展。

(六)保持身心健康,提高生活质量

体育文化旅游本身是社会化的活动,它不仅有着所有文化活动的共同特点,又有着明显的不同之处。对于游客来说,体育文化旅游的主要吸引力体现在其外部条件和丰富的活动内容上,而前者指的其实就是体育文化旅游资源。西部地区独有的自然、人文以及民族体育文化资源是吸引众多游客到来的主要原因,也是它和一般的体育活动有所区别的重要标志。西部地区多变的地形地貌创造了不同的自然资源、巍峨雄壮的山川、一望无际的草原、茂密繁盛的森林、天然舒适的温泉都有着各自的魅力,而蓝得纯粹的天空、清新无比的空气、耀眼灿烂的阳光、合适的温度和少数民族的文化风俗、歌舞体育完美融合,使得自然风景和人文历史合二为一,使人们暂时忘却生活的烦恼和工作的压力,在不断地体育运动中修养身心,陶冶情操,这是在钢筋混凝土浇筑的城市中无法实现的。由此可见,西部地区体育文化旅游产业的开发能够使游客全身心参与到其中,释放身心压力,保持身心健康,从而获得精神世界的满足,提高自身的生活质量。

二、西部地区社会文化发展的负面效应分析

(一)不利于西部体育文化的保护和发展

首先,抛开经济方面的影响,单从文化这一层面上来分析,也能看到体育文化旅游产业的发展对西部地区体育文化的负面作用。当地政府之所以扶持体育文化旅游产业,就是在通过旅游业推动经济发展的同时宣扬西部地区的传统体育文化。但在发展体育文化旅游产业的过程中,势必要牵涉到各种经济、政治信息的传播和交流。且受到其他国家思想文化、价值观念以及意识形态的影响,民族文化和体育文化的内容被不断破坏,一些传统的体育活动、风俗习惯以及服饰穿着也因此发生了一定改变。这种无形的破坏对西部地区民族文化的多元化产生了负面影响,日渐向其他文化靠拢的体育文化资源也会逐渐失去原本的特色,失去其原本的文化和旅游价值。体育文化旅游者在游玩过程中会将一些先进的文化输入到西部地区,并对其产生较大的冲击,而部分旅游者甚至会对当地的民族文化持轻视态度,对当地的居民产生负面影响,部分年轻人因此全盘否认自身的民族文化,甚至于学习外来文化,导致文化在一定程度上的断层和遗失。

其次,体育文化游客和一般游客有一定的区别,他们更加欣赏古朴、传统的文化氛围,那些有着丰富文化内涵的景点对他们有着很大的吸引力。但事实上,多数体育文化旅游者对这些文化的真正来源并不在意,也没有和当地民众深入沟通来体会文化内涵的意愿,他们更加注重这些文化是否满足了原始、野蛮、奇特等标准,即使事实已经被严重扭曲,但只要满足这些标准,被他们"看到"或者真正地经历

了,就达到了旅游的目的。在这种旅游中,他们更多地把自己塑造成一个探险家的角色,而不是真正的体育、文化爱好者。

但恰恰由于这部分人占据了体育文化旅游团体的半壁江山,使得一些景点的经营者为吸引游客注意,以保护、恢复传统文化为名,强行"保留"一些所谓的原始部落,或者人为制造后还贴上传统文化的标签,供游客欣赏,以此来满足部分顾客的猎奇心理。这种现象较多的发生于美洲、非洲、澳洲以及亚太地区。

不管何种文化,都有其存在的价值和内涵,西部地区的体育文化更是如此,假如开发体育文化旅游产业带来的是对民族文化的不尊重和否定,势必会影响到当地民众的自尊心,对其民族体育文化的轻视也会导致居民的排外心理严重,这对发展体育文化旅游产业无疑是非常不利的。

(二)不利于树立正确的价值观

西部地区的部分区域由于地理位置不利,自然环境极其恶劣,因此经济发展落后,不少居民生活贫困,十分艰难。在这种困难条件下,西部地区的民众养成了吃苦耐劳、艰苦奋斗的可贵精神,且成为他们民族文化的一部分。但在开发体育文化旅游后,一些地区的居民其价值观念也在逐渐发生变化。

(三)不利于当地道德水平的整体提升

体育文化旅游本身是美好、文明的活动,在旅游的过程中可以陶冶情操,达到提升道德素质的目的。但西部地区体育文化旅游产业的发展似乎对本地居民造成了相反的影响。随着体育文化旅游业的进一步发展,当地居民受市场经济的影响,开始到各个景点内进行商品经营活动。最初只是售卖一些当地别具特色的民族工艺产品或者土特产,之后陆续提供游玩服务,比如给旅客背包、抬轿等等。这些旅游产品和服务能够促进旅游市场的蓬勃发展,获得经济财富的积累,为很多居民提供了就业机会,也为游客提供了方便,有着其正面促进作用。但随着市场的繁荣发展,商品经济中常出现的唯利是图、尔虞我诈等品质也逐渐出现在当地的经营者身上。

此外,西部地区的体育文化旅游产业尽管在不断开发的路上,但真正受益的村落相对较少,游客带来的信息却对众多地区有着较大的辐射面。游客们的生活方式和消费方式对当地民众而言有着极强的吸引力,对他们的想法、观念都造成了巨大的冲击,使他们急于摆脱贫困现状,甚至采用错误的手段去获得财富。这对旅游者的利益造成了损害,也使旅游地的声誉受到影响,对地区的体育文化旅游产业来说极为不利。

(四)不利于维持传统的生活方式

一些经济条件较好的游客在进行体育文化旅游活动时,其消费和生活方式很容易影响到那些经济落后、生活困苦的当地居民,造成居民对其消费方式的脱离现实的认同和盲目的模仿。这种模仿会在很大程度上影响到当地传统文化的保存。体育文化旅游产业的不断发展迫使原本落后、闭塞的少数民族地区逐渐开放,且流动性也逐渐增强。当地居民尤其是青年群体,对游客的穿着、举止、消费模式都十分认同和向往,并不断模仿,将自身原本的传统生活方式逐渐遗弃。现阶段,很多西部地区的少数民族居民都不穿民族服装,青年群体也几乎不说民族语言,尽管造成这种现象的原因有很多方面,但体育文化旅游业所带来的影响依然是主导因素,且造成了这种变化的加剧。

(五)不利于提升当地民众的生活质量

大量游客的到来虽然能够促进体育文化旅游业的发展,提升西部地区的经济实力,但也容易引起居民和游客的矛盾,原因有两点:

首先,西部部分景区的接待能力有限,游客又太多,大批量的外来游客会挤压居民的生活空间,导致交通不便、景区拥挤不堪,公共设施被占用,对居民的生活造成极大干扰,对游客心生怨愤。

其次,为了大力发展旅游产业,西部一些物资供应能力不足的地区优先将生活基本的水、气、电提供给外来游客,导致居民的供给量不断被削减,生活质量降低;农副产品优先供给游客,使得物品供不应求而价格上涨,居民生活成本增高,生活质量下降,居民对游客更加不满,双方极容易陷入剑拔弩张的氛围中。

(六)不利于保护当地的生态环境

体育文化旅游业的开发对西部地区环境的负面影响主要表现在以下方面:

首先,体育文化旅游供给时对生态环境的破坏和污染。在开发各种体育文化资源以及经营的过程中,会因为基础服务设施造成的废水、废气、废渣以及规划不当对环境造成污染。随着产业的发展和大量游客的到来,西部地区增加了很多旅游交通工具,导致废气排放量不断增加;为了更好地服务于游客,很多地区新建了大型旅游接待设施,导致用电量增大,天然气排放量也逐渐增多,这些废气都会降低地区的空气质量,人数的增加也会使得生活污水、废渣增加,对生态环境造成十分严重的污染。

其次,体育文化旅游者自身需求对环境的破坏与污染。有些体育文化爱好者会在野外宿营,点燃篝火,在干燥的季节存在着火灾隐患;部分游客随意丢弃垃圾,影响环境美感的同时也对动物、植物的生存造成了威胁;在游客登山、攀岩的过程中会造成植被的损坏,更有甚者,会导致地区的历史古迹和古老风貌遭到破坏。

需要注意的是,体育文化旅游对生态环境的破坏往往十分隐蔽,很难被人察觉,而被人发现时,其破坏程度已经几乎无法挽救,治理这种污染往往又要投入大量的人力、物力和财力,且治理完成后几乎不可能立刻获得收益,成本也难以收回,因此针对西部地区的生态环境保护务必要落实到位,避免当地整体生态环境被破坏,造成难以控制的局面。

第三节　西部体育文化旅游资源
开发效应的对策建议

一、理性对待西部体育文化旅游资源开发的双重效应

根据以上两节的具体分析不难发现,体育文化旅游对西部地区整体经济、社会文化的影响是复杂的,既有十分有利的影响,也存在着很多弊端。事实上,不管是对社会文化抑或是整体经济的影响,都不可能是无条件存在的,也不可能是必定产生的,正面效应或者负面效应都只是相对而言的,它需要满足一定条件后才产生,也可能在一些条件下异化。在正面效应中或许也暗藏着一定的负面影响,假如缺乏清晰的认知和有效的处理,这种负面影响就会扩大,使原本的正面效应转化成负面效应。而对于负面效应而言,其形成或者更加严重都是能够控制的,只要对可能产生的不利结果作出预测,并有针对性地采取应对措施,就有可能避免负面效应的出现。

此外,各地的实际情况不同,体育文化旅游业产生的影响也有所不同,一些负面效应在某些西部地区可能会造成经济、社会文化的问题,但在其他地区却可能不会出现这种问题。体育文化旅游对西部地区经济、文化的负面效应或许是绝对的,但这些负面效应是否一定会引发当地的经济、文化问题却需要一定条件的激发。举例来说,西部地区有很多精彩的民族传统体育表演,借助体育文化旅游可以充分弘扬民族体育文化,实现民族体育文化的弘扬和传承。但假若体育文化旅游者本身对这一知识就了解不多,就很难分辨出好坏,只能按照自身的文化标准来做出评估。在这种情况下,部分表演艺人以及经营者迎合游客的文化,将一些现代因素加入民族传统体育文化中或者进行各种包装,以吸引游客的注意力。姑且不对这种做法作出评价,但可以肯定的是,因为出发点是获得更多利益,民族传统体育的文化价值确实被轻视甚至忽略。所以说,在这个时代,唯有对体育文化旅游的本质和内容有正确的认知,才能对其做出准确的评价。

由此可见,体育文化旅游对西部地区经济、社会文化的影响应当被正确看待,

并用客观、公正、科学的态度来看待这一关系,对正面效应积极肯定,对于负面影响作出理智分析,并采取各种措施来缩小这种负面影响,将体育文化旅游对经济、社会文化的正面效应最大化,令其成为推动西部地区向上发展的主要动力,这对西部地区经济实力的提升以及社会文化的发展有着重要的促进作用。

二、积极应对西部体育文化旅游资源开发的负面效应

(一)加强旅游地各方参与者的宣传教育

西部地区的体育文化旅游从业人员以及当地民众都需要对体育文化旅游活动的意义有更深一步的认知,同时对其可能带来的负面影响有所了解。而体育文化旅游者在出行前也应当了解目的地的相关知识,可以由旅行社或者其他旅游机构告知其关于旅游地的法律政策、风俗习惯、禁忌事项等,使其做好充分准备,减少旅游途中的问题。西部地区的景区负责人也有义务告知旅游者相关的法律规定,并将注意事项一一告知。对于西部地区的民众或者体育文化旅游从业人员,可以采用新闻媒体宣传、内部约束管理的方式对其进行相关知识的科普和教育,使他们对体育文化旅游活动造成的双重影响有足够的了解,提高其思想的免疫力,保证体育文化旅游的良性发展。

(二)提高西部地区居民参与度

体育文化旅游产业的发展对西部地区的经济来说是非常有利的,但对于当地民众来说却可能会造成一定的困扰,把当地民众变为体育文化旅游产业的利益既得者,能够在一定程度上避免他们对体育文化旅游不断开发的抵触和反感。通过体育文化旅游获得一定的利益,可以保证居民继续保持当地的传统,防止两极分化现象的发生,也能维护当地人的自尊心,增强他们的自信。此外,居民参与到体育文化旅游中也可以加强其和游客之间的文化交流,使得双方的文化都不再像表面那样神秘,使得游客对当地的传统文化给予足够的尊重,居民也可以通过和游客的交谈对其文化有更加真实地了解,不再盲目认同外来文化,避免外部文化对自身传统文化的冲击,使自身文化能够始终保持独立性。

现阶段,西部地区很多景区的居民占据着不少优势,但有些经济较为落后、交通较为闭塞的旅游地居民依然没有足够的参与度,这就需要当地政府采取措施,或制定相关政策,或采用物质奖励引导,促使更多居民参与到体育文化旅游的发展中来。

(三)科学制定旅游规划,避免过度开发

尽管体育文化旅游活动的开发对当地有诸多好处,但凡事过犹不及,一旦超负荷运行,很有可能产生不良影响,因此西部地区的旅游目的地要科学制定体育文化旅游规划,结合不同时期体育文化旅游的实际情况和需求制定出合理、恰当、有余

地的发展规划,对淡旺季的旅游接待量做出合理评估,并对保障接待量圆满完成的措施作出准确部署,且在之后实行的过程中结合实际情况来做出调整、控制。唯有如此,才可以有效降低甚至避免体育文化旅游活动带来的一些负面影响。

(四)完善相关法律法规,加大监督力度

针对现阶段西部地区很多景点内的诸多问题,旅游地的相关部门应当及时建立并不断完善各种有关体育文化旅游的法律条文,把所有参与人员都放置于法律法规的监督之下,在保障游客、旅游企业、从业人员、当地居民正当权益的同时,也加大对不法行为监督惩罚的力度,促使体育文化旅游活动的良性发展,通过法律的明文规定和其强制约束力来消除体育文化旅游发展过程中可能造成的负面影响。

第三章　西部体育产业与文旅产业融合开发的战略选择

第一节　西部体育产业与文旅产业融合开发的文化分析

人是塑造文化的主体,同时文化也对人起到塑造作用。文化具有诸多特性,如民族性、地域性以及时代性等。在不同的历史时期,所拥有的文化也是不同的,文化自身的变化发展在很大程度上使得人们的消费行为也发生了明显的变化。我国西部地区生活和聚居着多个民族,该地区在历史进程中形成和保留了多种历史文化,并且其地貌形态丰富,具有很多其他地方所不具备的独特的体育文化旅游资源,为西部地区体育文化旅游产业融合发展奠定了重要基础。伴随着国内外旅游消费的迅速兴起以及当今人们旅游消费观念的转化和发展,西部体育文化旅游资源开发将迎来新机遇。

一、体育文化旅游资源的文化价值及导向

体育文化旅游从本质上来说属于社会性活动,它已经超越纯经济范畴,具有文化价值及导向,它能够对人的消费观念产生积极的影响,能够让人们的生活质量和工作质量得到一定程度的提升。与此同时,体育文化旅游的发展需要社会文化事业给予其必要的支持,社会文化水平的提升也能够对体育文化旅游的发展起到促进作用。唯有整个社会的文化素质达到了一定高度,才能够有效展开对体育文化旅游资源的正确深入开发。体育文化旅游产品无论是从开发方面来说,还是从服务提供方面来说,都对人们的经济文化水平提出了一定的要求,并且需要人们具备一定高度的文化品位。体育文化旅游政策的落实同样离不开社会的配合和支持。体育文化旅游业的经营管理以及服务水平,也需要社会人才的支撑,需要相关文化领域为其提供知识及理论等方面的支持。

目前,我国人民的物质生活水平相较以往有了较大的提升,人们也有了更多的闲暇时间,在生存需求得到充分满足之后,人们的需求开始转向更高层次,开始追

求自我发展以及享受生活。体育文化旅游恰好能够让人们的这些更高级的需求得到较好的满足,因而它正逐渐发展成为一种当下较为潮流的行为方式。不管是在我国还是在其他国家,体育产业与文旅产业的融合都比以往更加密切。一方面,体育文化是整个人类社会文化的不可或缺的组成部分,它能够对人们的审美水平、旅游消费行为方式等产生极为重要的影响;另一方面,体育文化能够直接或者间接地转化为受到人们欢迎和喜爱的旅游产品,从而令西部地区的旅游吸引力得到较大的提升。

对体育文化旅游资源进行产业化的挖掘和开发,从本质上来说属于文化现象,它能够令人的精神生活更加丰富和积极。人们只有在物质生活得到满足,身心健康且又能感受到精神的富足的时候,才会产生幸福的感觉。体育文化旅游虽然从表面上来说属于物质消费活动,但它同时也给人们提供了健康的精神生活,它令人们的视野得到广阔的延伸,令人深入到自然环境中,感受与自然和谐共处的境界,激发人们挑战自我的热情和雄心。西部体育文化旅游资源既包含了各种户外运动和赛事资源,同时也涵盖了少数民族的表演、竞赛等体育文化活动,比如射箭、抢花炮、赛骆驼等,这些体育活动都使人们的物质文化生活有了更加丰富的内容,令人们的身心健康需求和精神需求得到了更好的满足。

二、旅游消费行为的文化发展趋向赋予西部发展机遇

在当今社会,人们有了更快的生活节奏,人们的生活压力也与日俱增,人们的生活方式缺少生机与变化,令人极为容易出现厌倦和紧张的感觉。与此同时,城市规模不断扩张,工业迎来更快的发展速度,人们的生活环境受到了一定污染。伴随着城市化的逐步深入,有越来越多的城市人口开始患上"城市病"。根据医学专家的观点,当今城市人群患高血压的概率逐年上升,造成这种情况的一个重要因素就是噪声污染。另外,空气状况恶化也致使人们经常出现头痛、焦虑、失眠等问题。所以,在环境问题较为突出的情况下,人们更加希望利用自己的闲暇时间深入大自然,感受自然的新鲜空气和开阔视野,通过开展体育文化活动舒缓压力,放松身心。

所以,随着人们生活水平的改善以及思想意识的转变,体育文化旅游产业的经营者及相关人员的价值观念也有所转变,他们对旅游的期望、态度、感知等都不同以往。对于旅游市场的此种鲜明的变化,有西方学者将其称作"市场的变绿"。人们更加注重人与自然的和谐发展,渴望感受"天人合一"的境界。我国本土的儒释道等多种文化都较为推崇"天人合一",主张人和自然彼此不可分离。

在中国西部地区有着十分丰富的自然资源和民族文化资源,这些为当地开展体育文化旅游奠定了资源优势和生态优势。西部地域较为广阔,其境内分布着各

种独特的地形,是世界上自然结构最为奇特和壮观的地区。这里所拥有的自然和人文资源不仅数量众多,且具有非同寻常的品位。据相关统计,中国西部地区有700余项民族传统体育文化项目,不管是射弩、叼羊、轮子秋、骑毛驴等传统体育活动,还是侗族的赶歌节、傣族的泼水节、苗族的龙舟节、蒙古族的那达慕大会等民族节庆体育活动,都具有鲜明的民族特色,且十分独特,能够对旅游者形成较强吸引力。所以说,西部天然的地理地形条件以及传统民族文化共同造就了该地独特的体育文化旅游资源。不管是三江并流、天山、青海湖、高原牧场等自然景观,还是射弩、赛马、摔跤、武术等,都是发展体育文化旅游产业的重要资源。受到地域、民族等因素的影响,西部体育文化旅游资源具有突出的自然性、原始性、民族性等特点,不管是从资源的数量方面来说,还是从质量方面来说,都是发展体育文化旅游产业的优质资源。所以,加速西部地区体育文化旅游产业融合,促进体育文化旅游产业进一步发展,能够令人们的需求得到更好的满足,能够促使人们的观念更快的转变,不再仅仅停留在物质、文化消费上,而更加追求新、奇、险,以及更高品位的健康美和运动美等。因此说,当前西部地区体育产业与文旅产业的融合发展,拥有不可复制的天时、地利、人和优势。

三、西部体育文化旅游资源文化内涵的外化

从本质上来说,西部体育文化旅游资源的开发属于文化活动的一种,也就是运用适当的方式把西部地区资源中能够令人们的文化生活需求得到满足的各种无形文化内涵通过有形的服务或者是产品等呈现出来。在外化文化内涵的具体过程中,首先要做的工作就是慎重选择文化的内涵。西部地区的民族传统体育活动、节日、赛事等都有着极为丰富的文化内蕴;另外,受到地域和民族的影响,西部体育文化旅游资源和当地民俗、宗教、建筑等有着密不可分的联系,因此其文化内涵较为复杂,并且此种复杂性通过行为、物质、精神等多个层面呈现出来。特别是西部地区少数民族的体育文化活动,它从本质上来说是少数民族独特文化的外在展示,诸多项目的表现形式既包含其民族性,又包含外在的身体运动,它们综合起来便具有了民族习俗、宗教信仰、舞蹈运动、历史渊源、民族情感、伦理道德以及神话传说等多种含义。西部地区通过发展体育文化旅游产业,能够让民族体育文化更好地传播到其他地区或者其他国家,从而更好地实现文化内涵的外化。因此,在体育文化内涵的选择上,就是在某种体育资源所包容的物质文化、行为文化和精神文化属性中,确立其中所要刻意表现的部分内容。当然,这种选择建立在当前社会的价值取向、审美偏好和资源开发者的价值判断上。

西部地区体育文化旅游资源具有深厚、繁杂的文化内涵,所以对这些资源继续

进行开发的重点在于明确开发的主线以及主体。西部体育文化旅游资源具有极强的地域性、民族性,对旅游者而言这些资源具有极强的魅力,但在开发资源时不可僵化地照搬东部省份的旅游发展模式,也不可仅仅将开发停留在较低层次上,仅注重设施修建和传统体育文化活动的包装。体育文化的活动始终无法脱离其本质,即强身健体,愉悦身心,寻求自我超越;而旅游的本质则是通过休闲游乐切身感受其他地域的民俗文化和自然风光,从而放松旅游者的身心。所以,西部体育文化旅游产业融合与开发应当始终不脱离体育文化以及旅游活动的本质内涵,在开发资源的同时探索如何令人们的身心需求得到更加充分的满足。

西部体育文化旅游资源的开发要对当地的自然景观、地形地貌等优势加以充分利用,并紧扣"自然、生态、健身"的主题,发挥生态学原理在资源开发过程中所具有的指导作用,重视对环保、自然等氛围的营造,从而令人们的精神文化需求得到满足。另外应当特别注意的是,西部民族体育文化旅游资源应当向更深层次挖掘,探索其中所蕴含的哲学、伦理、历史、审美等文化,充分挖掘各少数民族有价值的行为准则、生活观念以及价值取向,并且要积极开发和现代审美价值趋同的节庆、礼仪、养生等活动。所以,西部体育文化旅游资源开发应当始终围绕"民俗风情、健体养生"的主题。另外,还要注重对文化积淀的挖掘和运用,以此来促进体育文化旅游产业的进一步发展,举例来说,可以结合西部地区的古城遗址、民族建筑、帝都王陵等塑造该地特殊的文化旅游氛围。

四、西部体育文化旅游资源开发的思维取向

首先,西部体育文化旅游资源开发要始终寻求观念的更新和进步。第一,人们并未充分认识到西部体育文化资源在满足人们的身心需求方面所具有的特殊优势以及巨大潜力,这无疑拖慢了对西部体育文化旅游资源的挖掘及建设速度,无法有效提升资源的开发利用程度。在规划景区的过程中,要么不注重项目的布局和规划,要么总是对同样的项目重复建设,从而无法令资源形成极强的市场吸引力。第二,人们没有厘清西部体育文化旅游资源的当前状况,这也对挖掘和开发工作起到了极大的限制作用。由于并未全面地对西部体育文化旅游资源展开普查以及评价,因此无法对这些资源的范围、种类、数量、开发前景、开发潜力等作出科学正确的分析和评价,因而无法确切地知道西部地区在体育文化旅游资源方面究竟占有何种优势,无法和其他地区做出正确的比较。资源观念方面的守旧和落后,令西部地区在较长一段时间内都忽视了对体育文化资源的开发利用,从而并未给西部体育文化旅游产业融合奠定坚实的基础。

其次,将开发和保护文化内涵置于重要地位,力争实现体育文化旅游资源的可

持续发展。在西部体育文化旅游产业融合过程中,要重视对当地特色的体育文化旅游资源的开发以及对其文化内涵的深入挖掘。当今社会的体育旅游消费者通常其文化素质较高,在他们看来,体育文化旅游之所以具有较大的吸引力,主要是因为民族文化、地域差异等与健康理念和现代精神文化体验之间有了较好的融合。若是一个体育文化旅游产品丧失了其文化内涵,那么它就丧失了生命力的源泉,变得没有灵魂。所以,在开发西部地区体育文化旅游资源的具体过程中,应当始终注重对优秀传统文化的弘扬;在开发时始终将现代人类的身心诉求置于重要地位。与此同时,还要注重生态环境保护,避免超过资源的承载能力,保护好少数民族体育文化,注重产业的可持续发展。

再次,将"天人合一"理念融入资源开发具体过程,追求现代社会人性的"回归",这是传统文化的内在意蕴,同时也符合当今社会人类的价值追求。在中华民族历史发展进程中,"天人合一"思想始终对人类产生着重要影响,它所推崇的人与自然的和谐发展,在当今时代被视作人的价值的体现。在生活节奏不断加快的现代社会,天人合一的境界已经较难寻觅和感受,经济发展、科技进步也有其负面影响,令人感到远离自然。而西部体育文化旅游资源具有突出的古朴性、多元性、民族性,相比较东部省市来说,它们更能够令人感到精神的放松和满足,更容易感受到精神的升华和净化。不管是西部地区的自然风景,还是少数民族独有的传统风情,都令人真切地体验到回归自然的重要价值。在漂流、骑马、射箭、攀岩等体育文化活动中,人们能够融入大自然中,填补自己内心的空虚之处。所以,在开发西部地区体育文化旅游资源的过程中,始终将"天人合一"与"人性回归"当作重要的指导思想,能够更加发挥出旅游资源的价值,令其符合当今社会人们的身心发展需求,从而在旅游市场上更具竞争优势。

最后,积极转换思维,进一步提升服务和产品质量。在西部体育文化旅游产业融合过程中,创造性思维具有其突出作用。西部地区发展体育文化旅游产业,切忌直接套用东部发展模式,而是应当创新思维,凭借自身优势走自己独特的发展道路。第一,对体育文化旅游资源内涵进行选择并将其转换为外显的旅游产品,实际上需要开发设计者付出较多的创造性劳动。举例来说,宁夏开发得较为成功的镇北堡西部影视城,在最初开发的过程中就融入了鲜明的创新意识。最初该地提出的开发口号为"开发荒凉",也就是在荒凉的戈壁滩边一个已经被遗弃的边防戍塞上筹建一个西部影城,该影城集观光、影视、运动为一体。这种创新意识也为宁夏发展旅游业提供了一条全新的思路,即"贩卖荒凉"。第二,设计者要充分调动自己的灵感和想象力,为体育文化旅游产品设计出具有吸引力的包装,促进产品宣传。

比如西部地区多处建有"民俗文化村",有效带动了当地旅游业的发展。

第二节　西部体育产业与文旅产业
融合开发的投融资模式

一、风险投资概述

风险投资,从广义上来说,指的是对所有创造性、开拓性经济活动的资金投入;从狭义上来说,通常指的是对高科技产业的投资。依照美国全美风险投资协会所作出的定义,风险投资指的是职业金融家对那些最新兴起的、有着较快发展速度以及较大发展潜力的项目和行业所做出的一种权益投资。

国外大部分体育产业在初步发展阶段都主要依赖风险投资为其提供重要支持,当前我国一些市场化运作良好的项目从性质上来说也更多地依靠风险投资。我国西部地区的体育文化资源是其他地域所无法比拟的,伴随着国家西部大开发战略的逐渐深入以及西部地区旅游业的不断发展,体育文化旅游将成为促进西部发展的重要产业资源,也将为西部地区体育产业与文旅产业的融合开发奠定重要的基础。西部地区并不具备较高的经济发展水平,其体育文化旅游产业融合发展缺少资金支持,且易被外在的诸多因素所阻碍和干扰,它在基础设施投资方面也面临着较大的风险,它的资本运作模式类似于中小高科技企业,并且有着较为典型的风险投资特征。

二、西部体育产业与文旅产业融合开发引入风险投资的必要性

(一)为西部体育文化旅游产业发展提供资金支持

西部地区经济文化发展水平有待提升,不具备较为完备的基础设施,地域广阔,人口密度较小,这些因素都令西部体育文化旅游产品和服务的开发、市场扩张等面临着较为突出的市场风险、技术风险以及经营管理风险等,并且在产业开发的具体过程中的每个环节都需要耗费大量资金。举例来说,在西部开发各种各样体育文化旅游项目时,如滑雪、漂流等,仅前期在市场调研、人员培训、交通食宿、安全保障、器材配备等方面所耗费的资金就十分巨大,要是在资金和管理方面受到限制,那么此种高投入的工作定然是难以完成的,一般的资金通常不愿投入在这些方

面并且也较难介入其中。但是风险投资这种融资方式则相对而言较为独特和灵活,受到高收益动机的驱动,它能够顶住风险压力,为潜在收益较高的西部地区体育文化旅游产业各阶段的发展提供必要的资金支持。

(二)分担西部体育文化旅游产业开发的风险

当前西部体育文化旅游产业融合发展投入,其投资风险实际上是由国家来承担的。虽然说银行和社会资本相较以往来说数量更多,但本质上而言人多数风险仍旧是由国家承担的。尽管这种投资能够取得不错的短期效应,但是仍旧不适合高投入、高风险的朝阳产业的发展趋势。这种状况对西部体育产业与文旅产业融合发展以及西部产业结构调整等方面起到了严重的制约作用。但是风险投资本身具有高风险特征,并且具有较为完备的风险规避机制,因此它能为西部地区体育文化旅游产业融合发展的各方面风险加以有效分担,比如产品开发风险、市场开发风险、经营管理风险等。

(三)将专业化管理提供给西部体育文化旅游产业

通常来说,风险投资会通过股权的形式呈现,因为所投资的企业或者项目往往有着较高的风险,所以风险投资除了给予必要的资金支持以外,还会参与到企业实际的管理活动中。一般风险投资公司在技术、经济、管理、法律等方面都具有较为丰富的经验,并且其风险管理体系也较为成熟,指导如何借助风险投资组合来令风险得到有效的分散和化解。与此同时,它的经营管理思想也相对较为成熟,因而能够较妥善地解决投资者、经营者等各个方面的关系,落实科学化的管理,并妥善处理产品各方面的问题。而对于西部地区体育文化旅游产业融合发展来说,其培育和成长期无疑需要风险投资的协助以及督促,能够令其实现较为顺利的成长和发展。

三、西部体育产业与文旅产业融合开发引入风险投资的可行性及优势

(一)西部体育文化旅游产业具有优越的投资环境

首先,西部地区具有独一无二的体育文化旅游资源环境。西部所拥有的体育文化资源多具有较高的品位,其人文旅游资源也具有自身鲜明的特征,不管是开展越野、滑雪、漂流等自然体育活动,还是开展赛马、龙舟、民族舞蹈等传统体育文化旅游活动,都令无数旅游者心驰神往。其次,西部地区具有良好的政策环境。目前,我国正在落实西部大开发战略,这无疑为西部地区发展体育文化旅游产业提供了良好的发展机遇,国家在诸多方面都给西部地区提供了政策倾斜,令西部地区能

够更好地发展相关产业。再次,西部地区拥有良好的基础设施环境。西部大开发战略的落实和推进,在很大程度上改善了我国西部地区的各类基础设施,比如交通设施等。

(二)西部体育文化旅游产业开发特征与风险投资相适合

我国西部地区经济发展水平有待提升,其各种基础设施相较于东部地区来说较为落后,加之受到地理气候等因素的影响,西部地区体育产业与文旅产业的融合更容易被诸多外在的因素所阻碍和干扰,与此同时,因为部分体育文化旅游项目自身具有较强的风险性,这就令西部体育文化旅游产业开发也具有鲜明的风险特征,这具体通过如下几点表现出来:第一,具有较高的成本风险,因为西部地区大部分属于民族地区,并不具备发达的交通设施,加之地形地貌不如东部大部分地区一样单一和平坦,因而对其进行旅游基础设施建设和运营的时候就要耗费较多的成本;第二,具有较高的市场风险,主要表现为所开发出来的体育文化旅游项目最终是不是能够被市场所接受,以及接受时间、接受方式、竞争压力、产品和服务的同质性等方面都是无法准确预知的;第三,存在自然因素等风险,我国西部地区有着复杂多变的地理条件和气候条件,并且体育文化旅游活动的开展会受到生态环境、气候、自然条件等诸多方面的重要影响。另外,很多户外运动项目的开展难以提供较为安全的保障措施。

(三)西部体育文化旅游产业具有潜在高收益

尽管目前我国西部地区体育产业与文旅产业融合尚处于初步发展阶段,但其发展速度不容小觑。伴随着西部大开发战略的逐渐落实,西部的体育文化旅游产业也迎来了其重大发展机遇,呈现出良好的发展势头。近年来,西部地区陆续推出各种文化旅游相关主题的体育活动,并且成立了大量相关的旅行社和旅游公司,并涌现出很多媒体为西部地区的体育文化旅游活动进行宣传。所以说,西部体育文化旅游产业其发展潜力巨大,具有潜在的高收益特征,将成为促进西部地区发展的关键方面。目前,我国西部地区的各个省区都陆续将体育文化旅游产业当作发展自身的战略性产业之一。

四、西部体育产业与文旅产业融合开发风险投资融资模式的构建

对国内外风险投资以往的成功经验进行参考和借鉴,结合当前我国西部地区现实情况来说,西部地区体育产业与文旅产业融合开发风险投资融资模式的构建应当具体包括下列内容:风险投资的资金来源、融资组织形式和融资步骤等。

(一)资金来源
1. 政府财政资本

近年来,西部地区国有以及其他的经济类投资有着较快的增长速度,并且在投

资增长的诸多因素中,主要带动力量仍旧是政府投入,特别是中央投入。从目前的状况来说,西部发展体育文化旅游产业所需的风险投资资金可将政府财政资本作为重要来源。然而,在具体开发过程中,政府的财政资金更适宜当作启动资金或者是种子资金,令政府在具体的融资过程中所具有的示范、引导和扶持等作用充分地发挥出来,而不应当将其当作风险投资主体。不然就会降低市场运作效率,导致道德风险以及新的寻租行为出现,致使民间资本不愿投入到该领域之中。所以,将政府资本作为西部体育文化旅游业风险投资的主体只能是一种过渡形式,随着西部风险投资业的不断向前发展,应该不断地缩小政府资本在整个风险资本中所占据的比例。

2. 产业资本

西部地区对体育文化旅游产业进行开发,不仅要积极吸引区域外相关的风险投资大公司将资金投注在本区域,同时也要对本土的大型企业进行鼓励和引导,促使它们在公司内部设立风险投资机构,参与到西部地区体育文化旅游产业的风险投资中来。西部地区体育文化旅游产业属于朝阳产业,其发展潜力可谓十分巨大,这无疑能够吸引传统产业领域的企业的目光。我国大型的体育企业或者是具有赞助体育传统的大型企业,考虑到公司本身的战略利益,对西部体育文化旅游产业进行投资,既能够弥补企业自身的产品不足,助力企业打开新的市场领域,同时还能够促进公司产品的升级和服务结构的进一步优化。

3. 国内民间资本和海外资本

我国民间资本在数量方面占据较大的优势。目前,我国在投资方面呈现出如下特征,一是投资场所狭窄,二是投资工具不足。而这便导致了居民储蓄超常增长与投资微量释放的矛盾。

与此同时,在经济全球化背景下大量海外资本融入我国的资本市场,在东部地区市场竞争比以往更加激烈,在东部地区投资若想获得超额利润有着较大的难度,此时资本便会在我国的西部地区探求新的投资场所和投资渠道。所以,在西部大开发背景下,西部体育文化旅游产业要充分展现自身所具有的政策环境优势、资源优势、劳动力成本优势,不断优化自身的投资环境,从而促使更多的民间资本和海外资本投资到本地区。

4. 养老基金

养老基金包括社会保险基金和养老保险金。实现养老基金向风险资本的转化具有如下特点,如兑现要求较低、利用期限较长等,因此,发达国家通常将其作为风险资本市场的重要来源。伴随着我国人口老龄化的发展趋势、保险行业的不断发展,以及养老基金制度的不断完善和健全,我国的社会保险市场也会迎来更多的资金。我们能够对发达国家做法进行借鉴,遵循政策和法律的规定,积极寻求部分养老保险基金和社会保障基金的投入,令其促进西部体育文化旅游产业的发展。

（二）西部体育产业与文旅产业融合开发风险投资的融资组织形式

当今社会,发达国家风险资本的组织形式总体上来说能够分成下列三种类型:第一,以私营风险投资公司为主体的美国形式;第二,以国家风险投资机构为主体的欧洲形式;第三,以大公司和银行为主体的日本形式。上述形式都是在特定的国情和历史环境下逐渐形成的,因此我们要灵活地对其优势加以参考和借鉴。要从我国当前国情和西部地区现实情况出发,确定出西部体育文化旅游产业的风险投资组织较为适合采用的组织形式。

1. 政府基金型风险投资公司

政府基金型风险投资公司的融资具体指的是我国西部各个地区政府直接将风险资本投入到西部体育文化旅游产业之中。由于我国西部的体育文化旅游产业以及风险投资尚且处于初步发展阶段,社会尚未形成对体育文化旅游产业的引入风险投资的充分认识,此时尚且需要政府积极发挥其引导作用和扶持作用,更需要西部地区的体育文化旅游产业投资实现和国家产业发展政策之间的协调发展,从而实现风险投资与西部地区体育文化旅游产业之间的和谐、协调发展。

政府基金或者政府担保的金融机构的资金是目前我国西部地区风险投资机构的主要风险资本来源。政府风险投资公司的融资主要依靠我国西部地区各政府部门对风险资本的直接投入,它可以在风险投资领域发挥有效带头作用,但同时也要意识到该模式的不足之处,那就是责任错位及内部利益等问题。也就是说,若是对西部体育文化旅游产业的投资能够获得成功,能够最终得到主要利益的将是风险投资公司;而若是投资最终落入失败境地,那么承担责任的就是政府。从这一角度来说,我国还应当完善和健全相关方面的法律法规。

2. 合作基金型风险投资公司

合作基金型的风险资本来源主体有个人、大公司、民营企业、银行、海外投资人以及政府,集体集中所有的风险资本,从而构成有限合伙制的基金,并将其一同投到目标开发领域,比如西部地区体育文化旅游产业开发等。合作基金型风险投资公司的别称是有限合伙制风险投资公司。在当前的环境条件下,西部地区可采用私募、自愿合股等方式开设体育文化旅游风险投资基金,并且在该过程之中,西部地区各级政府应投入少量资金当作产业发展的种子基金,从而促使更多的社会资金投入该领域,对多元化融资组合起到一定的拓展作用。此种类型的公司所拥有的优势较多,是我国西部地区发展体育文化旅游产业应当主要采取的风险投资形式。

3. 民间基金型风险投资公司

民间基金型风险投资公司的产生具有一个重要的前提条件,那就是资本市场化。目前,我国已经有一定规模的民间风险资本流入市场。在当今市场环境下,银行逐渐降低利息,并且政府资本在风险资本领域的角色正慢慢淡化,此时有很多民间投资者更加偏向于进行高风险高回报的风险投资,因此说在较短的一段时间内我国的民间资本有可能会成为西部地区体育文化旅游发展风险投资的融资主体。与此同时,民间资本投入西部地区体育文化旅游产业应当满足下列条件:第一,要有民间风险投资家,他们能够较为准确地把握西部地区体育文化旅游产业发展的风险,并具有相应的承受能力,在他们的带动下,很多民营创业者都会较为积极地参与到西部地区相关产业的投资活动中;第二,政府应当给予政策方面的支持,为西部地区体育文化旅游产业提供向社会公开募集风险资本的机会。

新时代推进西部大开发形成新格局,民间资本进入和组建西部体育文化旅游业民间型风险投资公司有巨大潜力。

(三)西部体育文化旅游产业风险投资机制的构建

1. 更新西部体育文化旅游产业投融资观念

应将利用风险投资发展我国西部体育文化旅游产业的意识在较短的时间内树立起来,应当及时转变思想观念,开阔投融资方面的思路,进一步拓宽融资市场,从内心真正形成风险投资意识。加大力度培育高质量人才,使他们不仅对体育文化旅游产业开发相关知识有深入的把握,同时又懂得如何进行投融资操作。对目前我国西部体育文化旅游产业的投融资机制进行改革,不断摸索和尝试其他较为科学规范的风险投资体制。应当对风险投资形成科学正确的认识,风险投资并非仅仅是冒险和投机的代名词,它是一种制度,是一项重要事业,极具现实意义以及研究价值。另外,在具体的实践过程中,应当尽量保持风险资本来源能够实现可持续增长,并令投资者在项目选择、风险投资理念、经营管理和退出机制等方面形成清醒正确的认识,从而令风险投资能够获得更高的成功率,令风险投资能够实现可持续发展。

2. 构建体育文化旅游产业风险投资进入机制

那些高科技风险投资有着较快发展速度的国家或者地区,它们不仅建立了较为规范完备的风险投资退出机制,同时它们也建立了比较完善的风险投资进入机制。所以,要想令我国西部体育文化旅游产业风险投资得到较快的发展,令西部地区的体育文化旅游产业实现快速的增长,也应当积极构建和完善体育文化旅游风险投资的进入机制。

为了鼓励资本更多地投入到高科技企业产业之中,发达国家都采取和落实了较为有效的激励措施。从当前我国西部的现实发展情况出发,目前适宜纳入我国西部地区体育文化旅游风险投资激励机制的内容有如下几点:第一,政府应当设立该产业的风险投资补助基金;第二,积极构建体育文化旅游公司信用担保体系,令银行贷款风险进一步降低;第三,在税收方面推出最新优惠政策,西部地区体育文化旅游产业是新兴产业,有着较大的发展潜力,并且具有高投入、高风险的特点,为了对该产业的发展表示支持,政府可在税收政策方面给予风险投资收益一定的倾斜,从而令更多的风险资本流入西部地区,促进西部地区体育文化旅游产业的进一步发展。

在当前情况下,构建体育文化旅游产业风险投资机构,可依照以下三种模式进行。第一种是政府投资的风险投资机构。对于西部体育文化旅游投资主体来说,政府所提供的引导和支持具有其必要性和重要性。各级政府既能够直接进行投资,也能够在风险投资公司认购恰当比例的股份,以达到科学引导西部体育文化旅游产业风险投资发展的目的。第二种是企业将资金投入其中的风险投资公司,此类公司更多的是大集团、大公司,由它们组建风险投资机构。第三种是混合型体育文化旅游产业投资机构。对于第三种类型的机构,政府能够投入少量的启动资金,并在此基础上将大量非政府资金共同带入西部体育文化旅游产业开发的具体领域。另外,还能够对证券公司的风险投资加以发展,以利用国外风险资本对西部地区体育文化旅游产业进行发展。

3. 构建体育文化旅游产业风险投资退出机制

对西部体育文化旅游产业进行风险投资,其最终目的也是为企业赢得可观的利润,是资产变现,因此在对该产业进行风险投资时,比较关键的环节就在于股权交易。西部体育文化旅游产业风险投资的退出机制是形成及发展企业资本的一个必要条件。风险投资最后是不是能够取得成功,通常是由下列三点决定的:第一,是不是有资金;第二,是不是有可供备选的项目;第三,投资是不是能够成功退出。这三个因素是彼此制约的关系,但是三者之中不可缺少任何一个,而三者中居于核心地位的当属第三个。若是没有顺利的退出机制,自然其他的风险资本无法顺利进入,从而也就阻碍了体育文化旅游产业风险投资的实现发展。所以,要想令西部体育文化旅游产业的风险投资事业得到一定程度的发展,就应当积极构建起其退出机制。因为主板市场有着较高的门槛,所以对于并不具有较高发展水平的西部体育文化旅游相关公司以及项目开发商来说,有着极大的规模障碍。为了令体育文化旅游公司及相关项目得到较好的发展,也为体育文化旅游风险投资提供退出通道,西部地区可以对西方国家的相关经验加以参考与借鉴,就是在主板市场之外再专门开辟第二板市场。而从我国西部体育文化旅游产业发展的角度来说,比较可取的做法就是将体育文化旅游融入西部地区的整体旅游产业开发之中,在西部地区逐步构建起旅游产业风险投资的二板市场和柜台交易系统,并充分利用该平台打造退出通道,从而令西部体育文化旅游产业风险投资所具有的风险进一步降低。

目前,在旅游公司以及对旅游项目的开发过程中,开发商主要通过抵押贷款的方式向金融机构融资,西部体育文化旅游产业开发同样如此。但是因为金融机构并非专门的资产管理公司,若是旅游公司或者是项目陷入发展困境,没有办法对贷款进行偿还,那么金融机构也通常会面临不能及时变现抵押资产等困难。而资产管理公司成立之后,银行就能够将抵押资产卖给资产管理公司,从而在较快的时间内套现收回贷款,降低自身的投资风险。所以,对于西部地区发展体育文化旅游产业来说,其风险投资退出机制必然要包含资产管理公司这个部分。对资产管理公司加以发展,能够促进金融机构的资金更多地在西部体育文化旅游产业流动,从而对该产业的发展起到重要推动作用。

4. 完善体育文化旅游产业风险投资监管机制

在对我国西部体育文化旅游产业风险投资体制进行建设的过程中,一定要十分注重规范运作。因为体育文化旅游产业风险投资基金以及风险投资机构投资的对象目前都尚且处于初步发展阶段,并且受到西部地区环境、基础设施等因素的影响,体育文化旅游投资始终面临着比较大的风险。所以应当构建起较为严格规范的体育文化旅游风险投资监管机制。

5. 制定鼓励风险投资投向西部体育文化旅游产业的政策和法规

人才、政策法规、证券市场等诸多因素都对体育文化旅游产业风险投资业的发展及作用发挥等产生着重要的影响。其中,风险投资机构能够对人才方面的问题进行相应的处理和解决,而政策法规等方面的完善则需要政府充分发挥其作用,通过完善相关立法和政策来对投资加以制约和引导。所建立的立法和政策的核心具体包含下列内容:第一,对知识产权保护的相关法律法规加以调整和完善,比如《中华人民共和国反不正当竞争法》《中华人民共和国专利法》等;第二,对体育文化旅游公司运作方面的法规和政策进行调整和完善,令体育文化旅游的相关企业和公司能够依照现代企业的制度和规范运作;第三,调整和规范有关风险投资公司和基金流向体育旅游业的法律和政策,促进风险投资机构和风险投资基金健康发展;第四,调整和规范有关保障体育旅游业风险投资事业健康发展的相关法规和政策。

(四)西部体育产业与文旅产业融合开发风险投资的融资步骤

现阶段,我国西部体育文化旅游产业处于初步发展阶段,参考国际通常做法,现将其风险投资融资步骤阐述如下。

1. 将体育文化旅游业相关风险投资公司组建起来

目前,我国存在着的大部分风险投资公司皆是由政府出资而建立起来的。当前我国的市场经济和风险投资发展得比以往更加规范和完善,因此,我国西部体育文化旅游产业也能够积极构建下列几种公司:政府型风险投资公司、合作基金型风险投资公司、民间基金型风险投资公司。

2. 设置西部体育文化旅游业风险投资基金

依照国际惯例,要想组建风险投资公司,第一步要做的就是融资,也就是说风险投资公司应当有一定的融资功能。注册完毕风险投资公司之后,就能够向投资人募集基金型风险资本。风险投资基金具体指的是基金管理人所管理的所有风险资本的总和。投资人是基金的所有者,而基金管理人则负责将风险基金募集到西部体育文化旅游类的风险投资公司,并参与其中的管理工作。基金有多方提供者,具体来说有政府、公司、金融机构、个人及海外机构等。我国西部地区体育文化旅游业能够通过下列方式募集风险投资资金:第一,私募设立,通过此种方式所筹集到的资金被称作有限合伙制风险投资基金,也就是说,风险投资公司扮演发起人角色,并出资约 1％,令自己成为管理者,其他的机构共同出资大概 99％,令自己成为有限合伙人,前者是被委托方,而后者则是委托方;第二,公募设立,也就是说,直接将风险投资基金发行给社会公众,或者是借助股票上市来达到募集资金的最终目的。

3. 签订风险投资的融资协议

在进行风险投资的具体过程中,一个极为关键的融资步骤就是和投资者签订融资协议。在风险投资过程的所有协议之中,该协议是极为重要的一个。融资协议属于有效法律文件,它能够清晰明确地规定出双方的权利与义务所在,它的主要条款涉及下列内容:双方出资额和出资方式、出资期、权利和义务、基金管理原则、财务制度、分配制度、激励和约束机制、限制条款和附加条款等。

4. 按期催缴风险资本

风险投资过程的最终一步就是催缴风险资本。对于缴入风险资本的时间和方式,融资者和投资者应当在进行协商之后明确地写入融资协议。为了确保风险投资基金具有较强的安全性,一般来说,会依照融资协议中所明确写出的规定时间,并遵循《公司法》规定的实收资本制原则,按照规定日期把风险资本存到银行的基金专户之中,之后再依照投资方案,由银行负责将资本转移至西部地区体育文化旅游相关的项目和公司之中。

从整体上来说,引入风险投资是较为先进的一项投融资事业,它将新型融资途径提供给了西部地区体育文化旅游产业开发,其顺利实施和运作将给西部甚至全国的体育文化旅游产业提供巨大的推动力,并能够为我国其他相关体育产业的投融资工作提供良好的参考和借鉴。但是,在现阶段我国的风险投资处于初步发展时期,因此不仅要积极做好风险融资运作方面的主要工作,还要政府在相关方面给予积极的支持和配合,比如制定和完善相关法律法规等。与此同时,西部地区要对人才培育及引进给予突出重视,不断转变自身的融资观念,更加深入地开发具有潜力的体育文化旅游资源,为西部地区体育文化旅游产业风险投资业的发展营造优良的载体和发展环境

第三节 西部体育产业与文旅
产业融合开发的路径选择

我国西部地区有着广阔的地域范围,其地理环境、生态环境十分复杂,共同造就了多元丰富的生态旅游环境,也为西部体育产业与文旅产业融合提供了广阔的生态空间和丰富的绿色资源。西部体育产业与文旅产业融合实际上是和西部大开

发产业结构调整的具体方向相符合的,是西部开发体育文化旅游资源所提出的内在要求。近年来,我国西部地区的生态旅游业迎来了发展的有利时期,在西部地区对环保、绿色生态的体育文化旅游产业进行积极深入的开发是西部旅游开发不可阻挡的新趋势。

在当今社会,旅游业发展的一个重要战略选择以及突出特征就是实现可持续发展,而要想真正落实该战略,一个必要途径就是积极发展生态旅游,而从营销战略的角度来说,生态旅游的最佳选择是进行绿色营销。目前,人们比以往任何时候都更加注重健康和环保,因此,怎样在西部体育产业与文旅产业融合的过程中突出西部旅游资源的绿色环保特点及优势,以此来促进西部地区体育文化旅游产品和路线的塑造、拓宽其市场,完善其产业布局,实现经济效益和生态效益兼得,达到可持续发展的最终目的,对于西部文化体育旅游产业开发来说有着极为关键的战略意义。

一、绿色营销概述

在经济社会迅速发展的今天,人们也逐渐意识到环境恶化问题的严重性,环境污染、荒漠化、资源匮乏、气候异常等问题成了亟待人们解决的难题。在此种背景下,涌现出了很多新名词,比如"绿色产品""绿色生产""绿色消费"等。从中可以看出,当今社会的人们渴望生活环境得到改善,更加乐于选择购买天然绿色食品,并积极选用绿色产品,尽量减少这些事物对环境所造成的污染和危害。因此也就爆发了一场"绿色革命",人们十分注重环境保护,注重对绿色产品的开发,并且令绿色营销理论有了飞速进步和发展。1972 年联合国人类环境会议通过的《人类环境宣言》和 1987 年联合国环境与发展委员会发表的《我们共同的未来》宣言,促使了绿色市场营销理论的萌芽;1992 年联合国环境与发展大会通过的《21 世纪议程》强调,实现生态和经济的协调发展,促进可持续发展,为绿色营销理论的形成和发展奠定了基础。

各学者从各自的角度出发对绿色营销作了定义,总的来说,绿色营销指的是在市场营销的具体过程中对生态环境保护十分注重,能够积极创造绿色环保氛围,对绿色产品加以宣传和出售,提倡绿色消费,并最终达到生产、消费与环境三者协调发展这一目的的过程。从产品的最初设计、宣传、销售到最终消费的整个过程中,绿色营销都十分注重最大限度地控制对环境的污染,从而令产品真正树立起绿色环保形象。从比较的角度来说,传统营销将满足消费者需求作为其首要出发点,它们积极运用各种营销手段,争取为企业谋求更高的利益;而绿色营销则在其营销理念之中融入了环境因素,令企业在谋求经济利益的同时,更加注重可持续发展,能够将"绿色观念"落实到产品生产和消费的整个过程之中。所以,在对社会利益加以考虑的基础上,绿色营销能够确保企业实现自身的经济利益,并最终实现社会效益、经济效益、生态效益目标的协调,令产业以及社会皆可实现可持续发展。

二、绿色营销是西部体育产业与文旅产业融合的内在要求和战略选择

(一)西部体育文化旅游产业开发具有绿色营销优势

我国西部地区有着广阔的地域,其自然结构奇特、壮观,并且有着较多的自然旅游资源、人文旅游资源,且这些资源皆具有较高的品位。根据相关数据可知,我国西部民族传统体育文化项目的数量多达700余项,并且这些项目皆具有稀有性、独特性等特征,对旅游者形成了极大的吸引力。所以,西部的自然环境、民族文化共同造就了该地丰富的体育文化旅游资源,并且这些资源十分原始淳朴,充满了民俗特征。因此,不管是从资源数量上来说,还是从资源质量上来说,西部体育文化旅游产业开发都具有其内在优势。

(二)在差异化战略中凸显西部绿色形象,占据竞争优势

差异化战略,具体指的是让企业产品和其他对手产品区别开来,形成自身鲜明的特点而采取的具体战略。有相当多的途径都能够令差异化战略落地,例如品牌形象、产品设计、用户服务以及技术特点等。在西部地区体育产业与文旅产业融合的营销战略之中纳入绿色营销战略,能够令西部的生态环境资源得到充分利用,并在此基础上令体育文化旅游项目在体验、参与过程中强健身体的优势凸显出来,在体育文化旅游产品开发、宣传和服务过程中注重保护生态环境,注重提升旅游者的自然体验,迎合他们在健康方面的诉求,并在品牌形象塑造和市场宣传等环节中融入绿色理念,从而增加游客对西部地区体育文化旅游产业的好感度和忠诚度,从而在旅游行业占据独特的市场优势。

与此同时,绿色营销还是近年来体育文化旅游消费观念朝国际化转变的具体映照。目前,人们有了愈来愈强的环境意识,旅游者对旅游的期望、感知、价值观念以及态度等都不同以往。对于旅游市场发生的此种变化,西方学者将其称作"市场的变绿"。现代的人们更加渴求深入大自然中,与自然合而为一,切身感受"天人合一"的境界。体育文化旅游实现了融入自然、健身休闲、娱乐身心等诸多方面的统一,恰好与如今的旅游消费趋势相符合。在落实绿色营销战略的具体过程中,西部地区体育文化旅游产业所具有的突出的绿色特征将被更多的人认识、理解和欢迎,并且令西部地区在市场开发中占据一定的竞争优势。在现阶段,市场竞争已经十分激烈,在环保日益受到人们重视的今天,体育文化旅游产业要想在市场占据一席之地,将自身的绿色产业形象树立起来,夺得独特的竞争优势是相当重要的。

(三)收获多方效益,实现可持续发展

我国西部地区的生态环境和自然地理环境都较为脆弱,该地的生态环境保护

和恢复任务可谓是十分严峻的。所以,国家始终将生态环保建设当作西部大开发的一个重点内容。但应当注意到,对于西部地区的生态环境来说,西部体育文化旅游产业的开发利弊共存,它既可以在粗放式的开发过程中对自然造成一定程度的破坏,又可以通过细致的规划将西部的体育文化旅游资源和生态环境建设彼此融为一体,从而令该产业成为改善当地生态环境的一种优势产业。

西部体育产业和文旅产业的融合应当始终将绿色营销理念置于指导地位,在开发体育文化旅游产品的具体过程中,应当始终加强对旅游资源以及西部自然环境的保护。举例来说,运动场地的选址和建设、运动项目的选择和包装等都应当最大限度地将环保理念纳入其中。与此同时,绿色营销能加强对绿色消费的宣传,从而令消费者树立更加鲜明的绿色消费意识,令消费市场得到进一步拓宽。在实施绿色营销的过程中,尽管体育文化旅游企业在环保方面的投入有所提升,但是从价格定位、公众形象、政府优惠政策方面来说,企业都能够得到较为可观的经济效益。所以说,企业实行绿色营销,能够兼得社会效益、生态效益和经济效益,从而令自身实现可持续发展。

三、绿色营销背景下西部体育产业与文旅产业融合开发的路径选择

(一)树立新型绿色营销理念

近年来,我国企业市场营销观念始终处于发展变化过程中,从最初的生产导向、推销导向、消费者导向逐渐转变为如今的社会营销、生态营销,特别是绿色营销观念。绿色营销在市场营销组合之中更加突出了人与自然和谐发展的重要性。目前我国很多行业和企业都形成了较为鲜明的绿色营销意识,并更加注重对绿色产品的研发。从旅游领域进行,最先开始落实绿色营销的当属宾馆业、饭店业,之后逐渐渗透入各个旅游景区等。从某种程度上来说,体育文化旅游产品,特别是户外运动旅游,是和自然有着十分紧密的关系,对自然环境有着较大依赖的旅游产品,所以说它们的绿色营销意义是极为突出的。所以,要从观念上认识到西部体育文化旅游资源属于绿色资源,并积极转变思想,树立绿色营销观念,以此来对西部体育文化旅游产业的开发和发展进行指导。

目前,西部体育产业与文旅产业的融合发展,要想切实形成绿色营销观念尚且具有一定的障碍。首先是认识方面存在障碍,目前很多人依旧片面地认为旅游业属于无烟工业,旅游资源永远也不会面临枯竭的困境,此种错误认识致使很多旅游资源被超负荷开发,甚至是破坏性的开发。尽管旅游资源从本质上来说属于绿色环保资源,但是在其具体开发过程中需要多种产业的综合开发,尤其是要和通信、餐饮、交通、体育实施等多个行业彼此配合,而诸多行业的发展定然会对环境造成或多或少的影响。其次,我国西部地区欠缺体育文化旅游人才,这也对西部地区树

立绿色营销观念起到了极大的制约作用。

(二)构建环境管理新体系,强化绿色管理

"绿色管理",指的是在企业具体经营管理实践之中融合环境保护观念,它和企业管理的各领域和层次都密切相关,要求企业管理始终将环保、绿色置于重要地位。该思想具体通过下列几个方面得以体现:一是研究方面,将环保融入企业决策要素,加大对企业环境对策的研究力度;二是消减方面,积极引进和使用新工艺、新技术,尽量降低或者不再排放有害废弃物;三是再开发方面,将传统产品转变为环保产品,并张贴相应的"绿色标志";四是循环方面,在对体育文化旅游产业进行开发的过程中注意回收处理废旧产品,并对其进行循环再利用;五是保护方面,多开展环境整洁活动,保持旅游景区等的干净清洁,并对公众和景区员工宣传绿色观念,从而切实为企业树立起绿色形象。企业落实绿色管理应当达到的目标有下列几个:第一,最大限度地利用体育文化旅游资源;第二,在开展体育文化旅游时控制到最少的废弃物排放量;第三,令体育文化旅游产品及其服务满足市场需求的同时实现绿色化。

西部地区体育文化旅游企业要想真正贯彻落实"绿色管理",可通过下列途径实现。第一,在企业内部落实绿色管理,将绿色观念融入企业生产经营活动的各个环节,并要求企业全部员工参与其中。所以,企业应树立鲜明的绿色理念,并发挥其指导作用,运用它对体育文化旅游产品及其服务结构加以恰当改造,并制定出可行的"绿色计划",制定出严格的"绿色标准",落实"绿色工程",动员企业全体员工共同开展彻底的"绿色革命"。第二,西部地区体育文化旅游各相关企业应当积极开展绿色标志认证工作,推行 ISO 14000 环境管理新体系。ISO 14000 系列国际环境标准的颁布方为国际标准化组织,颁布的目的在于对企业等组织行为加以规范和制约,从而降低对环境所造成的污染,提升环境质量,并实现经济的健康、持续发展。该体系适用于所有企业,它是企业进军国际市场的一张"绿卡"。西部地区的体育文化旅游企业若是能够得到 ISO 14000 认证,那么不仅能够在我国树立起优良的企业形象以及信誉,同时也能够得到国际体育旅游市场的绿色通行证。

(三)围绕"绿色、自然、健身"开发绿色体育文化旅游产品

西部地区体育产业与文旅产业融合开发落实绿色营销战略,应将其所具有的资源优势充分发挥出来,并紧扣"绿色、自然、健身"这一主题,将绿色体育文化旅游产品体系逐步构建起来。西部地区所构建的绿色体育文化旅游产品体系应当包含两个子系统,一是核心产品体系,二是外围服务体系。其中核心产品体系指的是西部体育文化旅游项目开展绿色营销所需要的主体产品,它涵盖了户外休闲文化活动和竞赛系列活动,前者如参观、探险、民族体育表演等,后者如民族运动会或者是各少数民族在节庆时所举办的各种传统体育竞赛等。而外围服务体系则包括与旅行者衣食住行等各方面相关的建设工作,这些工作都要注意将绿色环保理念纳入

其中,完善体育文化旅游项目的整个绿色形象。

(四)在广告设计及策划中落实绿色营销战略,开拓市场

现今的市场营销环境相较以往有了较大转变,广告成了消费潮流的"引导者",它既要树立品牌形象,又要为企业谋求效益。如今一个成功的名牌产品,往往需要在广告方面投入大量资金。但与此同时,大额广告投入也会给企业赢来更高的市场占有率以及较为可观的收益回报。从西部体育产业与文旅产业融合发展的角度来说,景区除了要适当开发其体育文化旅游资源,同时也要加大广告宣传力度。比如在各景点、城镇街道张贴体育文化名画,将体育文化旅游的魅力展示给旅游者。这既能达到广而告之的目的,又能丰富人们的生活,令人们心情更加愉悦,同时也能够刺激人们前往景点参与体育文化活动。

在西部体育产业与文旅产业融合发展过程中,实施绿色营销广告,具体是要求各旅游企业在策划广告的时候融入绿色、环保、健身等相关创意,令人们通过观看广告能够将体育文化旅游产品和环保、绿色、健康等关键词建立一定的联系。这既能对外树立企业优良公众形象,又能令游客向往自然生态环境的需求得到满足,并促使游客积极投入大自然中开展锻炼,舒缓压力。但从当前我国广告现状来看,体育文化旅游相关广告数目较少,能够体现环保、绿色、健康等主题的绿色创意广告更是寥寥无几。

第四章　西部体育产业与文旅产业融合发展的主体博弈

第一节　利益主体与利益关系

一、与利益相关联的主体

20 世纪 80 年代,利益相关者理论开始被引入旅游研究领域。美国经济学家弗里曼提出一个普遍性的概念,认为能够影响一个组织目标的实现或者能够被组织实现目标过程影响的人都是利益相关者。依照 Bryson 以及 Crosby 的定义,利益相关者指的是,受某件事的原因或结果影响的人、集团或组织。这之后,概念逐渐发展至利益相关者参与的层面,对社会参与的重要加以强调,其旅游规划以及管理当中多有相关体现。

关于利益相关者的概念,国内外研究者都对其有多种阐述,但总体上主要为广义和狭义的区别。就广义上而言,主要秉承了弗里曼经典定义的核心思想;就狭义上而言,则认为只有在企业当中做出"赌注"的个体或者团体才能是利益相关者,也就是说,在企业当中投入专用性资产的个体或团体。在这里,主要运用广义上的利益相关者这一定义对研究进行分析。

(一)旅游利益相关者

通过广义角度的利益相关者思想可以得知,一切能够对实现旅游业目标造成影响或者遭受旅游业发展影响的个体或者群体都是旅游利益相关者。因为旅游相关产业涉及范围广,吃住行旅购等相关的内容更多,其中涉及的利益相关者也复杂多样,主要包含了旅游者、旅游行业协会、旅游从业人员以及政府、体育文旅企业、教育机构和媒体等。

然而,西部体育文旅因其政治、经济以及旅游方式等方面的特殊性,其与地方政府以及旅游者、体育文旅企业等的矛盾也愈加激烈,亟待解决。所以,通过利益相关者理论,对西部体育文旅产业发展过程中出现的相关利益者的利益和冲突进行探究,能更好地为西部体育文旅产业决策提供科学依据,进而促使其走向可持续发展的道路。

(二)利益相关者的界定

利益相关者界定的依据主要是风险性以及专用性投资。其中,专用性投资包含了有形的资本和部分无形的人力资本。在这里,需要特别指出:一是西部体育文旅产业发展当中的利益相关者,必须进行专业性的投资,否则不属于利益相关者;二是西部体育文旅产业的利益相关者无论主动与否,都为了自身的经营活动进行了风险性的投资,譬如主动地风险投资者供应商、开发商以及员工,而被动的风险投资对象为当地的自然人文环境以及民众。就现状而言,"政府"不能因为定义而简单地被排除在外,政府职能能够影响着西部体育文旅产业的兴衰。所以,政府这个特殊的个体在对利益相关者进行界定时,属于必不可少的角色。也因此,西部体育文旅产业发展当中的利益相关者主要包含了与之相关的体育文旅企业(旅游开发商、旅游供应商如交通企业、餐饮企业、饭店宾馆等)、居民、环境(自然环境、人文环境)、旅游者等。

(三)西部体育文旅产业发展及其利益相关者关系

在对西部体育文旅产业利益相关者进行动态分析的过程中,可以引入旅游地的生命周期理论,对主要的利益相关者角色的转变进行探究。一个典型的旅游地生命周期主要分为三个阶段,即导入期、发展期和成熟期。参照中国旅游产业发展的历程,我们对西部体育文旅产业不同阶段的关键利益相关者角色转变曲线进行阐述。

1. 导入阶段

最初,地方政府对西部体育文旅产业的发展起着完全主导的作用。改革初期以及 20 世纪 90 年代之前,西部旅游设施十分匮乏,市场各种机制也存在缺陷,相关的法律制度也有很大漏洞,借助地方政府之手对体育文旅产业的发展进行主导,可充分调动各项资源,推动当地体育文旅产业以及社会经济持续健康发展。西部体育文旅产业发展至导入阶段时,地方政府期待旅游的快速发展进而拉动当地经济向前发展,使当地的贫困以及就业等负面问题得到解决。

在导入期阶段,旅游开发商是最为核心的利益相关者。期间,因为地方政府给予一系列促发展的优惠政策,经济也呈持续发展状态,这促使西部体育文旅产业获得了很好的发展环境。但是,因为这一相关政策的制定未兼顾其他利益相关者的利益诉求,致使西部体育文旅产业在发展的过程中,出现旅游利益分配失衡,相关开发商过度开放旅游资源等一系列不良事件的出现。

2. 发展阶段

地方政府对西部体育文旅业的发展起到一定限度的主导作用。自 20 世纪 90 年代起,伴随旅游产业愈加兴盛,关于旅游供给的瓶颈这一问题得到了基本解决;经济秩序也趋向完善,市场机制的作用也得到了一定程度地发挥。关于西部体育文旅产业的发展,地方政府采取的主要是引导的方式,微观管理进行了一定的弱化,政府将自身的部分职能转交给旅游协会代行,制定旅游政策也充分考虑了当地其他团体的利益,比如社区以及旅游开发商等。

在导入阶段发生的各种问题,比如开发商没有限制地开放当地资源,飞速上涨的物价,博彩旅游的产生与发展等,对当地的社会风气造成不良影响,导致当地社区的强烈反对。因此,在西部体育文旅产业的发展阶段,政府关于相关政策的制定,要对社会声音进行关注,严格禁止不良项目的开发。此外,通过税收、土地使用等优惠政策来对西部体育文旅产业的健康、绿色发展进行引导,推动其优化升级。与此同时,伴随不断走向完善的法律制度,压力集团(主要是环保、文化、园林)对西部体育文旅产业发展的影响力也越来越大,虽然他们对西部体育文旅产业的发展积极性不大,但如果忽略他们的利益要求,他们也会限制西部体育文旅产业的发展。

3. 成熟阶段

地方政府对西部体育文旅产业的发展起到规制作用。这一时期,西部经济开始发展,体育文旅产业也井然有序,政府的作用被弱化。各个利益相关者所发挥的作用以及效果都十分显著,他们都拥有表达自身利益要求以及权力的舞台与代言人,任何一个利益相关者被忽视,体育文旅产业的可持续发展步伐都会遭到不良影响。关于西部体育文旅产业的发展,政府的功能只发挥在产业相关的公共产品供应及其市场的监督与执法方面。所以,不能忽视各类利益相关者的利益要求,否则会影响体育文旅产业的健康持续发展。

二、利益主体间的相互关系

(一)地方政府

作为公共旅游资源最大的整合与调配者,政府同样也是行业运行以及发展过程中的"游戏规则制定者"。西部体育文旅产业在开发过程中涉及了政府相关部门。从地方政府作为社会责任的履行者以及公共利益的保卫者的立场来看,政府的利益指向主要体现在公共方面,即公共利益的代言人和保护者。所以说,政府的利益不仅体现在税收、提高就业率等方面,而且还要体现在公众的利益方面。

(二)体育文旅企业

一是业主制体育文旅企业。这种体育文旅企业也称之为"夫妻店",企业规模不大,形式也相对较散,但数量多,其中最为常见形式是农家乐、小型旅馆以及风景区的土特产商店等;二是合伙型的体育文旅企业。乡村模式的合伙型体育文旅企业也很常见,合伙人组成多为亲属或者关系密切的朋友。合伙人对企业所得进行分红,同时也对企业债务等承担着相应的责任;三是公司旅游制企业;四是体育文旅企业集团。这些企业在经营中拥有的资源不尽相同,其所提供的服务也存在差别,获得利益也不相同。但是,因为商业经营的利益性,促使以上体育文旅企业将经营目标高度集中在获利较大的产品类型上,形成因利趋同而又非平等的竞争格局。

(三)居民

西部体育文旅产业发展的主体居民,这个主体也是旅游资源的一部分,其文化、生活以及生产方式组成的人文景观,属于自然风光景观中最好的互补资源。与此同时,当地居民的行为举止对游客的旅游体验以及旅游景点的初步印象有着直接的影响。所以,当地居民的利益关系可谓当地旅游业发展势必面对以及需要恰当处理的一个问题。当地居民主要拥有两种不同的利益,即经济利益和非经济利益,比如其生存环境是否被干扰,日常习惯以及当地文化是否得到科学合理的保护等。

(四)生态环境、社会文化环境

西部体育文旅产业得以生存和发展的基础就是当地的生态环境以及社会文化环境,这两种环境的最大利益就是使其得到科学保护与提升,实现可持续发展。然而,立足于现实角度,人们最重视的环境在一定程度上也是最易遭到破坏的因素。

(五)旅游者

西部体育文旅产业产品的需求者以及旅游市场的消费者都是旅游者。产品的品质保障、价格合理以及服务到位是旅游者获得满意度的主要原因。就旅游者而言,其主要追求非经济方面的利益,这与个人或者其他群体追求的理由存在显著差别。关于旅游者的利益,主要体现在他们到达旅游目的地之后,借助旅游体验以及收获的知识和美好心情等。这种充满喜悦的满足主要来自当地风俗习惯以及道德方面的权益和被尊重的感觉。与经济利益相比而言,这些非经济性质的利益更加重要。除此之外,便利的交通以及旅游安全保障和服务人性化等元素,也属于旅游者追求的利益。

(六)利益冲突缘由

1. 企业不断转移风险,会形成恶性循环

关于利益相关者的依赖程度,体育文旅企业远远高于其他企业,而且有着更加复杂多变的关系。这中间的含义不言而喻,体育文旅企业具备的反应相对更加直接。关于风险的转移,可以进行在体育文旅企业当中,也可以自身推行,比如,导游以及业务员是旅行社进行风险转移的重要对象,而立足于导游的角度,他们会把风险转移到旅游者身上,这会导致旅游者出现不满心理,这种心理对体育文旅企业的品牌以及市场占有情况而言,都会产生不良的影响。这些会对利益相关者造成一定的伤害,而自身也成了受害者之一。

体育文旅小型企业、自营企业比较多,也就是说管理人和投资人是同一个,过分注重自身利益、急于求成、急功近利等现象经常出现,同业以及消费者的利益也被牺牲。

2. 制度、政策法规有局限性

地方政府管理部门的管制范围主要在体育文旅企业上,且十分严格。然而,西部体育文旅产业自身具备独特性,在西部地区,其管理主体主要是旅游局以及农办,从现实来看,农办自身有一定的局限性,无法指导西部体育文旅产业进行各项业务,此外,这两个管理主体一直都是各自为政,互不干涉。如此一来,它们无法做到对西部体育文旅产业进行统一化的管理与引导,这对西部体育文旅产业的发展以及整体水平的提升有一定的阻碍。

第二节 利益主体间的博弈

自改革开放以来,经济不断发展,民众的生活质量也得到全面提升,同时,西部

体育文旅产业的发展前景也很乐观,人们在日常生活中也更加愿意选择体育文旅作为休闲娱乐的一种方式。当然,利益主体之间的矛盾冲突也日渐显著。在推进西部体育产业和文旅产业不断走向融合发展的过程中,对各利益主体之间的利益博弈进行科学合理的处理,成为体育文旅产业发展中亟待解决的一大难题。

一、关于博弈论的相关理论

1944年,冯·纽曼与摩根斯腾共同出版了《博弈论和经济行为》一书,人们也将其称为现代化博弈论产生的重要标志。就博弈论而言,主要是对利益相关或者冲突中主体行为的相关理论的分析,探究在信息参数既定的前提下,决策主体行为间出现的能够直接引起相互作用时的决策以及这种决策的均衡问题。在本节内容中,笔者主要以博弈论为探究方式,针对西部体育文旅产业利益主体的最佳决策作出科学、合理的分析,使其到达利益均衡以及责任对称的最佳状态,进而推动其可持续发展。

二、利益主体的博弈对象与方式

为了推动自身利益诉求的实现,西部体育文旅产业中的利益主体都希望利用自身优势,在这个博弈的过程中得到自己期待的结果,想以既定利益分配格局的变革使自身存量收益得到扩展,进而使自身的利益达到最大化。

(一)政府与体育文旅企业

在西部体育产业与文旅产业不断融合发展的过程中,政府以及体育文旅企业的作用不尽相同,可以称作"权力"与"资本"之间的博弈。政府掌握着"权",例如对旅游资源的掌控,化身社会资源的代理人,政府对资源拥有分配权。为了推动社会整体福利的增加,地方政府通常情况下都会利用政治、经济协调发展的方式来影响体育文旅企业,对其进行有目的、有方向的引导,使其博弈结果对自身有利。当然,作为体育文旅产业发展的主体力量,体育文旅企业也希望在政府规范的法律框架中,希望以最低的成本,获得企业资源的最大化,从而推动企业的不断发展。

关于政府与体育文旅企业之间的方式,具体表现为:

立足于政府的角度:政府可以制定关于招商引资的政策,与体育文旅企业就资源经营权转让达成一定的协议;严格监管体育文旅企业的运营方式以及关于生态环境的保护策略等。

立足于体育文旅企业的角度:就资源经营转让权方面,两者达成一定的协议;依法向政府缴纳一定的税收,保障生态环境稳定;为达到一定的目的进行寻租活动。

(二)社区居民与体育文旅企业

社区居民参与是利益相关者理论得以发展的重要内容。我们要明白,体育文旅企业推动西部经济不断发展的过程中,给社区居民带来的并非都是积极影响。一方面,因为当地体育文旅产业发展的需要,一些土地被占用,这会使企业和社区居民之间产生不同程度的冲突。此外,当地体育文旅产业的大规模发展,会逐渐改变文旅目的地的价值观,导致社区居民持观望态度看待体育文旅产业的发展,最终在这场博弈中处于下风。

这两者之间的博弈方式具体表现为以下方面:

立足于社区居民角度:当体育文旅企业投资注入之后,社区居民也成为体育文旅资源中的一分子;社区居民可以据此建设体育文创超市或民宿,制作并售卖传统体育纪念品,为游客提供体育文旅相关的设施与服务,社区居民在某种程度上算是体育文旅企业未签约的"合作者";社区居民对消费者的态度对其体验产生了直接作用,进一步影响体育文旅企业的投资收益。

立足于体育文旅企业的角度:这些企业可以获得体育文旅资源的经营权,能够进行开发、管理与影响;这些企业在利用体育文旅资源的过程中,会对社区居民进行一定的补偿;体育文旅目的地的声誉与这些企业的声誉密切相关,这也与社区居民的整体收益水平呈正相关。

(三)消费者与体育文旅企业

消费者与体育文旅企业关于某项产品在购买方面达成协议,例如消费者与旅行社针对此次活动达成一定的协议,消费者与体育文旅目的地之间就价格方面进行博弈等。因为这两者之间存在利益和信息的不一致,会因为一些经济方面的利益产生分歧与冲突,这会对体育文旅产业的发展以及消费者的回头率造成一定的影响,对西部体育文旅产业的整体发展十分不利。

这两者之间的博弈方式具体表现为以下方面:

立足于消费者的角度:消费者在多家体育文旅企业中选择自身所需的旅游产品,与其在价格等方面达成协议;主要是旅游产品的消费主体,通过各项消费使自身的旅游体验与需求得到一定的满足;根据体育文旅企业提供的相关产品进行评价,如果出现不良现象可以进行投诉等。

立足于体育文旅企业的角度:这些企业的目标就是实现经济利益的最大化,它们主要经营并生产一些消费者喜爱的体育文旅产品;环境保护意识的强弱及其责任感的强弱对消费者体验以及消费者印象有着直接影响;它们为了眼前利益,往往会想尽办法在消费者身上获取利润。

三、体育文旅产业利益相关者的博弈

体育文旅产业利益相关者在对有限资源追逐的前提下,实现利益的最大化。西部体育文旅产业若想获得发展,就应在利益方面尽可能达成协议。但现实是残酷的,西部体育文旅产业利益相关者之间的博弈一直都此起彼伏。

(一)政府与体育文旅企业之间的博弈

地方政府与体育文旅企业之间的博弈,主要表现在体育文旅资源经营权的转让和政府对体育文旅企业的监管等方面。关于两者之间的博弈分析及博弈扩展模型(如图4-2-1所示)。

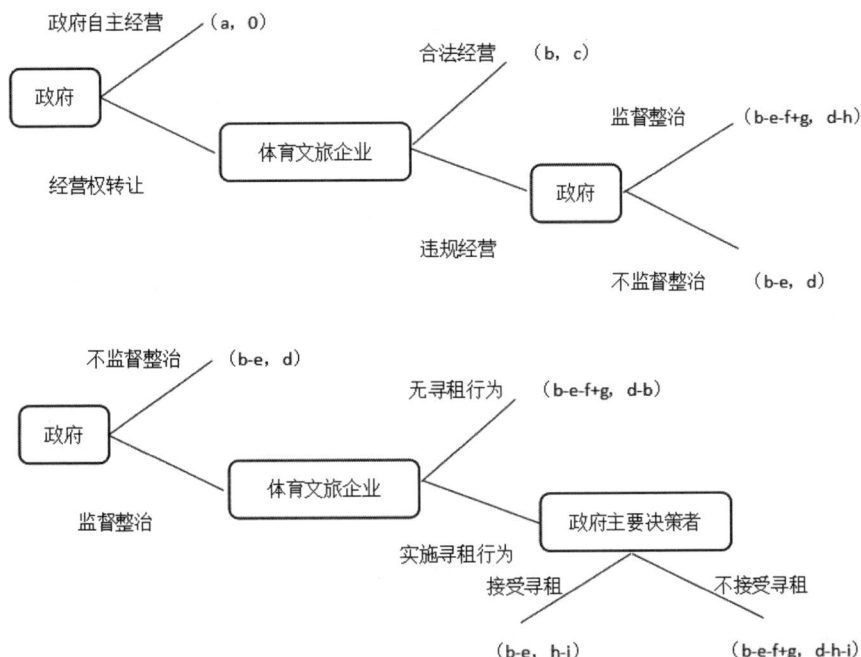

图 4-2-1 政府与体育文旅企业的博弈扩展模型

它们各自掌握的信息并不是完全对称的,而地方政府通常情况下处在不完美信息的博弈方。在 $b>a$ 的情况下,转让体育文旅的经营权。但是,政府对此有一定的期待,希望体育文旅企业获得经营权之后,能够推动当地经济的发展。如果 $d>c$,因为信息存在不对称,体育文旅企业呈现的违规行为有可能逃避政府的政治监督,其为了眼前的利益会做出一系列违规行为,这一时期,政府为了确保产业能够得到持续健康地发展,会对其加以整治和科学监督,这就会导致企业受 h 的损失。所以,政府和体育文旅企业之间获得的成功主要依托三个基础:①$b-e-f+g>a$,指的是政府政治监督的受益比自身经营的受益高;②$b-e-f+g>b-e$,政府进行政治监督获得说以比其不采取措施得到的受益高时,政府才会以积极的态度加以整治;③$c>d-h$,即 $h>d-c$,体育文旅产业所受处罚损失的受益比其因违规经营而获得受益高,如此,政府的政治监督才能发挥出震慑的作用。政府在进行政治监督的过程中,体育文旅企业会相应地发生"寻租"活动,利用非正常手段对政府的管理者加以影响,使自身获得受益。如果政府部门的主要决策者接受了"寻租",体育文旅企业就会收获 $d-i$ 的收益,显然 $d-h>d-i$,相反,政府不接受的话,体育文旅企业获得的收益仅为 $d-h-i$。寻租是不完全竞争条件下的一种负和博弈,通常情况下都会给社会带来不良的影响。

(二)社区居民与体育文旅企业之间的博弈

体育文旅企业持续健康发展,在一定程度上会为当地居民带来一定的经济利益。但是,因为外来资本强势介入,就会出现"飞地"现象,换句话说就是,体育文旅企业借助当地的资源进行发展。然而,体育文旅经济并不能为当地经济的发展带来直接效应,而经济收入大部分通过当地人的外向型消费或者是外来人员经营所得等形式向其他地方流入。这也导致社区居民与外来人员的竞争日渐激烈,他们之间的利益也更难获得平衡。

(二)消费者与体育文旅企业之间的博弈

身为体育文旅企业的服务对象,消费者享受合理的体育文旅产品与服务需求。消费者要关注的是用最少的资金获得最大的满足,最愉悦的体验;相反,体育文旅企业的主要关注点是用最低的投入获得最大的利益。两者因为诉求南辕北辙,其在交易中就会出现矛盾和分歧,因为两者在产品以及服务方面掌握的信息不对称,其在价格上的博弈最为明显。具体言之,就企业来讲,是服务质量高低之间的博弈,就消费者而言,是产品价格高低之间的博弈。

如表4-2-1所示,即为体育文旅企业与消费者的价格博弈以及其收益支付矩阵。

表4-2-1 价格博弈与收益支付矩阵

		体育文旅企业	
		涨价	不涨价
消费者	购买	$a-c,e$	$a-b,c$
	不购买	$0,-d$	$0,-c$

很明显,消费者选定一种产品,也印证了他们自身认为获得受益大于付出成本,因此 $a>b$、$a>c$、$c>b$。立足于体育文旅企业的立场上,推动产品价格上涨的因素就是 $e>d$。因为产品不能储存,消费者如果没有购买相关的产品,体育文旅企业相应抬高产品价格会使自身损失收益 d,过高的涨价所受损失收益为 e,这就形成了消费者和体育文旅企业之间的博弈。

四、促进体育文旅产业利益相关者均衡发展对策

由于各利益相关者在利益结构和偏好取向方面存在很大差异,西部体育文旅产业在发展中经常遭遇利益相关者在博弈过程中的个体理性与集体理性的博弈。体育文旅产业应使其趋于均衡发展,实现资源的合理利用。

(一)通过经济杠杆原理,发展环境友好型旅游

西部体育文旅企业在开发过程中,会给环境带来一定的破坏性,就政府、社区居民以及消费者来讲,这与体育文旅企业的长期可持续发展策略背道而驰。

要想引导体育文旅企业将项目开发与"环保生态"相结合,地方政府要适当推行一些优惠的资金政策、土地使用政策、合理的税收政策,以及市场准入门槛的调整等,对体育文旅企业起到一定的良性刺激,进而推动体育文旅产业的健康可持续

发展。此外,还要构建关于环境保护的相关法规,针对过度破坏当地生态环境的体育文旅企业,必须予以处罚,进而推动西部体育文旅产业的发展趋向平衡协调。

(二)加速利益相关者协调机制健全,使利益发展均衡化

在西部体育文旅企业发展的过程中,需要构建一个相互制约的机制,调控政府以及游客与景区居民三者和体育文旅企业的动态博弈过程,对他们之间的利益进行平衡,具体来讲就是,政府发挥自身的作用,审批核查体育文旅企业,对其行为进行实时监督,并适当约束、引导体育文旅企业,体育文旅企业在项目开发中出现的问题及时整治,尽可能阻断"先污染后治理"的行为,他们两者的行为会对其他利益相关者产生影响,例如社区居民与消费者等。通过听证会形式,其他利益相关者又能够对政府以及体育文旅企业的各种行为以及决策加以监督,避免其出现"寻租"行为。与此同时,媒体的宣传作用不可忽视,可以对体育文旅企业的各种行为进行舆论监督以及评判。

(三)强化使用博弈论,推动体育文旅产业更好发展

第一,对主体间存在的博弈关系进行梳理和阐述,譬如体育文旅企业和消费之间;第二,将只对两个决策主体的博弈研究转变为对更多决策主体的博弈均衡研究;第三,要对博弈对象的雁阵力度进行强化,譬如体育文旅企业之间存在不只是关于定价的博弈,还有产品、基础设施以及资源开发等的博弈;第四,积极揭示主体之间的博弈关系,并详细阐述其均衡的因素,为体育文旅产业发展提供建议。从这几个方面,将博弈论的研究方法广泛地运用到西部体育文旅产业的发展中。

第三节 利益平衡的规制机制

一、完善体育文旅协会职能

体育文旅协会,也可以说是体育文旅企业利益方面的代言人。只是体育文旅协会在运作中,由于带着浓厚的政府色彩,自身的职能并不能得到强化,对体育文旅产业与利益相关者的利益都有一定的忽视。所以,体育文旅协会必须尽快和政府的行政体制分离,成为一个独立的属于体育文旅产业的自律组织。一方面,它是作为中小体育文旅企业利益代表实现与政府对话,使体育文旅企业的合理诉求得到真实反映;此外,它应该实现与体育文旅企业的沟通,为联合与兼并提供力所能及的合理化协助;在关于体育文旅产业的产品定价、质量以及产业竞争等,制定科学的产业标准,推动产业实现发展自律。

体育文旅协会是独立经营单位构建的,是一种为了保护并增进全体人员的合法利益的组织,属于一种社会中介组织,主要介于政府和企业、生产者和消费者之间,为它们提供服务、咨询事务,对它们之间的事务进行协同等。与此同时,协会网站要开通并完善,从而为利益相关者提供一个适合交流的平台,确保其交流的真实全面。

西部许多省市、自治区都构建了旅游协会,还创设了属于自己的网站,只是,大部分网站并没有发挥自身的作用,为消费者或者体育文旅企业反映具体情况,提供

真实意见等,就像一个"空壳子",并没有成为政府与体育文旅产业之间的桥梁,并没有真正成为服务于利益相关者的交流平台。

二、健全利益协调机制

西部体育产业与文旅产业融合发展的过程当中,政府、开发者以及利益相关者之间的动态博弈过程,有必要构建制约机制,使他们之间的利益达到平衡状态,具体来讲就是,地方政府通过审批或者核查开发者,进而对其各种行为加以监督,政府与开发者的行为会对利益相关者造成影响,相应地,利益相关者能够以听证会形式为基础,对两者的行为以及决策做出监督和评审。关于听证会,可以是政府主办,邀请消费者、媒体、社区、体育主管部门、文旅主管部门、环保主管部门以及专家等各方人士对决策的科学性加以论证。其论证过程和结果通过新闻媒体加以公开,接受社会舆论的监督和评判。

利益分配是体育文旅产业在发展过程中最关注的焦点,所以构建利益协调机制势在必行。鉴于此,应以政府为主导,联席会议或者地方管理小组等共同参与构建,成员有政府代表、体育文旅企业代表以及居民代表等。他们可以对体育文旅产业中涉及与利益相关者的各项事务提供建议,以此保障体育文旅产业与居民乃至整个地区的共同利益。

地方政府部门作为中立者,必须做到监管有度,对不同居民群体间的矛盾进行调节,确保开发的顺利进行。体育文旅企业与当地居民代表可以针对共同关注的事件做研究讨论交流,最终汇总出最佳的协调方案,使利益相关者能够成为"休戚与共"的利益合作共同体,以此保障西部体育文旅产业的持续健康发展。

三、增强政府宏观调控力度

地方政府职能发生了变化,由完全主导向有限制的主导转变。地方政府要对自身的经济职能加以弱化,将微观层面的职能转交于市场机制,借助体育文旅产业相关政策对开发者以及体育文旅企业的经济行为进行合理引导与科学调控,立足于宏观的角度对体育文旅产业空间布局、结构、战略定位以及战略目标等战略性、全局性的问题加以把握。

利用经济杠杆来引导"绿色、健康、活力、生态"等环境友好类体育文旅产品的发展。关于开发"绿色、健康、活力、生态"等环境友好类体育文旅产品,要制定一定的优惠政策,比如信贷方面实行优惠政策,关于土地的使用进行优惠、减免一定的税收、制定合理的市场准入门槛等,对开发者进行刺激,从而推动西部体育产业与文旅产业融合的健康发展。此外,构建相关的环境法规,加强环境法规建设,严格处罚破坏生态环境的恶劣行为,从而推动西部体育文旅产业的科学协调发展。

规划先行,确定西部体育文旅产业在经济中的战略定位,科学合理地对待体育文旅资源,争取走持续健康的发展之路。制定高规格的发展规划,确保西部体育文旅产业在经济中的战略性地位、目标以及重点等。这些都能影响西部体育产业和文旅产业的融合发展。

加强推动环境监控策略。在对西部体育文旅产业进行开发的过程中,必须制定行之有效的环境监控策略,不能徘徊在"先污染后治理"的旧思想中。在发展该产业的过程中,不能将环境破坏作为发展的代价,必须避免发展中出现的开发性破坏。推动改革管理体制,构建相关的净价机制,关于开发环保审批程序,必须做到严格把关,构建环境相关的影响责任制度。确立体育文旅资源开发的基本指导原则,提升体育文旅资源的规划、开发以及管理水平,制定与体育文旅资源和环境保护相适应的环保政策。关于资源破坏与环境污染等开发行为,必须构建相关的制约政策,构建相关的监督机制,例如社会监督与社区监督,推行体育文旅资源、环境保护等各级干部责任制度。推行与体育文旅资源相关的环境保护补偿制度。此外,还要针对社区居民以及消费者制定相应的制度,例如关于环境保护教育培训制度等,这在环境保护中也起着至关重要的作用。

第五章 西部体育产业与文旅产业融合发展的人才培养途径

第一节 人才培养要求

一、重视人才构成

人才结构指的是将人才系统中的各个必要因素按照某种特定的方式进行排序。人才结构构成的必要因素和排列方式有很多种,这里大致将其分成两大类:第一类是人才个体结构;第二类是人才群体结构。其中,构成人才个体结构的主要内容是个体内部不同素质进行组合的方式,一般是指人才的思想道德品质结构、知识构成结构、能力结构以及身心素质结构。和人才个体结构类似,人才群体结构就是所有人才群体的各个必要因素之间的比例进行组合的方式。人才群体同样有年龄、知识和能力这样的结构,这些结构既是对社会部分的反映,同时也是人才资源的组成,如果人才群体结构受过良好的教育和专业的培养,就能反馈社会,从而推动社会的发展。人才群体又分为人才宏观群体结构和人才微观群体结构。宏观的人才群体结构就是将人才群体的范围扩大化,之前的可能是一个团体或者文化旅游企业等,宏观就变成了一个地区和国家,这就不再是一个群体中人才的类型和比例了,而是上升到了地区的部门和产业。这是西部地区人才资源重要的衡量标准,也是这个国家和地区未来的发展潜在动力。对比宏观人才群体结构,微观人才群体结构的范围则要小得多,其指的就是具体的某一家西部体育文化旅游企业或某一学院内部人才群体结构的类型和比例等。

二、具备良好的道德品质

道德品质是一个人在根据社会道德准则行动的时候,对于社会和其他人以及身边事物反映出的固定倾向或者心理特征。道德品质是社会道德的体现,同时也是行为的规范。道德品质包含四个方面的内容:社会公德、思想政治、职业道德以及家庭美德。"德才兼备者谓之圣人也;无才无德庸人也;德大于才谓之能人也,才大于德小人也"。"德才兼备、以德为先"。从古人留下的话语就能看出道德品质的重要性。现在的时代已经发生了巨大变化,从教育界要求学生德智体美劳全面发展,到中国的所有行业对道德品质的注重,都体现了道德品质在社会的重要性。公职人员要有配得上自己的道德要求,医务人员要有专业的医术和医德,教师要具备教学水平和师德。体育文化旅游专业的学生和未来的管理人员和工作人员也要具备应有的专业技能和职业道德,这是最基本的素质。如果将才能和专业作为考核的第一标准,那么就很可能会产生不良的后果。个人的职位如果不能和自己的道德品质相匹配,也很难走得更远。人类构建文明社会的先决条件就是道德品质,道德品质甚至早于法律而存在,它是约束人们行为的规范和标准。所以道德品质也可是说是为社会做出贡献并且对社会报以善意。一个拥有美好道德品质的人,也一定会用善意的方式回馈给社会,做一个对社会有用的人。

(一)思想政治道德品质

要想成为人才首先要先有积极正面的思想政治道德品质为基础,这样才能借助科学的观念正确地认识世界,认识世界的客观和主观面,继而能动的改造世界。其次想要实现自己的人生价值和社会价值,就要有很强的社会责任感,以社会的发展为己任,这些也都需要有好的思想政治道德品质作为前提。思想政治的道德品质往往与人才的政治方向和立场相关,政治方向一般是指个人在社会和经济以及思想文化生活中,对正式和重要问题所持有的观念和态度,同时这也是个人思想政治道德品质的重要体现。这就需要体育文化旅游专业人才坚定符合社会发展趋势的正确的政治方向,为社会做出贡献。拥有好的道德品质能够更好地处理人际关系,无论是和人的还是和群体、家庭以及社会的关系,都能很好地进行处理,这也是人才成长的重要环节。

(二)社会公德

我们常说的公德就是社会的公德,它并没有像法律一样,有明文规定,更多的是在人们日常生活中潜移默化形成的,影响了一代又一代,人们将这些需要履行的义务和要遵守的道德准则统称为公德。这些都是经过时间的检验和沉淀,最后留存下来的宝贵遗产,同时也是我们现在与人交往和公共活动的重要标准,它融合的是一代代人的思想、文化以及道德。社会公德的内容主要包括文明礼貌、助人为乐、爱护公物、保护环境和遵纪守法等。

(三)职业道德

就像社会公德一样,每个职业也都需要遵守职业道德,这是对每个职业最基本的要求,同时也是每个职业的道德准则,是道德情操和品质的结合。一个优秀的人才需要具备良好的职业素养,同时也需要具备良好的职业道德,这二者相辅相成、缺一不可,如果少了任何一个,就不能称之为优秀人才。另外,每个人的生活情况不同,思考问题的方式也不同,个人的习惯和职业习惯也会不同,所以要培养良好的职业素养,就必须先有好的职业习惯。对于体育文化旅游专业的学生而言,在进入职场后都应当养成良好的工作习惯,这样不仅会使我们更好地完成工作内容,同时还能够保证工作的质量,所以养成良好的工作习惯尤为关键。如果没有养成良好的工作习惯,那么就会无法按时完成工作,或完成的工作质量极低。因此,按照工作的需要养成一个良好的工作习惯是一件必要的事情。

(四)职业道德评价

上述分别从思想政治道德品质、社会公德和职业道德三个方面对我国当前体育文化旅游专业人才培养的道德品质方面作出了较为详细的论述。我国西部高校现在在读的体育文化旅游专业学生是未来我国体育产业与文化旅游产业融合发展的重要储备人才,因此了解我国西部当前体育文化旅游专业学生的职业道德显得较为重要。然而,对当前学生的职业道德评价不能单单地依据某一方面,而是要综合评价,这样得出的数据才相对比较客观、科学与合理。而且当前高校对我国体育文化旅游专业学生的道德评价不应该仅仅停留在"评价"这一基本层面,而是应该对当代大学生起到一定的导向作用,使当前高校大学生的职业道德向着更好的方向发展。对于我国高校大学生的评价不应该单方面由高校来决定,而是多种主体共同参与的一个道德评价过程,这些主体包括高校、国家、企业用人单位、学生的家庭以及学生自己。这些评价主体分别处于不同的社会位置上,那么他们对学生的评价一般也是根据自身的价值标准和利益诉求。

三、掌握理论与实践知识

现在的社会把人们对客观事物的记录以及认识的总结与客观事物的内在规律的正确认识用于实践,并通过指导实践来解决在实践中遇到的问题。客观事物的认识必须是正确的,而且是经过实践检验的。目前来看,知识通常是以书籍文字的方式进行流传和保存的。我们可以把知识分成广义和狭义两种,广义的知识就是文化的集合体,狭义的知识是语言或者符号内的信息。同时知识还能按照内容和来源来划分,分为理论知识内容和实践知识内容,有字的来源和无字的来源。

作为西部体育文化旅游专业人才,首先要具备丰富的知识,如果没有丰富的知识作为基石,那么也就难以往上发展了。有了知识的基石,还要有勤学上进的心,经过不断地学习,掌握大量的经验和智慧,成为无可替代的人才。知识是组成人类智慧的重要部分,但是并不能就将智慧等同于知识,人有了知识并将知识加以利用且最后取得了好的结果,这才是智慧。不能加以利用或者没有创造出新的成果,都不能称之为智慧,现实中这样的人并不少见,接受过良好的教育,但是却不能将受教育所获得的知识在实践中去利用,这种人不能称之为人才。

四、注重综合素质的提高

要想完成一个活动,主要是看完成活动的综合素质,这个综合素质就是能力。能力是衡量人才的重要标准,在实际的工作中,企业家们往往更看重能力的大小,而不是学历的高低,诚然学历是个很好的"敲门砖",但是如果没有与之相匹配的能力,也不能算是人才。越来越多的人认为能力比学历更重要,因此,应当把能力作为人才考核的第一标准。能力不仅能够影响活动的效率,同时还能够影响活动的完成,所以也可以说能力对活动的完成有着决定作用,活动是体现能力的标志,不能脱离活动谈能力,也不能抛开能力谈活动。

（一）人才能力

西部体育文化旅游产业发展的专业人才需要具备的能力主要体现在两个方面：第一，一般能力，是为了能够完成工作而具备的心理特征和主观条件，通常体现在口头和书面的表达以及业务能力和服务方面。第二，特殊能力，这里的特殊能力是组织和创新的能力。要将不同的人才安排在合适的岗位上，同时解决他们的要求。

对于体育文化旅游产业人才能力的评价标准，目前也正在建立具有特色的评价标准，其主要包括三个方面的内容，即评价方式、评价分值分配和技能评价要点。其中，关于评价方式，主要采取将过程考核与结果考核相结合、将技能考核与职业素质考核相结合这两种方式，根据考生操作的规范性、熟练程度、用时量和职业意识等因素评价过程成绩；根据运行测试结果和设计作品质量等因素评价结果成绩。在评价分值分配方面，体育文化旅游专业技能考核满分为 100 分，专业基本技能模块占 50%，岗位核心技能模块占 50%。最后在技能评价要点方面，根据模块中考核项目的不同，重点考核学生对该项目所必须掌握的技能和要求。

（二）能力现状

由于每个人都具有社会性，所以高校培养出来的人才将来是必定会流入社会，为社会服务。但是不同高校毕业的学生在社会上的适应情况和生存能力也各不相同，所以通常学生在社会上的发展状况能够在一定程度上反映出高校培养人才的能力和水平。相关数据显示，并不是每一个大学生在毕业之后都能够顺利找到工作的，相反，很多人是又经过了几年的努力才找到适合自己的工作；而有的毕业生在踏上工作岗位后表现出明显的不适应性。当前我国西部体育文化旅游专业的毕业生之所以找工作困难，主要是因为其能力素质存在一定的问题，主要体现在以下四个方面。

1. 实践能力与理论知识不匹配

2020 年 9 月根据对部分高校体育文化旅游专业即将毕业的大学生的调查发现，有 18% 是学生对未来工作充满了信心，并表示喜欢本专业的工作，会一直做下去；也有 45% 的同学认为本专业将来的就业形势一般，毕业之后应该可以找到与自己专业对口的工作；还有 37% 的同学则持较为悲观的态度，他们认为本专业就业形势堪忧，认为自己毕业后无法找到心仪的工作。从上述数据中我们可以知道，大部分学生还是比较乐观的，起码他们对自己未来的工作持一定的积极态度，而且对这一职业并不排斥。在对毕业生进行岗位能力需要调查时，有 77% 的学生都认为高校中的教学内容与实际的体育文化旅游行业工作内容有差异，具体来说就是，一般的体育文化旅游公司在任用人才的时候比较看重毕业生的实践能力、学习能力、应变能力、创新能力、责任心、团队协作能力等综合素养，大多重视对人才能力的考察，然而在高校体育文化旅游专业中，学生们接触到的大多是理论基础知识，缺乏各种能力的培养与锻炼。丰富的理论基础知识并不能代替实践经验的积累，所以毕业生在面试的时候大多不太自信。除此之外，高校毕业生文化知识相对完整,可是在心理素质方面显得不足;通识性知识相对完备,可是创新意识和能力却较为缺乏。这些问题都导致了高校体育文化旅游专业的毕业生在岗位适应这一方面缺乏能力,而学生在高校中学到的知识在现实中很少用到,而用到的经验在高校中又没有积累,这使毕业生的就业变得十分矛盾,给学生的就业带来了一定的压力,不利于高校毕业生在旅游行业的长期发展。

2. 不能平衡好就业心态

一个人心态好坏与否对一个人的工作状态与能力发挥有着较大的影响。随着我国旅游行业的迅速发展,其就业容量相比于之前要大很多,于是旅游类人才培养成为我国高校的一个着眼点。目前来看,有很大一部分高校都将自己体育文化旅游专业的对口工作定位旅游公司,而现实中其实是存在一定的差距的。旅游公司的基层员工,甚至部分工作年限比较长的管理者大部分都是学历不高的人,而作为高校本科毕业生,刚到公司后大多也是从基层员工开始做起,这在很多高校毕业生看来都有些大材小用了,所以心里难免会有抵触情绪。

高校毕业生在刚进入旅游公司的时候对自己的期望值会比较高,但是在真正入职之后却不尽如人意,做一些基层的工作,不仅如此,通常刚入职的大学生在工资和待遇方面都不如那些低学历的老员工,这会让毕业生心里感到很不平衡。除此之外,现在的高校大学生大多数都是不能吃苦受委屈的,旅游行业属于服务行业,所以在服务这一方面会要求得比较严格,而高校大学生在内心是不愿意服务于别人的,而且他们会认为基层工作待遇不好,也没有一定的保障,这种想法会给高校毕业生的心理造成一定的压力,让他们的内心感到不平衡。所以从高校体育文化旅游专业的毕业生就业情况来看,毕业即跳槽,就业即离职,入行即转行,只有很少一部分毕业生坚持下来,愿意继续留在旅游公司谋求更好的发展。

3. 对自己没有清晰深刻的认知

我国高校体育文化旅游专业的学生,其自我认知主要包括两个方面的内容,一方面是对体育文化旅游专业的认识以及对旅游行业发展的认识;另一方面就是毕业生对自己所具备的能力以及心态等方面的认识。就这两方面来说,高校毕业生的认识还是存在明显的不足之处的。

首先是高校大学生对体育文化旅游专业的认识以及对旅游行业发展的认识。毕业生对于体育文化旅游专业这一专业名称认识存在不足,所以大多数学生都认为在他们毕业之后的工作性质是到处旅游,到处游玩,而且不久就可以上升到管理层,这和现实中高校毕业生的就业情况大相径庭,原因是高校体育文化旅游专业毕业生在毕业之初并不具备成为管理者的能力或者是不满足高等旅游公司的入职要求。

其次是毕业生对自己所具备的能力以及心态等方面的认识。相关数据显示,高校体育文化旅游专业的毕业生对自身能力的认识大多都是正面的,自信满满的,高校毕业生普遍认为在高校中学到的理论知识会帮助他们在工作中脱颖而出,而且认为自己在工作中能够表现得很好,能够独立面对各种挑战和困难,这是非常自信的表现,但是在与现实进行对比之后同样容易受到打击;与之相反,也有高校毕业生认为自己能力不足,缺乏实践经验,对旅游行业的未来不持积极态度,也认为自己无法胜任旅游行业的工作,所以这些毕业生通常在旅游公司工作一段时间后会迅速地转向其他的行业。

上述两种情况在现实中是很常见的,很多体育文化旅游专业毕业的高校大学生都是这两者情况中的一种。由于认识的片面性,导致已经在旅游行业工作的人入职没多久就形成了工作倦怠的情况,致使他们无法发挥自身的学历优势和知识优势;而有些因为对专业理解有偏差而根本没有踏入旅游行业的人,则进一步导致了我国体育文化旅游专业人才缺乏的困局。

4. 人才后发力不足

这里所说的人才后发力指的就是学生在具体的工作中,面对工作困难而衍生出的分析问题和解决问题的能力。这种能力是多方面的,它一般包括理论知识、实践能力、团队协作、创新思维、组织管理能力、良好心理素质等。高校体育文化旅游专业的学生要想具备这一综合能力,除了要学习相应的专业基础知识之外,还要积极参与旅游工作的社会实践。经过调查显示,有 88% 的毕业生都认为在旅游行业用人单位很看重这一素质能力,但实际上学校对学生这一方面的培养涉及的并不多。旅游行业要想长足地发展下去,就需要源源不断的后备人才,且这些人才还需要是综合能力较强,综合素质较高的人才。可以说,高素质、综合型人才所具备的强劲后发力是旅游行业应对其他行业竞争的重要法宝,然而这也是我国高校体育文化旅游专业教育较为缺乏的部分。

第二节　人才培养差距

一、本科教育的现实差距

(一)教师教学水平的差距

教师队伍的质量在很大程度上决定了高校旅游人才培养的质量,目前我国高等院校所创建的教师队伍尚具有不足之处,无法完全符合社会经济发展所提出的要求,在教师队伍建设方面较为封闭和滞后。从世界范围内来说,部分西方国家对建设高等院校师资队伍较为重视,世界上一些著名的高校非常重视对本科教师队伍的建设,它们经常给教师提供培训机会,并对教师的教学质量等进行评估。这些高校提倡教师在假期时亲自深入到企业或者工厂之中展开实践训练,促使自身综合能力、实践能力等的提升。除此之外,这些高校所制定的教师考评制度也较为严格,校长通常会运用多元化的方式来考核和评估教师的教学,较常使用的方式就是听课,通过听课来对教师的综合业务能力、教学水平等做出估测。并且他们的校长也是在优秀教师之中选拔出来的,校长自身的教学水平较高,因此听课也十分有利于提高教师各方面的能力。

我国部分本科高校的教师却很少外出参加培训,而且其中部分的教学方式还是以传统的"填鸭式教学"为主,教学以课堂和教材为中心,在很大程度上忽视了学生的主体作用。教师教学的主要内容来自教材,这会对学生的思维和眼界起到一定的阻碍作用,使学生受限于课本内容、受限于知识本身。不仅如此,这种单一的教学方式对学生积极性、主动性和创造性的形成也会有一定的阻碍作用,无法提升学生自主思考、独立解决问题的能力。

(二)师资力量的差距

一个国家是否具有发达的教育教学事业发展,在很大一部分取决于师资力量的优秀与否。众所周知,一些西方发达国家的教育事业发展的程度是较高的,他们特别注重对学生创造能力与动手能力的培养,而且培养出来的人才大多能与社会需求相适应。好的教育事业与优秀的师资队伍有很大的关系,这些国家之所以有发展程度较高的教育教学事业,是因为他们有非常优秀的师资队伍。一般来说,这些国家的师资队伍主要是由两部分构成:一部分是专职教师,另一部分就是由拥有企业工作经验的工程师来担任的兼职教师。这样的师资队伍能够将更加丰富的理论知识和实践知识教授给学生们,让身处校园之中的学生能够提前了解社会工作状况,甚至提前进入工作状态。

我国开设旅游相关专业的高校几乎很少会聘任兼职教师,大部分的旅游专业教师都是专职教师。虽然这些旅游专业的专职教师具有深厚的旅游理论知识,但是相较于旅游行业的资深工作人员来说,他们的专业实践能力依然有一定的差距。这就使得部分本科高校教师存在知识水平高、经验不足的问题。另外,我国西部高等院校中旅游相关专业的任课教师不具备充足的自主实践精神,部分教师满足于教材和理论知识,而不注重对自身以及对学生的实践知识和能力进行培养。因此,西部高等院校旅游专业的教师应将自身的闲暇时间充分利用起来,多多开展社会实践,多接触旅游行业的相关事务,并且能够在课堂上将自己在实践中所得的经验、教训等传授给学生,从而不断提升旅游专业学生的实践能力。

(三)资源建设的差距

随着我国经济的迅速发展,互联网迅速走进全国人民的生活,如今的互联网影响着人们的方方面面,但是就我国西部互联网的使用方面来看,本科高校未完全地利用互联网资源开展旅游专业的教育教学。相反地,目前我国西部各大高校的教学资源建设,尽管在硬件设施建设方面投入了较大的人力、物力和财力,但是在软件设施方面的投入却明显不足,尤其是对于一些较为偏远的西部本科院校来说,他们的网络还处于欠发达的状态,网络教育很难发挥它的作用,这在很大程度上就导致了网络资源的浪费。另外,由于我国西部高校教师深受传统教学方式的影响,因此有一些高校教师在进行知识传授时并没有使用网络教学,部分高校教师也只是利用了多媒体的课件功能,很少去主动开发网络教学资源。即使我国有些高校开设了旅游专业方面的网络课堂,但是也可以明显感受到网络课程的内容与现实生活的需要存在断裂,无法对接。

二、职业教育的现实差距

职业教育指的是受教育者通过接受教育获得一定职业技能、职业知识,并塑造良好职业形象,并最终能够为社会生产、经济发展等方面做出贡献的一种职业化教育。在当今形势下,旅游行业对于人才的需求较以往来说有了较大的转变,因此职业教育在培养旅游人才的时候也应做出相应的调整。职业教育阶段对于学生来说是认识和理解社会的关键时期,同时也是他们掌握职业技能的关键时期。职业院校在对旅游专业学生进行职业教育时应该时刻紧跟社会发展和旅游行业发展的步伐,将当前社会对于人才的需求和职业教育相结合,提高职业人才培养的有效性和针对性。在当前的时代背景下,找出职业教育的现实差距,对于未来旅游人才质量的提升、现代化职业体系的建立以及满足社会经济发展的需求都具有至关重要的意义。

(一)教育观念的差距

自从 1977 年我国高考制度恢复以来,我国的高等教育就备受人们的关注,人们通常会因为自己受过高等教育而感到自豪,所以,一直以来高等教育都得到了人们的广泛认可。然而职业教育虽然已经有了很多年的发展,但是在认可度上还是与高等教育存在一定的差距,大部分人还是倾向于接受高等教育,而很少选择职业教育。

1. 对于职业教育的偏见

尽管我国教育部门开始提倡人们接受职业教育,但是仍旧有很多家长及学生对职业教育具有一定的偏见和疑虑。实际上,有很多人是迫于无奈才选择接受职业教育的。在新形势下,尽管人们的思想观念比以往更加开放,也有家长和学生开始选择接受职业教育,并且职业教育在能力培养、招生入学方面具有一定优势,但总体上来说职业教育仍然不占优势。因此,要想让现在的学习者完全接受职业教育尚且具有较大难度。一般来说,部分学生在高中毕业之后会选择接受职业教育,但这些学生往往会被认为是成绩较差的学生,除了这种偏见之外,很多家长和学生也认为职业院校的教师缺乏资历、水平有限。这些观点已经深深植根于部分家长和学生的心中,短期内难以彻底改变。相关报告显示,接受中职教育的旅游专业学生普遍认为他们自己没有得到应有的重视和理解。究其根本,还是因为现在的人们对于职业教育存在较大的偏见,并未随着社会经济的发展而刷新对职业教育的认识。事实上,职业教育和普通教育不存在高低优劣之分。

通过当前我国旅游专业职业教育的具体发展状况可以看出,所培养出来的旅游人才数量较少,无法满足旅游行业对于旅游人才的需求。当前社会需要大量的技术型人才,而大部分企业会因为无法招聘到所需的技术型人才而感到苦恼。在此种形势下,接受过职业教育的旅游人才更容易在市场上找到对口的工作。并且通过相关数据可以看出,近年来高职院校毕业生的就业率人多在90%以上。因此可以知道,那些在职业院校毕业的有着一技之长的旅游人才相较于扩招背景下的高校毕业生来说更具优势。

2. 职业教育发展的重要性

职业教育是我国教育体系中的一部分,比起我国本科院校,职业教育肩负的培养实用型旅游人才的责任更加艰巨。当前社会要想有充足的旅游人才,促使我国的旅游行业有更加长远的发展,就必须将职业教育摆在一个更加重要的位置。对此国家已经展开了相应的行动,国家教育部门积极引导一些本科院校向应用型高校转化。经济发展永远离不开技术型人才,所以职业教育在未来会有更加艰巨的任务,职业院校的学生也将拥有更多成就出彩人生的机会。所以,职业教育发展的道路还很漫长,要想得到更好的发展就需要人们摒弃对职业教育的偏见。

(二)在人才培养理念上存在的差距

我国旅游专业职业教育的目标主要是为旅游行业提供一些实用型的技术人才,所以职业教育在我国经济发展中起着举足轻重的作用。但是就目前我国具有的人才培养理念来看,还是存在较大的现实差距的,其主要表现在以下两点。

1. 缺乏对学生进行实践精神的培养

我国职业教育十分注重培养旅游专业学生的职业技术技能,但是,在培养旅游专业学生的执着追求和坚持不懈等精神方面却较为缺乏,其实这也在一定程度上偏离了职业教育的本质。我国职业教育中,旅游专业的学生大部分时间都在接受专业课教学和专业技能训练,而较少有时间接受实践精神方面的培养与塑造。因此,作为职业教育的传授者,需要将学生的实践精神与专业知识的教学相结合。将对学生实践精神的培养落实到旅游专业的教学中去,把学生培养成行业、企业所需要的技术型人才。

2. 教育体系方面存在差距

世界上一些国家实行的是"双元制"教育体系,学生交替在学校和企业学习,在学校学习理论知识,在企业进行实践操作。学生就职旅游企业之后,能够跟着有经验的旅游工作人员学习第一手的应用型知识。尽管名义上叫作"实习",但是学生在企业的培训阶段实际上着眼于解决实际问题,旅游工作人员传授给学生的都是应用在旅游生产第一线的使用知识和技术。我国职业教育在人才培养理念上也在试行和深化实践精神的培养,但是还存在一定的差距。首先,中国在试行实践精神旅游人才培养的过程中,还未得到旅游行业相关企业的充分肯定,为学生提供的岗位还有一定的局限性,而学生到企业实习的时间又过短,很难充分学习旅游工作人员的所有技能。因此毕业到岗后,旅游专业的学生还需要经过再培训。其次,我国高职学生还很难适应"学校—企业"与"企业—学校"的交替式学习方式。

(三)培养目标偏高偏杂

职业教育院校所确定的旅游人才培养目标普遍具有"偏高""偏杂"问题。其中"偏高"具体指的是很多职业教育院校虽然将"一线服务岗位和基层管理人员"作为人才培养目标,但是却更多地将培养管理人才作为重点,将培养"一线服务人员"这一目标置于次要地位。在人才培养的过程中定位好人才培养的目标可谓十分关键,因为该目标对运行培养模式、组织教学内容、构建教学体系等方面起着相当重要的决定作用。职业院校在确定人才培养目标时首先要对社会需求加以考虑,社会对人才有何种需求,职业院校就要在培养目标中将这些需求体现出来。然而,很多职业院校并未进行深入的市场需求调查就制定了培养目标,在不了解市场需求的情况下所培养出来的体育旅游人才自然无法让社会和体育旅游企业十分满意。其次,职业院校在制定培养目标时还要对学生的择业期望加以考虑,不然学生毕业后往往无法长期从事本行业工作,从而出现较为严重的人才流失问题。很多职业院校为了吸引学生报考本校,也为了迎合家长和学生"掌握更多的技能就意味着有更多的就业选择"这一心理,往往会制定出"偏高""偏杂"的培养目标,让学生在就业的时候无法找准自身位置,导致他们要么不想将服务岗位作为自己的就业方向,要么根本不知道自己该从事何种岗位的工作。

(四)课程设置职业性不强

人才培养模式中另一个不可或缺的要素就是课程。我国传统的职业教育课程模式在很大程度上受到了普通教育的影响,从而并不具备十分鲜明和突出的职业教育特色。具体来说,职业院校在课程设置方面存在的不足之处有如下几点。

1. 课程设置过于全面和杂乱

为了让学生具有更加宽泛的就业范围,并且让学生能够一专多能,很多职业院校在设置旅游专业课程时既纳入了旅游管理的内容,也纳入了一些与导游职业相关的课程,希望学生在接受完教育后能够依照自身掌握的旅游服务技能、旅游文化等到旅游公司进行实习和工作,也能够根据所学到的导游业务、导游知识考取导游资格证,在毕业后选择走上导游岗位,还能够在学习各种理论知识的基础上选择到其他高校继续深造。尽管学校的出发点是好的,但毫无疑问,让学生在短短的两三年内掌握二十多门课程以及多项技能,是不切合实际的。事实上,由于所学知识多而浅,很多职业院校的学生在毕业时并没有熟练掌握任何一项技术和技能。

2. 实行固化的三段式课程结构

三段式课程结构具体指的是"文化课、专业基础课、专业技能课",这样的课程结构让学生在临近毕业的时候才能够接触到实际的职业和工作岗位,从而对学生职业能力的培养造成了一定程度的阻碍。并且,文化课、专业理论课占据了2/3的课程时间,专业技能课所占用的时间偏少。加之职业学校的学生本就不具备深厚的文化基础,若是设置太多的理论课、文化课会让他们丧失学习积极性,从而给专业课程学习带来负面影响。再者,旅游专业本身就具有较强的应用性,若是不设置实践课程,那么学生无法切实提升自身的实际操作能力,其职业能力更是无从谈起,这样一来,学生就无法顺利成长为符合旅游行业要求的人才。

(五)理实一体化教学模式不到位

理实一体化教学,具体指的是将实习课程和专业理论课组合起来展开教学活动。它实现了理论知识和工作实践之间的密切结合,从而让学生对旅游专业更有兴趣、积极性更高。除了理论教学和实践教学的一体化,此种教学模式还实现了教学场所的一体化,以及教师知识、技能、能力方面的一体化。

很多职业院校在开展教学活动的时候仍旧没有摆脱传统意义上学科教学模式的束缚,尽管设置了一定的实训环节,但其重点仍旧是完整传授理论知识,理论和实践无法得到有机融合,而理实一体化教学模式则突破了理论教学和实践教学这两方面的界限,让二者融为一体,更多地采用直观教学的方式有效提升学生的认知能力,极大地提升了旅游专业教学活动的有效性。但是应当注意的是,该模式的落实受到诸多主客观因素的影响。从主观的角度来说,很多职业学校旅游专业的任课教师都是普通高等院校毕业的,他们无法顺利地实施"一体化"课程,在结合理论和实践方面欠缺一定的经验。从客观的角度来说,若是学校的实训条件较差,就会对一体化教学的落实起到极大的阻碍作用,比如学校配备的设备设施不够全面、实训条件较为简陋、学校没有和企业建立稳定的合作关系、学校在校外没有较为稳定的实训基地等。以我国某职业学校为例来说,其旅游管理专业校内实训设备并不充足,实训条件比较简陋,仅仅设置了餐厅模拟实训室和客房模拟实训室,且实训室内仅配置了简单的圆桌、单人床等。学生在进行铺床训练时所用到的床上用品数量较少,在进行餐厅摆台训练的时候餐酒具的数量也不够,因此无法让多名学生在同一时间展开练习和操作,大部分学生只能在别人操作的时候站在旁边观摩。受练习用具不足的影响,上完一节课之后只有少量学生学会了具体操作,有些同学收获甚少,这样既对维持课堂教学秩序不利,也阻碍了学生掌握旅游专业的操作技能。尽管该校也和一些旅游企业具有合作关系,且签订了相应的协议,学校能够将这些旅游企业作为校外实训基地,但是受企业要求限制,学校通常只在旅游企业用工旺季安排学生到旅游参加实训,即便是学生到了旅游企业,也主要是为旅游企业工作劳动,成了免费劳动力,实训教学根本无法取得预期的效果。

(六)师资队伍结构不合理

在目前职业教育发展过程中,一个不可忽视的薄弱环节就是职业学校师资队伍建设。专业教师数量不足,缺乏"双师型"教师都对职业教育带来了非常不利的影响,从而极大地阻碍了旅游专业人才的培养。

1. 缺乏高素质专业教师

职业学校的教师多数是文化课教师,相对来说专业课教师仅占较小的比重,且职业学校的专业教师有一些是高校毕业生,有一些是文化课转岗过来的,或者是其他学科的任课教师转过来的。这些教师相对来说并不具备丰富的体育旅游行业工作经验,并且几乎没有系统地学习过专业课的课程,这些无疑会对体育旅游专业教学质量起到较大的负面影响。高校毕业生依照学校所提出来的要求在相关行业实践几年以后,能够较为顺利地成长为"一体化"教师,并且大幅提升自身在体育旅游专业的教学质量,而转岗教师要做到这一点有着非常大的难度。

尽管在当前形势下,职业院校的专业教师在师资队伍中所占的比重正在逐渐攀升,但是专业的实习指导教师在长期以来始终仅占较低的比例。这无疑不利于体育旅游专业实践教学的开展,不利于培养出具有较强实践能力的综合性旅游人才。

2. "双师型"教师数量不足

打造一支"双师型"教师队伍是职业教育建设师资队伍的一个关键所在。但目前我国职业学校的"双师型"教师数量明显不足。并且尽管部分教师已经获取职业资格证,但从严格意义上来说,他们并不属于"双师型"教师。"双师型"教师应当是有学历、有旅游从业经历,能够兼顾理论教学和实践教学的教师。持有职业资格证并不意味着这些教师从事过旅游行业的相关工作,不意味着他们具有较强的实践能力,能够给予学生的实践活动较好的指导。体育旅游专业的发展需要骨干教师和专业带头人发挥引领作用,他们具有普通教师所没有的从业经历、教学经验,他们能够指导年轻的教师健康、快速地成长,在建设专业师资队伍方面能够起到重要作用,另外,他们也能够为学校的体育旅游专业建设和发展提出自己的意见和建议,让体育旅游专业发展得更快更好。但是在目前我国的职业院校中,此种带头人仍旧十分缺乏,并且骨干教师的数量也非常不足。

3. 兼职教师仅占较少比例

目前,我国职业学校所聘任的兼职教师数量较少,且兼职教师在师资队伍中所占比例不多,无法让职业学校旅游专业建设和发展的需求得到较好的满足。

第三节　人才培养模式

一、西部体育文化旅游人才培养模式的构建原则

最近几年来,我国西部地区的发展得到了巨大的提升,各个行业都得到了飞速

发展,而凭借优秀文化和各种壮丽的山河景观,西部的旅游业发展更是蒸蒸日上。与此同时,体育旅游类的教育事业也在不断进步着。培养出优秀的体育文化旅游专业人才离不开一个出色的人才培养模式,而出色的人才培养模式必然是紧跟社会步伐的,它不仅要满足整个行业对于人才的急切需求,更要满足体育旅游类教育发展的需要。构建一个专业的人才培养模式,对于体育旅游类教育的发展来说,既有着关键的理论意义,又有着一定的实践意义。而其构建不能脱离科学的教育理念,更要把行业发展的因素和教育所面临的实际问题都纳入考虑范围,且不能违背以下几个重要原则。

(一)以市场需求为导向

随着互联网的普及和生活水平的提高,我国西部地区的人们开始更加追求精神上的满足和放松,体育旅游则成了很多人的选择,由此带动了西部产业的飞速发展,体育旅游业迈入了向产业化、大众化发展的阶段,国民花费在休闲、旅游上的金钱越来越多,且更加愿意为个性化的服务买单,呈现出多元化的趋势。在当今我国体育旅游业如此劲猛的发展速度之下,体育旅游类教育更要思考如何才能适应现阶段下行业发展对人才提出的新要求,这也是决定其教育发展方向的重要因素。

体育旅游类行业的发展需要依赖于专业的优秀人才,而现阶段行业的发展则对西部体育文化旅游教育提出了更高的要求,希望其培养出来的人才可以与时俱进,在具体的实践技能以及整体素质上有大的提升,成为不同以往的应用型人才。学校培养人才主要是为了给行业发展提供人才的输出服务,因此在培养过程中要结合市场和行业的发展需求,使得人力资源得到最大化地利用。构建体育文化旅游产业应用型人才培养模式,其最终目的就是培养满足符合行业发展需求的应用型人才,提高他们的实践能力以及专业水平,使其职业能力整体得到提升,在学生就业时尽量减小和企业要求的职业能力之间的距离,逐渐改善现阶段体育文化旅游专业教育供求失衡的现状,使得专业人才得到持续的发展。此外,要注重高校体育文化旅游专业教育人才培养模式的体制建设,这是专业教育得以健康发展的前提。现阶段我国的体育旅游专业教育的飞速发展其实是由于行业发展带来的人才需求压力造成的,所以从这个层面上来说,培养出专业的应用型人才并非全新的教育理念,而是对以往人才培养模式的不断优化和调整。在构建体育文化旅游专业人才培养模式时,要时刻把市场的需求放在首位,时刻注意行业发展对人才提出的新标准、新要求,这也是对人才培养模式最根本也最基础的要求。

(二)遵循客观发展规律

构建西部体育文化旅游专业人才培养模式主要出于两方面的目的,第一是满足西部地区不断发展的行业需求,第二则是实现西部地区学科以及专业本身进一步的发展。由于不同高校的发展路程不同,其专业也各有特色,因此培养应用型人才时不能一概而论,要结合实际情况来进行,把学校本身以及专业的特色体现出来,扬长避短。但需要注意的是,在强调个性的同时,也要把学生的社会适应性因素考虑进去。构建过程中可以多吸取国内外其他高校的经验,对体育旅游类学科的发展路程以及客观规律和重要特点都要充分了解,都纳入考虑范围。由我国的国情以及体育旅游业的发展决定,要充分考虑学科在国内所表现出来的重要发展特点。唯有遵循了行业、专业、学科的客观规律,才能把体育旅游类学科人才培养模式构建成功,才能充分发挥出其应有的作用。

(三)把职业能力当作核心内容

高校在对体育文化旅游专业人才进行培养时,要格外重视学生职业能力的发展和提升,把职业能力当作最核心的内容,这同样也是创建应用型人才培养模式的根本原则。需要注意的是,职业能力不等同于职业技能,它注重的是学生的整体职业素质,前者的培养中已经包含了后者的内容。体育旅游业的行业特点决定它有着非常强的实践性和应用性,虽然培养专业型人才必须要对其进行专业技能的传授,但目前我国体育旅游业的发展更加多元和个性化,假如只凭借专业技能,是无法满足行业对人才的需求的。尽管我国有关体育文化旅游专业的学校办学层次有着明显的不同,但实际上不管是注重专业技能人才培养的大专、中专类教育,还是更加强调高质量专业人才的研究生、本科类教育,它们的宗旨万变不离其宗,都是实现专业人才整体的职业能力和素质的提升。虽然学校的发展目标受自身条件所限有着差别,但体育旅游业对学生的要求却是一致的,都要求他们的实践能力尽可能地强,同时对专业技能充分掌握,并不断提高自己的职业素质。由于体育文化旅游专业的多数学生都会服务于旅游企业,因此其职业能力发展得如何,直接影响到其未来的职业选择和发展前景。体育旅游类人才培养模式只有把学生的职业能力培养放在重要的位置上,才能真正培养出有着出色职业能力的综合型人才,这同样是体育旅游类教育需要完成的关键任务。

(四)满足社会、文化的需求

创建新型体育旅游类人才培养模式时,要把所在地区的经济和文化特征考虑进去,时刻注意国际体育旅游业的发展趋势,以所在地区体育旅游业的发展为主要依托,把当地的文化内涵以及精神作为主要媒介,把市场以及企业充分利用起来,为当地的体育旅游市场培养出综合素质更高、专业技能更强的应用型人才。教育向经济提供相应的服务,而经济的不断发展又对教育质量的提升起到一定的推动作用,两者之间是互相促进的关系。要想获得体育旅游类教育的不断发展,就要考量区域的经济发展和文化因素,从而更好地培养出优质人才,而培养人才的根本目的恰恰是为当地的经济发展输出高质量的人才,构建人才培养模式的最终目的也是如此。所以,在构建模式时要尤其注意分析所在地区的文化内涵,把文化和模式的详细内容以及实施策略互相整合起来,突出区域内的特色,做到不同的问题采取不同的分析、处理方式。从这个层面上来说,构建全新的人才培养模式,不仅仅是对体育旅游类教育既有模式的优化和创新,也是对整个人才培养模式的创新;它采用的不是传统的培养人才模式的方法,而是为各个行业的发展提出了一个全新的人才培养蓝图;对所在地区的体育旅游业的发展以及人才的培养起到的不是约束作用,而是给予了更多可能性。模式的构建需要多个方面共同努力才能完成,每个地区的主要教育机构都要在地区文化的基础以及旅游市场的需求之上来选用合适的教育策略,且在整个过程中不能违背地区文化和经济发展的客观规律,满足文化和经济发展的需求。

(五)注重人才可持续发展

在以往的体育文化旅游专业人才的培养中,学校更加重视对学生技能的培养,而现阶段的专业应用型人才培养模式则和此有着明显的区别:应用型人才和以往的技能型人才相比有着更高的整体素质,在实践技能上又比研究型人才更有优势,两相比较后不难发现,体育旅游类的应用型人才是我国体育旅游业实现更进一步发展的主力军。这些人才资源储备数量的多少,质量的高低,都对体育旅游业能否获得持续、稳定的发展有着重要的影响。

培养人才不是一件轻而易举的事情,体育旅游类教育在培养人才时也是如此,培养出的人才不仅要合乎市场和行业的需求,更要是终身学习类型的人才。在如今信息翻涌、互联网发展飞快的时代,仅仅培养出实践技能、职业技能都有的综合人才还不够,还要培养出能持续发展的终身性人才。这是由于互联网时代知识与技能的发展和更迭速度太快,人才培养也要与时俱进,及时摒弃已经落后于时代的教育理念,用全新的理念来教育和培养学生成才。因此,学校应当着重强调培养出有着长远发展观念的专业人才。构建新型的人才培养模式,能够在学生掌握专业知识、技能的过程中融合教育理念,使他们整体职业素质提升的同时,对以后的职业生涯有着较为明确的规划,使得人才持续发展下去,为我国的体育旅游业持续发展打下坚实的人力资源基础。

二、西部体育文化旅游应用型人才的特点

(一)实践性

无论是西部体育文化旅游还是其他地区的体育文化旅游,实践性都是其最根本的特点,同时也是应用型人才的关键特征。换句话说,体育旅游类人才其实是实

践性人才。结合地区和专业的特点,对于应用型人才的培养要着重强调实践性,在提升其实践能力的前提下实现学生综合职业能力的不断提升。作为应用型人才,应当满足行业和企业对人才的要求,既能凭借熟练的专业技能工作在一线,也能做出有条理的职业规划,成为管理方面或者研究方面的专家,做业内的佼佼者。在培养人才时,应用型人才的培养离不开各种各样的实践,借助实践可以实现更快速更全面的成长,也能及时得到评价和反馈。如果体育旅游类人才失去了实践性这一特征,他就无法满足专业提出的各种要求,也无法在发展迅速的体育旅游业中立足。

(二)综合性

体育旅游类应用型人才中的综合性在三方面有所体现:首先,和其他行业有所区别,体育文化旅游产业作为服务性质的产业,本身就具有综合性,其涵盖的内容众多,"住、行、游、购、娱、食"六个方面均有涉猎,这也意味着对于从业人员的能力有着更高的标准和要求。其次,结合现阶段的行业前景来看,应用型的旅游人才主要集中在旅游高等教育中,行业对于这些人才的需求也比较迫切。而体育旅游类教育对于人才的培养更多地关注在其整体素质上。因此培养出的人才通常既有很好的实践能力,又有着良好的职业素质。从这个角度来说,体育文化旅游类人才有综合性的特点。最后,在进行人才培养的过程中,也充分体现出了这种综合性。不管是专业、课程的设置、人才培养的方案和目标上,还是有关教师的队伍建设以及教学方法、评价体系上,都需要和学科、行业的要求相统一,这也正是综合性的具体体现。

(三)创新性

在培养体育文化旅游专业的应用型人才的过程中,不能像过去那样采取填鸭式教学的方式,而是要真正挖掘出学生潜在的能力,尤其是他们的创新意识和能力。美国的教育学家普西说过这样一句话:"一个人是否具有创造力,是一流人才和三流人才的分水岭。"这句话也表达了创造力对于人才的重要性。在进行应用型人才培养时,这一重要性更不应该被忽略。唯有不断地创新,才能使得行业不断进步,民族不断发展,国家更加繁荣富强。因此,创新能力不管是对个人还是企业,甚至是国家产生的作用都是举足轻重的。唯有拥有比较好的创新能力,才能在不断发展的体育旅游业中适应不同的需求,为我国的体育旅游业发展创造出更多可能性,为实现体育旅游业的蓬勃发展打下坚实的人力资源基石。

(四)适应性

体育文化旅游专业应用型人才的适应性主要体现在社会和行业两方面。首先,这一人才出现的根本目的就是满足社会体育旅游业的需求,因此在构建人才培养模式时,要把满足社会需求当作最根本的出发点,认真探索采用何种模式培养出来的应用型人才能更好地被社会以及文化所接受,这也是目前教学管理者们亟待解决的问题。其次,应用型人才自身需要有较强的适应性。由体育旅游业的性质决定,专业人才在进行实践的过程中通常要和综合性很强的工作打交道,还会遇到各种各样的突发状况,需要及时做出正确的处理。这意味着对于体育旅游从业者的随机应变能力要求更高,同时能快速适应这种突发状况,及时调整状态,通过自身过硬的专业技能做出抉择,这也是这一职业对其提出的要求。

(五)可持续性

现阶段不管是体育旅游业的发展,还是互联网信息技术的发展,都以惊人的速度进行着,社会环境可以说是瞬息万变,西部体育文化旅游类人才怎样做才能跟上这种快节奏的发展,是当下教育工作者需要解决的重要问题之一。在培养地方应用型人才的同时,要注重考虑学生地方性的职业发展,提醒他们多做有关未来的职业规划,并加强他们对西方体育文化旅游产业的理解以及培养自主学习能力。只有学生的学习能力以及可持续发展能力得到了整体的提升,才能在满足地方需求的同时,关注自身的职业发展,通过科学、合理的职业生涯规划,制定自我修养提升的计划,超越自我,变得更加优秀,成为现阶段以及未来西部体育旅游业发展的中坚力量,不仅完成了自我价值的实现,也为西部体育文化旅游业的持续发展贡献出一份绵薄之力。

三、构建西部体育文化旅游人才培养模式的必要性

要想清楚地掌握构建体育文化旅游专业人才培养模式的主要内容,首先要认识到构建这一模式的必要性。不管是注重技能型专业人才培养的大专、中专类院校,还是注重理论、科研型人才培养的本科类院校,都要在彻底认识到培养人才的客观重要性之后,才能更加主动地投身到构建人才培养模式的工作中。它的客观必然性一般体现在以下三方面。

(一)在西部体育文化旅游产业中缺乏应用型人才

结合一些西方发达国家从工业化到现代化的发展路程来看,快速发展的经济社会所需要的人才中,劳动者以及学术研究型的人才占的比例并不大,主要需要的是专业知识扎实、技术能力强的应用型人才。但自20世纪末期体育旅游的概念被提出后,我国对体育文化旅游专业人才始终有着大量的需求,然而配套的人才输出并没有跟上行业的步伐。因为经济等多种原因,大多数应用型人才的培养都集中在二、三年制的大专院校上。因此,国家应当极力改善这一状况,调整办学模式,把体育文化旅游专业人才的培养重心逐渐地转移到本科、高职等层次上,为我国体育旅游业的发展准备更多优秀的应用型人才,这也是体育旅游类教育现阶段的首要任务。

(二)在西部体育文化旅游产业中教育理念未及时更新

随着社会经济和信息技术的发展,传统的教育理念已经不适用于现阶段的教育模式,精英教育已经逐渐转换为大众化教育,这种改变就是满足社会和行业的需求,培养出专业技能扎实、整体素质高的应用型人才。高等院校的学生们就业后大多要依靠自己学到的技术来找工作,因此他们整体素质的优劣,对我国的经济和社会发展所产生的影响是十分直观的。从这个层面上来说,高校一定要把培养出优秀的应用型人才作为学校的终极目标,保证社会发展人才供应始终不间断,且有质有量。

(三)西部体育文化旅游产业人才缺乏相关经验

由于体育旅游业不仅仅隶属于服务业,同时还在服务业占据着比较重要的地

位,因此这一专业的学生假如要想拥有光明的职业前景,就要到基层参与相关的服务类工作。通过宝贵的工作经历,学生不仅应用了在学校学会的专业知识,还在不断的实践中提升了自身的实践能力和处理事务的随机应变能力,这些恰恰是行业要求人才所具有的重要素质。从这个层面上来说,体育文化旅游专业应用型人才培养模式俨然是现阶段教育最关键、最有效的人才培养模式。

四、西部体育文化旅游专业人才培养模式的实施途径

(一)确立人才培养目标并优化设置专业方向

1. 确立人才培养的目标

体育文化旅游专业人才培养模式与传统的人才培养模式有很明显的不同,主要体现在人才培养目标上有着非常大的差异。在实施人才培养模式之前,首先要确立体育文化旅游专业人才培养模式的主要培养目标。它不仅是开展人才培养工作的基础条件,还对专业教育起到了重要的理论指导作用。我国体育旅游类高校承担着培养优秀的专业人才的重要任务,要源源不断地为体育旅游行业输出一批批高质量的人才,其作用不容小觑。而结合当下行业和教育发展的需求不难发现,体育文化旅游专业人才依然有着巨大的需求市场,怎样培养出有着出色的职业综合能力以及高质量的综合素质人才,是现阶段体育旅游类教育发展需要解决的重要问题。目前需要的体育文化旅游专业人才,和以往的技能型或者学术型的专业人才不同,它更侧重于学生综合职业能力的培养,期望其能在行业的未来发展中发挥出更大的作用。

2021年2月教育部公布关于2020年度普通高等学校本科专业备案和审批结果的通知中,西部高校如内蒙古自治区呼伦贝尔学院冰雪运动专业、广西壮族自治区广西财经学院体育经济与管理专业、四川省吉利学院体育经济与管理专业、贵州省贵州大学明德学院和遵义医科大学医学与科技学院休闲体育专业、西藏自治区西藏民族大学休闲体育专业等审批成功。经过四年的培养,这些专业人才进入到行业中,不仅为行业注入了更多活力,对行业本身进行了洗礼的同时也对其人力上做出了补给,使得体育旅游业在这些新鲜血液的推动下,实现更加稳定、持续的发展。

2. 优化设置专业方向

高校的专业不是随便设立的,它是在结合学科体系蕴含的一定逻辑以及社会、行业的需求的基础上所做的科学设置,因此在人才培养模式中它是关键的组成部分。专业方向的设置其实是对专业进行更细致的划分,结合西部地区社会经济发展以及产业结构的不同需求,对专业方向给予合理定位,充分满足行业需求。对专业方向的设置进一步优化和调整是构建体育文化旅游专业人才培养模式的基础,其优化主要体现在以下三个方面:

第一,优化专业方向的设置结构。体育文化旅游专业人才的培养需要和所在地区的产业结构调整相适应,把市场的需要当作主要导向,及时对专业方向进行调整优化。其调整要考虑以下两个因素:首先对于学校内部那些传统的特色专业方向进行加强,结合学校的办学优势以及西部地区经济、社会发展的需求,对学校本

身已经发展成熟的专业方向进行新的定位,提高人才培养的效果。其次,紧跟社会和行业发展的步伐,及时设置满足市场需求的新型专业方向。新设立的专业方向要能培养出与之匹配的专业针对性更强的优秀人才。体育旅游类人才培养模式要努力适应当地新兴产业对于人才的迫切需求,高效地设置全新的专业方向,且对学科方向展开进一步的科学研究,把研究的成果再有效运用到当地的新兴产业项目中,促进经济的快速发展。此外,在培养体育文化旅游专业人才时要结合当地的重要产业以及服务业,设置相关的新型专业,为当地的经济发展输出更多各行各业的优秀人才。

第二,关注优势专业方向的建设。每一所学校都有着独特之处,其办学宗旨以及所在地区社会发展的不同,也会使学校逐渐形成一定的优势专业。有体育文化旅游专业的高等院校或者高职类院校在发展的过程中都要重点关注学校的优势专业,在突出学校特色和满足行业要求的前提下,更加有目的性地对这些专业方向进行设置。所谓的区域优势专业方向,其实指的就是学校的某些专业能够为地方的经济、重大基础设施或者重要产业提供相应的技术和人才的学科专业方向,它在地方的特色资源开发方面有着举足轻重的作用,而地区资源的开发也意味着为当地的经济发展提供了巨大的推动力,对地区产业或者进一步的发展和升级有着深厚的影响。因此,区域优化专业方向的建设的重要性不容置疑。在进行设置时要先对西部地区的资源优势有充分而正确的了解,在此基础上进行专业方向的设置,大力培养出与行业发展所匹配的应用型人才,最终实现地区经济的快速发展。在采取实际措施时,要注意遵循教育和生产互相结合的客观原理,对西部地区优势资源进行精准分析,建设出在地缘、资源、产业上都有着一定优势的专业方向。

第三,重视特色专业方向的建设。尽管体育文化旅游专业教育在我国已经取得了不小的成就,也有着越来越多的院校开设相关专业,但在具体的设置上却大同小异,并无亮点。在以后的教育发展过程中,各个院校应当认识到这一不足,在结合行业发展的需求下,创建出有着一定地区特色的特色专业方向,为我国的体育文化旅游专业教育迈入新的征程做出必要的努力。在20世纪末期,计算机技术初露锋芒,之后随着互联网技术的飞速发展,社会逐渐实现信息化与网络化,对我国的旅游业发展也起到了推动作用,人们已经不再满足于传统的旅游活动,这才有了体育旅游的概念。尽管经历了十几年的发展,体育旅游业备受好评,但依然有很多游客有着更高的质量以及精神上的需求。所以,高校应当及时了解行业的需求动态,对游客的各种需求进行调查研究,经过深入分析后,在学校内部打造出独具特色的专业方向,比如针对体育旅游业的规划师、体验师等等,满足顾客体育旅游时对精神方面的更高需求,也为体育文化旅游专业的教育史添上浓墨重彩的一笔。

(二)科学设置课程,创建整体课程体系

1. 对课程的结构和内容进行优化

学校对人才的培养离不开教学课程这一重要载体,体育文化旅游专业人才的培养也不例外。学校设置的课程是否科学、合理,对于培养出的人才质量有着直观而重要的影响。构建体育文化旅游专业人才培养模式时尤其要重视课程结构设置的合理性,对不恰当、不完善的地方及时做出调整和优化,要把课程内容的多样性

体现出来的同时避免内容重复出现,且要结合学校的层次对每个阶段的专业课程统筹兼顾,使用阶梯式的课程模式,不断优化人才培养模式的整体课程体系。由于体育文化旅游专业本身涉及的课程内容较多,涵盖面较广,导致很多院校的专业课程内容深度不够,而对于新兴的产业内容也鲜有提及,使得培养出来的人才难以实现行业持续、稳定发展的要求。对于企业单位来说,他们希望招聘的员工能迅速适应工作岗位,积极投入到工作当中,假如学生在学校的培养是残缺的,那就无法满足这一要求。学校要充分认识到这一点,结合行业和企业的需求,及时对课程设置进行调整,使得学生学到的知识和社会发展密切相连,拥有扎实的理论知识和实践基础,在毕业后能实现学生与上班族身份的顺利转换。具体来说,体育文化旅游专业人才培养在进行课程设置时,务必要把学生的职业发展需求以及行业发展的要求放在首位,以此展开对他们理论基础、实践能力以及运用知识和技能的能力的培养,使他们的综合职业能力得到更进一步的提升。而要做到这一点,可以从以下两方面着手进行设置。

第一,课程的设置要把用人单位的需求当作基本导向,强调学生解决问题能力的培养和提升。对于从事体育旅游类的企业来说,它们更加重视员工整体的综合素质,其中又以遇到问题时的分析、解决以及判断能力的高低最为看重,这也是学生从事体育旅游类工作所要拥有的关键就业能力。员工的个人能力强弱在很大程度上决定了体育旅游业的服务质量,对企业本身的发展也有着直接的影响。如果要让学生满足用人单位的高要求,在毕业后能完全胜任工作岗位,那么学校就应当重视对学生专业领域综合能力的培养,为体育旅游企业提供足够优秀的专业人才。这就意味着学校要把企业岗位中需要的职业能力当作设计课程的基本依据,找出核心课程,做出更加优化的课程设计。要对学生展开各方面能力的综合培养,在他们社会能力以及整体素质的基础培养之上,进行专业能力的重点培养,最终实现学生拓展能力提升的终极目标。在培养学生时,要注重锻炼他们体育旅游职业的基本能力,多开展有着较强应用性和实践性的教学课程。在课程学习的过程中,鼓励学生运用自身所学去找出潜在的问题并进行分析,把抽象的理论知识运用到实际的生活中,提高他们妥善处理问题的能力。

第二,学校在开展课程教育时,应当着重强调学生综合职业能力的开发和培养。体育文化旅游专业的课程开展不能落后于社会以及经济发展的步伐,要对整个行业市场的需求有着清晰的认知,结合学科自身特点,适当地增加选修课程的种类和课时。在进行设置时,要在多角度、多方面把专业领域的深度体现出来,且内容要和当下的体育旅游发展潮流相顺应,对行业动态给予足够多的关注。必修课的设置要充分保证学生学到基础的专业知识,而选修课则要对不同学生的不同需求加以满足。选修课的比例设置可以适当增大,这些丰富多彩、趣味性较强的课程内容既能为学生提供更多的选择,充分满足他们的兴趣爱好,又能为他们的个性化发展创造一个学习的平台,使得那些有着一定潜在优势的学生充分发挥其能力,在未来就业时有更多就业的机会,且寻找出培养体育文化旅游专业人才的新途径。

2. 强化实践教学

由体育文化旅游专业的性质决定,在进行人才培养时,学校要加大实践教学的力度,扩大这一课程的比例,这也是培养学生实践能力的必要选择。但实际上,我国很多学校的体育文化旅游专业课程在设置上更偏向于理论知识的学习,对于实践教学的重视度明显不够。这显然对学生的实践能力提升来说是非常不利的,甚至还会对他们职业能力的发展产生负面的影响。学校要充分认识到这一点并及时改正。此外,在进行实践教学时,要注意把行业中的佼佼者招募到学校中,利用他们本身丰富的实践经验来展开更加有效的实践教学课程,使得课程的整体教学效果以及教学质量得到较大幅度的提升。

3. 课程设置要涵盖面广且避免重复

体育旅游行业本身涉及的内容多,涵盖范围广,因此在进行课程设置时要尽可能地把相关内容都囊括进去,知识结构避免单一,使学生熟练掌握应当掌握的专业内容。由于体育文化旅游专业的学生大多在毕业后会从事有关旅游、休闲类带有服务性质的工作,面对的客户群体往往比较复杂,且范围广泛,因此需要有扎实的专业知识作支撑,这不仅是未来用人单位的要求,也是自身职业生涯以及素质提升的客观需要。随着我国体育旅游业的飞速发展,很多更加新颖的产业层出不穷,诸如会展、西餐等新型课程也可以由学校结合当地的发展来进行增设。但整体的课程设置中,要避免出现重复设置的情况,对那些已经落后于行业发展的课程内容要及时删减。在编排课程时要充分考虑合理性和科学性,选择的教材内容就要科学规范、面面俱到,也要杜绝重复内容的出现,节省出相应的教学时间,避免出现资源上的浪费。如果现有的课程设置中已经出现了程度不一的内容重复,教师就应当选择好教材,在进行教学备案时把重复的知识进行整合处理,使学生的学习兴趣不会因为这些课程的重复设置而大大降低。不一样的课程要寻找不一样的切入点进行讲解,激发学生的潜在能力,把每一门课程的精华部分传授给学生,使得课堂教学的效果得到提升,尽可能地把重复内容带来的负面效应减小到最低范围内。

4. 创建专业人才培养课程体系

培养出优秀的体育文化旅游专业人才,除了对相关课程进行优化设置,还要进一步完善整体的课程体系。由于课程是学生获得相关专业知识的重要载体,学校对于人才的培养在很大程度上要依赖于教学课程工作的展开,因此学校需要在课程设置、课时安排以及课程的内容、教材选择上进行充分的考量,把培养出更加专业的应用型人才作为主要目标,创建出系统的、完善的体育文化旅游专业人才培养的课程体系。在设置时更要结合行业以及用人单位的需求,做出科学、合理地设置。体育文化旅游专业涉及众多专业方向,设置课程时也要满足专业方向的需求,对课程的课时做出相应的调整和分配,以便更好地实现优秀专业人才的培养。针对学生的专业理论知识的学习和实践能力的培养要合理分配,妥善设置两者的课程比例,必修课程以及选修课程的课时安排也要结合学生的实际需要和学校的师资力量做出适当分配。教师在讲解课程内容时,要充分满足行业的发展需求,适当地选用合适的案例来对所要传授的知识点做出更加生动、形象的阐述;在选择课程教材时,要选取那些针对性比较强的有关体育文化旅游专业人才的规范化教材,同时要注意教材应达到相应的标准。只有对体育文化旅游专业的课程体系进行不断的调整和优化,才能构建出更加出色的人才培养模式,为我国体育旅游业输出更多专业的人才。

(三)更新教学理念,改善教学方式

1. 合理使用互联网技术,改变教学方式

互联网技术的飞速发展为人们的生活提供了无数的可能性,对教育行业的冲击和影响也是巨大的。最明显的体现就是现阶段的教学已经很少再使用以往的教师传授为主,借助黑板、粉笔完成教学内容传输的方法,更多地采用多媒体教学的新型教学方式。新型的教学技术手段层出不穷,一系列效果显著、节省教学时间的教学方式在各个院校中得到了广泛应用,诸如微课、慕课、翻转课堂等新技术的传播,为师生提供了极大的便利。体育文化旅游专业也要跟随时代的潮流,在教学内容以及方式上充分利用飞速发展的互联网技术,渗透到专业的课程教学中去,最大化地发挥出其培养专业人才的作用。现今的教育手段和教学方式对于教师传授专业知识是相当有利的,借助这些新型手段能够使他们在有限的时间内向学生传递更多知识。比如设计5至10分钟的微课视频,就能让学生通过这些实际案例的情景模拟中对专业知识的重点有一个充分的了解,满足其自主学习的需求。此外,现代教育注重提倡发展学生的个性化,教师通过多媒体吸纳教育技术,把体育旅游类的教学内容完美结合起来,使学生在对专业理论知识进行掌握后还能熟练应用,进一步提升他们的思考力和创造力,获得教学质量的不断提升,培养出更多能力强、素质高的专业人才。举例来说,体育文化旅游专业学习的旅游地理课程,假如只依靠教师抽象的语言描述和学生想象力的发挥,很难达到良好的教学效果,而借助多媒体教学技术,播放一张张壮丽的山河风景图片以及震撼人心的视频,能够把我国的秀丽风景悉数展现在学生面前,结合幻灯片进行讲解的课堂效果远远要好过单纯的语言描述。抽象的教学内容通过多媒体设备变成了一幅幅生动的图片,学生仿若身临其境,各个感官都参与其中,其对知识的认知和情感达到了一定的和谐,交流也变得多向,还能加强学生对很多景区地质地貌的特点以及景点的记忆,对他们的视觉空间以和自然观察的智能也有一定的激发作用。而互联网的多媒体仿真技术,也可以广泛使用在教学过程中,通过创建一个实验环境,让学生完成不同的管理、业务操作方面的训练。各种各样的现代教育手段为体育文化旅游专业的教学提供了一个更加良好的教学环境,对于学生主动性、创造性以及积极性的发挥有着积极的影响。在开展体育旅游类教学活动中,要合理利用互联网技术,选择合适的多媒体教学手段,改变传统的教学方式,充分扩展学生的思维和想象力,起到优化教学系统的作用,对培养出专业性更强的体育旅游类人才能起到事半功倍的效果。

2. 创新教学方法,培养学生职业综合能力

培养出体育文化旅游专业性更强的人才最重要的是提升他们的职业综合能力,而这种能力的培养大多要借助课堂教学来实现。教师在课堂上完成两部分内容的传输,一是专业知识与技能,二是思想和素质。在以往的教学模式中,往往把知识的传授放在首位,对于技能的传授则依据各个学校的设置不同存在着细微的

差异,但都存在着所占比例较小的问题。而最严重的问题是很多教师只负责传授理论知识,不注重引导他们的职业素质以及意识层面的认知,使得学生对所学专业的兴趣不高,对以后要从事的职业也无法产生更多的认同感。而且以往的教学方法过少,学生不能有效地参与到课堂学习中去,和教师、同学的交流都存在着程度不一的缺乏,对于他们自主学习能力的发挥和培养非常不利,也不能最大化地提高学生在遇到问题时勤于思考并进行解决的能动性。所以,学校和教师要积极进行教学方法的创新,改变以往一成不变的讲授方法,结合课程以及学生的需求来寻找更多有效、新颖的教学方式,尝试从各个角度、不同形式展开教学工作,帮助学生更加有效地掌握所要学习的专业内容。针对一些生活气息浓厚的课程,教师可以放弃单纯的课堂解说方式,模拟一个详细的场景或者任务,让学生自由组合完成布置的任务,在他们努力完成任务的过程中,既可以对内容的主题和事件展开积极的讨论,增进彼此的沟通和交流,还能发掘他们解决问题的能力,可谓一举两得。此外,教师也可以选择合作式的学习模式,让一个团队中的学生进行共同讨论,在彼此的协助下完成任务,最大化地培养他们的团队精神,提升他们的合作意识,而教师则负责对各组学生进行评价。也可以让学生对案例人物进行扮演,通过设身处地的场景体验对其余人的行为、思想有一定的了解,在了解的基础上提高自己的沟通技巧,以便更好地处理突发状况和工作中可能出现的各种冲突,实现自身职业综合能力的发展。所以,教师应当努力创新教学方法,把教学过程和培养人才的目标充分结合起来,借助各种各样的教学方法,让学生体会趣味十足且形式多样的学习方式,大大提高学习的兴趣,最终实现综合职业能力的整体提升。

(四)打造一支优秀的教师队伍

1. 对教师队伍结构进行调整

学校对任何人才的培养都离不开优秀教师的协助,体育文化旅游专业的学生培养同样如此,它需要有着丰富的实践经验以及扎实的理论知识的教师来传授专业方面的内容,也需要有着素质高的教师队伍引导他们对职业素质有相应的认知。现阶段我国很多学校内多数体育文化旅游专业的教师背景都非常复杂,其中很大一部分都不是本专业的学科出身,而是出身自和体育文化旅游专业相关的管理学、历史学等学科。此外,教师队伍背景的比例鱼龙混杂,部分高校招聘教师都不是出于教学的需求,有的还会出现因人设课的情况。由此种种可以看出,只有对体育文化旅游专业的教师队伍做出一定的调整和优化,才能更好地培养出行业所需要的优秀人才。一个足够出色的教师队伍对培养出优秀的专业人才、提高学校整体的教学质量起到的作用是不容小觑的。目前有一些学校也意识到了这一点,专门聘请校外有着丰富经验的行业佼佼者对学生进行知识的传授,通过他们结合自身真实的工作经验、对行业发展趋势的独特了解、用人单位对学生的要求等向学生传递多方面内容,增强学生自身的专业实践能力,同时也对行业动态有了更加深刻地了解。还有一些院校则加大学生实践能力的训练强度,结合企业单位对人才的能力、知识的具体要求,对学生的知识储备进行相应的调整,使得他们满足企业的需求,不再出现毕业即失业的局面。综上所述,在构建体育文化旅游专业人才培养模式时,对教师队伍的打造要优先关注教师队伍结构的问题,根据学校的发展需求和培养人才的目标,做好教师资源的储备工作。

2. 创建"双师型"教师队伍

建设"双师型"的教师队伍这一概念由来已久,在体育文化旅游专业的教师队伍建设中也是非常关键的一个环节,有着不可替代的重要性。我们理解的教师,基本上指的是有着一定的学术背景、专业经验的理论型、研究型教师,但是由体育文化旅游专业的性质决定,这种传统的教师队伍已经不足以满足专业发展的需求,在培养体育文化旅游专业人才时,对理论知识扎实、实践经验丰富的"双师型"教师有着更多的需求。尤其需要注意的是,"双师型"教师不能狭隘地理解为具有专业资格证书的教师,而是指的是在体育旅游业有过相应的工作经历、参加正规考试并取得从业资格证的教师。唯有创建出一支真正的"双师型"教师队伍,才能保证学生在课堂上接收到真正有效的实践经验,接收到更加生动、直观、有趣的专业知识,从而对所学专业建立起更加专业、更加系统的认知,对自身的职业发展作出更加具体的规划。所以说,重视教学队伍的建设一定要重视"双师型"教师队伍的建设,重视教师队伍素质的整体提升,一般从以下两个方面来着手进行。

首先,对提高教师的理论知识水平加以重视。学校应当给予教师充分鼓励,使他们到国内外的知名院校进行学习以及学术上的交流,对体育旅游业的最新动态及时掌握。同时也要定期举办各种学术讲座或者研讨会,组织教师积极参加,对体育旅游业涌现出来的新技术、新经验和理论知识加以学习,使他们的科学研究能力以及专业理论水平都得到较大的提升。此外,也要把科学研究纳入对教师的考核评价体系中,加强这一方面的管理。

其次,对提高教师的实践能力加以重视。学校要充分鼓励教师到体育旅游类企业进行锻炼,提升他们的实践能力,定期举行各种专业相关的技能培训课程,并组织教师踊跃报名各种专业相关的技能操作考试,通过考试来督促他们进行实践能力的练习,最终提高自身的整体实践技能水平。

3. 建设有创新能力的教师队伍

伴随着体育文化旅游业的快速发展以及互联网技术的不断普及和应用,人们更高的追求精神方面的满足,体育文化旅游市场对人才的需求也从以往的服务人员转变成了能够快速适应行业发展的高素质应用型人才。这种需求的转变对于体育文化旅游专业教师来说,是考验也是挑战。培养出专业的优秀人才势必需要一支有着较强创新意识和创新精神的教师队伍,因为教师在学生心中,不仅仅是传输知识的讲师,更是学生前进的榜样。假如教师本身就具备着较强的创新意识,那必然会对学生的创新能力产生潜移默化的影响。这就要求学校在建设教师队伍时,充分重视培养教师的创新能力,持续完善有关教师创新能力的培养制度,并能够提供经费上的充足保障;对教师的创新意识及时加强,使得教师的知识结构不断得到调整和优化;制定相应的奖励惩罚政策,定期举办创新技能的培训活动,并督促教师积极参加。另外,学校要善于发现那些有着一定创新能力的教师,把他们招募到教师队伍中,由他们来协助其他教师找寻出自己在创新方面的不足之处,实现教师队伍创新能力的整体提高。

(五)健全实践教学体系

1. 确立实践教学的具体目标

体育文化旅游专业人才的培养模式应当对实践教学体系的建设工作予以足够的重视,并不断对其进行加强,使得体系更加完善。实践教学体系的根本目标是培养出有着高水准职业综合素质的、足够专业的人才。因此,在培养人才的过程中,学校和教师要把实践教学活动的作用和价值充分体现出来,结合体育文化旅游专业本身实践性以及应用性都很强的特点,对学生的实践能力以及专业操作能力培养加大力度,这不仅仅是对培养专业人才提出的要求,同时也是行业对人才职业能力的硬性要求。所以,要想创建一个健全的实践教学体系,根本前提就是要确立好实践教学的根本目标。

2. 强化实践教学基地建设

第一,加强校内外实践教学基地建设。实践教学活动的进行离不开校内外的各种实践教学基地的协助,它为学生开展体育旅游类实践教学活动提供了一个关键的平台,因此实践教学基地建设得如何,是否足够完善,都在很大程度上影响到了实践教学的效果。体育文化旅游专业的实践教学基地主要分两种:一是校内的实践教学基地,一般包含学校的实验室、实训室、专业的实习场所等,这些场所的主要作用就是巩固学生的专业理论知识,使他们通过具体的实践来更好地理解书本上较为抽象的内容,同时锻炼自身基础的实践操作技能。二是校外的实践教学基础,一般包含体育文化旅游专业的实践教学中心、相关合作单位提供的实习岗位等场所。在培养学生的职业能力过程中,校外实践教学是必不可少的一个环节,学生可以借助在校外实践基地的不断学习,使自己的专业实践操作能力得到较大的提升,在毕业后能满足行业以及企业对人才实践能力的相关要求,对自身的职业生涯是非常有利的。

第二,强化不同地区内实践中心的建设和合作。在建设实践教学基地时,要开阔视野,寻求更多的合作机会,不必局限于所在地区范围内。现阶段我国很多学校都有开设体育文化旅游专业,这些院校间也应该积极合作,吸取其他学校的长处,改正自身的不足,进一步健全本校的实践教学基地建设。实践基地建设中的校内外建设并没有限制要在一个区域或城市内进行,在互联网和科学发展技术都飞速发展的今天,各个学校完全可以建立起地区间的紧密联系,寻求与知名体育旅游企业的合作机会,大力推进所在地区和其他地区之间的实践教学工作,使得学校的旅游实践中心更加完善,学生能够学到的实践教学内容更加丰富,可供选择的实践活动机会越来越多,打造一个更加有利于教学实践活动开展的广阔平台。

第三,拓宽学生实习就业的渠道。在体育文化旅游专业实践教学的整个体系中,最为重要的环节非实习莫属,它是学生们参加就业前的最后一部分学习任务。

现阶段,我国西部多数院校体育文化旅游专业的学生要在学习的最后一个学年去旅游类企业中进行顶岗学习,但实习的企业层次却良莠不齐。另外,在学生参加实习的过程中还有着各种各样的问题出现,比如缺乏相应的教师指导,对于所属职业缺乏足够的认同感,实习后换专业的现象严重等等。这些不足之处都充分表明,实践教学体系中的实习环节亟待进一步的完善。所以,为了进一步地提高体育文化旅游专业人才的质量,培养出能和社会、行业乃至国际发展需求相符合的优秀人才,学校就要拓宽学生实习、就业的渠道,加强与国内外优秀体育旅游类企业的合作,这不仅仅可以使学生的实践能力得到大幅度提升,也能进一步健全我国体育文化旅游专业的实践教学体系,同时还可以实现教育质量以及知名度的双双提升,可谓一举多得。

3. 加强学校和企业间的合作

由于体育文化旅游专业本身有着非常强的实践性,因此在专业的建设与发展过程中是离不开体育旅游类企业以及有关部门的支持的。如果要培养出创新能力与应用能力都强的体育旅游类人才,就必然要重视实践教学活动的开展,而这些活动的开展很大程度上依赖于学校和企业间的合作,它是实践教学开展的主要方式,也是对学生进行专业实践培养的重要途径。但现阶段我国很多学校和企业的合作在很多方面都未能完善,有着各种各样的问题。比如说很多合作只是形式上的,在实际的实习中,企业并未对新生进行系统的指导;又或者是两者之间的合作形式非常固定,没有依据行业和市场的需要进行适当的创新,使得实践教学的质量大打折扣。所以,学校务必要加强和企业间的有效合作,使得实践教学真正发挥出它的作用。

学校和企业间合作的加强应当把科学的教育理念作为指导方向,加强产、学、研三方面的合作,构建一个学校、企业、政府部门多方合作的实践教学培养模式。这需要做到以下两点:第一,学校应当占据主导地位,主动和当地或者其他地区的知名体育旅游类企业以及政府部门进行联系,在资源上获取更多的保障,从而发挥出学校的特色之处,使得校外的实践教学基地能够持续、稳定地发展下去,为实践教学的顺利开展提供强有力的保证。第二,加强学校和企业之间的人才交流。学校定期选取优秀教师到相关合作企业进行考察或者学习,充分了解行业的发展动态以及企业对人才的新需求;而企业在不断发展中遇到的难题也可以交给学校和科学研究机构来处理,利用其充足的人力资源,对这些问题进行深入的研究和探讨,给出有效的解决方案,切实为企业解决难题,使其实现利润的提升,从而推动整个体育旅游业的发展进程。除此之外,学校要认识到实践教学活动的展开不仅仅是一种教学行为,它牵涉众多方面,因此除了和地方企业合作外,也要重视与地方政府部门的协同合作。在实践教学的不同阶段会有不同的教学目标和要求,每个阶段都要展开程度不一的企业合作。在相同的教育理念的引导下,校、企、政多方合作的方式能够大力促进体育文化旅游专业的发展,还能为其实践教学体系的稳定发展提供强有力的保证。

(六)建立健全考核评价体系

学校在培养体育文化旅游专业人才时,必须要建立健全评价体系,这样能够更大程度地促进人才培养模式的不断发展。在建立评价体系时,不能再用以往的方式,仅凭一张试卷、一个分数就对学生做出评价,这种评价是狭隘的,也无法全面反映学生的整体情况。毕竟成绩只能代表学生在单个领域内的知识储备水平,对他们的应用能力、整体素质并不能做出准确的评价。这就要求学校和教师多想办法,使用更多不同的形式来发现和挖掘出学生潜在的技能,并提供渠道和平台促进他们这些潜能的进一步发展。现阶段,我国大多数学校对体育文化旅游专业学生的评价都用的是纸笔测试的方式,更加关注学生每个学期期末的成绩。这种评价标准几乎都是学校和教师组织、制定的,因此单纯地只对学生的理论基础等进行考核,忽略了整个市场、企业单位对人才的新要求和新标准,因此对学生的应用能力、实践能力以及适应能力的提升都产生了不同程度的制约,导致学生在就业时无法顺利适应企业工作岗位的要求。唯有转变以往的考核评价体系,建立并健全科学有效的评价体系,才能真正使体育文化旅游专业的学生获得更加全面的发展。

首先,评价主体要多元化。在对学生进行考核时,不能单纯地仅由教师来做出评价,用人单位、学校的管理人员以及其他学生都应当参与进来。而体育文化旅游专业的学生拥有怎样的职业能力,就业前景如何,往往是培养人才的目标,因此企业以及行业、社会对学生的评价在这些评价中是最为重要的。

其次,评价的内容要全面。对学生基础理论知识的评价虽然必不可少,但目前体育旅游业以及科技的快速发展都对人才提出了更高的要求,因此也要更加关注学生专业实践的能力、知识运用的能力以及职业综合能力的考核,把这些逐渐转变成评价体系的主要内容,对学生的评价由知识掌握的程度慢慢转向能力的高低。另外,由于体育旅游业隶属服务业,涉及的知识面广,因此学生的道德、人文素养、艺术审美品位、社交能力等方面也应当逐步纳入评价体系,改变以往的思维模式,全方位多角度地对他们做出考核,使得最终的评价更加公平、公正、科学。

最后,综合使用多种评价方法。对于人才的评价模式单纯依靠一纸试卷是不够的,应该具体科目具体分析,使用最有效果的考核方式。比如体育文化旅游专业一些针对市场、交通方面的专业课程,应当让学生积极参与到市场调研中,让他们在这一过程中锻炼自身的整理归纳和写作的能力,提交相应的调查报告;而对于心理学方面的课程,则适宜采用案例分析的模式,对学生的整体逻辑思考能力做出评价。另外,学生对于操作技能掌握得是否熟练,是否取得一定的创新成果,也是重点考察的内容,学校可以通过创建学生档案,让他们现场操作,进行情景模拟交谈等方式进行考核评价。在整个评价的过程中,要始终坚持形成性、终结性评价互相结合,单项、综合评价相结合,定性、量性评价相结合的原则,把每一种评价方法的优势都尽可能地发挥出来。

综上所述,因为体育旅游业的岗位多元,所以学校应当建立健全相应的考核评价体系,这也是培养符合社会、行业要求的专业人才中必不可少的措施。评价不是单纯为了评价而进行的,要明白它的最终目的是根据相应的结果把教学过程中一些不好的地方找出来,并及时加以改正,使得学生的综合能力不断加强,在毕业后能够快速适应社会,并拥有一定的竞争力。所以,在构建体育文化旅游专业人才培养模式时,建立健全科学的评价体系是非常关键的。

第六章 西部体育产业与文旅产业融合发展的问题与对策

第一节 西部体育产业与文旅产业融合发展的具体问题

一、观念较为落后,影响开发进度

西部地区的经济和教育水平整体有限,这也导致当地很多居民对休闲产业以及资源开发的认知落后于社会的步伐,对体育产业与文化产业的融合发展造成了一定的阻碍。当地很多居民受艰苦环境的影响,认为休闲、旅游是无所事事、游手好闲的代名词;而当地一些领导者也把传统体育旅游理解成一种普通的娱乐活动,对其所具有的文化和商业价值没有清晰的认知,导致西部地区的体育文化旅游产业仅仅作为旅游业的附属而存在,未能充分发挥其优势。

此外,西部地区部分政府领导对开发体育文化旅游资源有着落后且错误的认知,存在急于求成心理。一旦发现管辖范围内有山、水等自然资源,就想当然地开发成登山、攀岩和水上乐园等景区,在开发前不做深入的市场调查,导致开发后景区出现无人问津的局面,造成了资金和资源的双重浪费。也有一部分领导者在开发资源的过程中没有足够的环保意识,严重破坏了生态环境,造成了非常严重的资源损失。

二、规划不合理,开发水平较低

西部地区开发体育文化资源时因为资金相对紧张或其他原因的影响,容易出现过分重视景点建设,忽视科学规划的问题,导致不少景区内的建设方案不够合理,设计没有深度,文化内涵浅薄,旅游产品质量较低,整体看来没有什么亮点,对游客没有足够的吸引力。开发水平较低导致不少景点的整体观赏价值大幅下降。

三、交通不便利,游客出行受限

西部地区的旅游业发展受到了党和国家的高度重视,其交通状况也逐渐改善,但和其他地区相比,依然存在着交通不便利的情况,游客的出行成本很高。

四、过于重视自然资源开发，忽视文化资源作用

西部地区既有着种类繁多的体育旅游自然资源，也有着具有悠久历史的少数民族体育文化资源。现阶段，民众出行、游玩不仅是为了欣赏风景，更希望通过体育文化旅游达到强身健体，彼此了解、学习的目的。从这个层面上来说，将体育产业与文旅产业联合起来将实现更大的经济价值。但观察西部地区的体育文化旅游产业可以发现，很多地方仍然把景点的开发当作重要内容，假若邻近的几个景区体育旅游资源接近，那么这几个景区的设置就比较接近或者雷同。这种过分重视自然资源开发的后果就是针对人文资源的开发十分有限，少数民族珍贵的体育文化资源被束之高阁。一个优秀的体育文化旅游景区不应该只有秀丽风景，更应该将当地独具特色的传统文化和风情民俗融入其中，使游客在观赏中体会到西部地区的独特文化魅力。假如只注重体育自然资源的开发而忽略人文资源，不仅会因为过度开发而造成生态环境的破坏，而且会因为资源开发的不均衡造成西部地区体育文化资源的优势未能得到充分发挥。

五、资源被分割，宣传力度有限

尽管西部地区有着非常丰富的体育文化旅游资源，但对各个区域进行划分后，资源的开发只能碎片化地进行，原本非常优秀的旅游产品经过分割后被降级，无法再建设成高水准、高档次的旅游产品，在一定程度上阻碍了产业发展。在宣传的过程中，由于各省、市、县未做好协调工作，导致在宣传时也是各自对区域内的旅游产品进行单一宣传，而不能把资源进行有效综合后进行整体的宣传，使得品牌的整体优势被分解，市场竞争力也大幅下降。在对国内外游客进行宣传时，定位不够精准，整体形象立意不高，且宣传内容十分单一，主题不鲜明，文化内涵几乎没有，对游客没有吸引力，没有收到足够的经济和社会效益。

六、政策扶持不到位，缺乏宏观引导

随着西部地区旅游业的蓬勃发展，体育文化旅游产业的规模也在逐渐壮大，但相关的体育文化旅游资源开发的政策文件却数量有限。西部地区很多地方的政府部门并没有结合实际情况颁布相应的指导文件，政策类法规更是少之又少，因此无法对产业发展起到宏观引导的作用。针对体育文化旅游产业中非常珍贵的民族传统体育缺乏相应的保护政策，导致少数民族传统体育文化受到了不同程度的损失。

七、市场化程度较低，市场不规范

研究我国旅游行业的发展史可以发现，它可以看作是政府主导的旅游管理体制发展史。很长一段时间以来，我国都运用扶持旅游产业的政策，通过政策引导、

资金支持来引导产业的良性发展,以此吸引到社会各界的注意力和积极性。但这种机制过于强化政府的主导地位,将市场机制的作用弱化。西部地区的体育文化旅游产业也是在这种体制下不断发展的,因此也普遍存在市场化程度较低,市场不规范的问题,主要表现在以下几点:

首先,只顾抢夺客源而不开拓市场,导致市场竞争愈加激烈。国内市场相对于国际市场来说增长速度饱快,国外客源开发力度有限;其次,西部地区的体育文化旅游市场客源不稳定,但当地旅游从业人员却没有对旅游需求展开深入研究,针对旅游产品的开发也相对有限,导致旅游产品没有特色,竞争力较弱,游客面对产品没有购买欲,产业有效需求不足;再次,主要的资本有效供应机制相对紧缺,针对产业的资金投入和融资渠道有限;最后,体育文化旅游市场在逐渐发展的过程中由于没有明确的规范体系,导致缺乏市场监管,整个市场秩序混乱。

八、优秀人才匮乏,服务水平低下

和旅游业相比,体育文化旅游产业属于新兴产业,其开发、经营、管理人才数量都较少,在教育水平落后的西部地区就更加匮乏。西部地区丰富的体育文化旅游资源需要通过奇思妙想设计成有趣的旅游产品,但西部地区这方面的人才少之又少。此外,体育文化旅游景区需要的管理人才也存在着供需不足的状况,导致西部地区现阶段提供给游客的服务不尽如人意。举例来说,很多体育文化旅游景区只顾售卖门票,却未能提供保证游客自身安全的技术和健身指导服务,这在很大程度上限制了产业的进一步发展。因此,在以后的发展过程中,西部地区应当着重吸纳出色的专业人才,并加大提升从业人员整体素质、服务水平的力度,切实提高景区内的服务质量,使西部体育文化旅游产业获得更高的经济效益。

九、产业收入分配不均,影响长远发展

西部地区很多区域在开发体育文化资源并获得收益后就要面临如何对收益进行分配,而收入分配不均匀是现阶段存在的主要问题。这种不均匀主要体现在以下两个方面:

第一,体育文化旅游进行开发后收到的利润基本都落到了开发商手里。通常情况下,参与体育文化旅游的游客不会在旅游地停留太长时间,很多日常支出都没有留在旅游地,尤其是那些少数民族的旅游地村寨。又或者游客即便在旅游地停留了较长时间,但很多酒店、宾馆都是属于投资商的,产生的消费也和当地的居民群众没有什么关系。

第二,很多体育文化旅游的项目在开发时都没有让当地群众参与其中。作为体育文化旅游景区的居民,居民本应该参与其中。毕竟体育文化资源中,民族传统

体育文化资源是非常重要,它由当地人民群众一代代传承下来。从这个角度来说,居民应该是文化的主人,但实际上,我国开发体育文化资源时并没有询问居民的意见,开发商把这些可贵的传统体育文化归为自己的私有产品并获得收益,在事前和事后都将居民割裂出去。体育文化旅游产业尽管推动了经济的发展,但这并不表示任何人可以剥削当地居民作为股东应得的利润。然而西部地区景区的大半部分利润都被开发商占有,民众没有得到利润,也就对自然体育资源没有足够的保护意识,而开发商为了收获更多利润,也很难对体育自然资源采取恰当的保护措施。

此外,根据现阶段体育文化旅游的利润分配形式来看,体育文化旅游开发所需要的成本显然高于受益者的承受能力。但对于体育文化旅游的开发商来讲,转移目的地并没有太大的难度,因此一旦发现体育文化旅游资源所需要的保护费用和各项支出已经超过所能收获的利润时,部分开发商就会转移目的地,把体育文化旅游资源造成的社会成本直接嫁接给当地的居民。更有一些不法开发商直接采用粗放式的经营方式,寻找一个景区进行开发,获得一定利润后就换一个景区,这种方式对西部地区的体育文化旅游资源造成了严重破坏,降低了资源质量,严重阻碍了体育文化旅游产业的长远发展。

十、过于侧重经济发展,忽略文化传承

西部地区发展的整体目标是实现现代化,但当地政府工作人员以及居民似乎对现代化的理解产生了偏差。结合当地的一些宣传报道可以发现,更多人把现代化的设施当作现代化的代名词,认为发达城市居民所拥有的消费模式和生活方式就是现代化,而西部地区现阶段的经济状况显然无法实现,尚需要数目非常可观的资金。于是一些领导和居民就将重心放在了资金的筹集上,在开展各种经济开发项目时过于强调资金的重要性。

在西部地区这一大环境下,体育文化旅游资源的开发也不可避免地走进了经济效益为上的误区,对由此可能带来对地区文化、社会、物质环境等方面的破坏不够重视,导致居民群众也没有做好相应的思想准备和预防措施。还有个别西部地区的政府领导十分在意民众的商品意识,把经济增长不如预期的原因都算在民众没有商品意识上,极力鼓励他们采用各种方式去包装、打造自身的传统体育文化,将其转变成可以变现金钱的旅游产品,导致人们增强经济意识的同时,极具魅力的民族传统文化也消失不见。

对多数的西部地区而言,体育文化旅游确实带给了当地更多的发展机遇,解决了政府和民众的诸多问题。但从长远来看,尽管发展体育文化旅游无可厚非,但在不断开发的同时,也要将本地的自然资源和文化资源的保护和传承纳入考量范围,假如只注重经济的发展而丢失掉引以为傲的文化资源,就走上了本末倒置的发展之路,对少数民族传统文化来说也是一个巨大的打击。

第二节　西部体育产业与文旅
产业融合发展的内在机理

一、体育文化旅游需求的多元化

社会经济的飞速发展带来的是人们生活水平的提升,出游的需求也因此有所改变,由以往注重物质需求的满足转变为在旅游中得到精神、心理的双重满足。这种需求的多元化和旅游产业市场的成熟是分不开的,也是游客对旅游的深度、广度更高要求的充分体现,更是现代社会旅游行业全新的消费、信息共享特点的表现。

我国西部地区的旅游产业发展的时间较短,但在国家、地方政府的推动下,旅游产品不断分层,一些游客更趋向于体验高端旅游产品带来的愉悦感。很多旅游网站也开始针对不同客户推出各种不同的旅游系列产品,一些小众市场也因此得到了充分发展。旅游需求更加个性化,因此很多旅游企业为了得到游客注意而不断创新、改革,调整产业结构,以满足游客更加个性化的需求。

西部地区体育产业和文化产业的融合发展,除了要注重游客的多元化需求,也要对需求的主要变化有所了解:首先,游客注重景区的生态环境是否良好,这也是其追求的主要目标;其次,游客对景区的情感氛围需求较高,希望借助景区氛围来加强和亲人、爱人、朋友间的联系,实现情感的进一步传递;最后,游客十分在意景区的文化内涵是否丰富,是否能够传播一定的知识,在旅游中对传统文明有进一步的内在了解。在这些变化中,对文化的需求是最为重要的,也是推动西部地区体育产业和文旅产业不断融合发展的内在动力。

根据游客需求的变化可以大致总结出以下四个特点:其一,个性化。这也是需求多元化的前提。在现阶段的体育文化旅游市场中,不仅有同化的趋势,也有个性化发展的倾向。其二,休闲化。注重旅游的舒适度,希望旅游的节奏更慢一点。其三,体验化。在旅游的过程中强调参与度,希望借助深度体验来对体育、文化的认知更加清晰。其四,自主性。游客在旅游过程中更愿意自己完成整个过程,以此来证明自己的能力。西部地区旅游市场需求的这四个特点表现得越来越明显,因此在融合体育产业和文化产业时,除了注重游客的需求,还应当主动适应这些特点,不断创新出有趣的体育文化旅游产品,这也是西部地区相关旅游部门和当地民众应当重视的内容。

二、旅游资源观念的变化

现阶段,人们的生活水平大幅提高,物质需求不再匮乏,人们更加注重精神层次的满足,诸如体验经济、知识经济也因此产生。旅游产品是在各种旅游资源的基础上进行加工再创造,而旅游资源一般可以分为自然风景、传统人文和社会经济旅游资源三种,而不管是哪一种,也不论是天然的还是人为创造的,哪怕其仅仅是游客追求精神享受的过程,只要能对游客产生吸引力,就具备了一定的旅游价值,可以称其为旅游资源。旅游产品在创造的过程中也要充分表现出个性化、人本化、多元化和体验化的特点。西部地区的诸多体育旅游资源都是健康的、和社会伦理相符合的,因此它和文化产业有着较高的关联度。

旅游资源观念的变化导致原本的自然景观、历史古迹等资源造成的旅游产品无法满足游客的旅游需求,而要把体验性放在首位,使得游客充分体会到西部地区独特的少数民族文化,带来情感上的共鸣。旅游资源观念的变化也因此成为推动体育产业、文化产业结合发展的内在机理,促使旅游资源更加丰富,开发的旅游产品也兼具体育和文化的双重特点,变得更有深度。

西部地区的体育产业和文化产业融合发展时要注重改变资源的开发方式,这种变化主要表现在以下三点。

第一,由粗放变得精细。西部地区以往的体育文化旅游资源开发方式多是粗放型的,它不仅会对珍贵的体育文化资源造成程度不一的损坏,而且对生态环境也有着不可忽略的负面影响。很多地区在开发体育文化旅游资源时没有进行科学、合理的规划,导致景区的定位不精准、功能不清晰、资源过度开发、设施建设不均衡;有的景区则对当地的传统文化缺乏深入了解,人为制造的文化景观肤浅、杂乱。此外,西部地区不少景区为了尽快获取足够的利润,在开发时不注重生态环境的保护,对景区的整体美观性造成了极大的影响;有的景区则忽略了整体环境的协调性,在人文气息浓厚的建筑旁建设各种现代化设施,导致景区的人文氛围被破坏。另外,由于西部地区占地面积广,不少旅游资源有重复的情况,在开发时出现景区吸引点雷同的情况,这种重复性的建设往往造成客源的分流,当地旅游市场不断被分割,竞争愈加激烈,在一定程度上造成了投资和资源的浪费。因此,西部地区体育产业和文化产业在融合发展时要注意改变这种粗放型的开发方式,转变为更加精细的开发。首先要对本区域内的独特旅游资源进行深入研究,发挥优势,打造出有特色的体育文化旅游资源精品,和其他地区区别开来。其次,要不断丰富文化内涵。针对体育自然资源进行加工再创造,将本地的传统文化、民俗风情、宗教信仰等因素和资源融合起来,赋予其更深厚的文化气息,将旅游产品进行更新,使景区收获更高的知名度和赞誉。最后,开发资源时注重细节的建设。西部地区的体育文化旅游资源对游客其实有着很大的吸引力,但在开发时忽略了一些细节的建设,影响了游客的游玩体验。因此要注重景区内各种服务设施的建设,比如卫生间、休息区等,给游客创造良好的旅游环境,提升游客的愉悦感。

第二,由单点式变为系统化。西部地区的体育文化旅游资源开发由于缺乏合理、正确的引导,因此在开发时十分随意,很多地区只注重自己区域内的资源开发,造成相同资源的单点式开发,导致特色不明显,规模也十分有限。因此在体育产业和文旅产业融合开发的过程中,要做到以下三点:首先,全面、科学的规划布局。地区政府要做好发展规划,且跨区域联合起来,对相同文化资源的景区采取一定措施,纠正其空间布局,避免重复建设,实现小规模向大规模的转变;针对体育文化旅游产品进行联合宣传和促销,将资源整合起来,实现资金利用的最大化。其次,实施联动互补开发。西部地区的体育资源丰富,一些景区有着非常高的知名度,利用品牌效应实现体育文化旅游资源的联合开发,可以起到以热点带动冷点的效果,将旅游文化资源的使用率发挥至最大,最终实现地区内景点的整体发展。最后,要对旅游资源的要素进行科学安排。体育文化旅游产业也隶属于旅游业,同样是由住、"吃、行、购、娱、游"六大因素构成的,但现阶段,西部地区体育文化旅游产业依然以"吃、住、行"为主,其余三方面则带来的利润有限。在以后的开发中要不断加强交通基础设施建设和信息通信建设,并且注重体育文化旅游产品的创意开发,将少数民族的特色融入产品中,并采取有效的营销方式,激发游客的购买欲。此外,还应当注重其他娱乐设施的建设,或者举办有特色的体育文化演出和比赛,激发游客的娱乐兴趣。

第三,由简单化变为生态化。西部地区的经济较为落后,旅游业的快速发展使得当地政府和民众看到了经济发展的曙光,部分开发商在利益的驱使下实施破坏性的开发,在开发体育文化旅游资源时既不保护生态环境,也不注意呵护人文资源,致使整体环境和民族文化遭受一定程度的破坏。尽管这些行为在这些年得到了一定改善,但却依然存在。而要想实现体育产业和文化产业的高度融合,必然要改变这种开发方式,转变为生态化的方式。首先,提高保护生态环境意识。在开发旅游资源时,要注意掌握好开发力度,因为每个景区都有其承载的临界点,超出负荷后必然会导致旅游服务基础设施超载,环境被人群破坏,逐渐恶化。景区内人数过多,也会导致文化资源不断被破坏,其旅游价值缩减,对游客的吸引力下降。其次,开发要合理、科学。开发前要对各个阶段的项目可能产生的环境影响做出评估,实现体育文化资源开发和环境间的微妙平衡;还要结合开发的目标来规划进度,避免出现因盲目开发造成一定损失的情况。最后,要注重长远、稳定的发展。要改变现阶段西部部分地区政府和民众的错误认知,避免为了眼前的利益而破坏了整体的发展进程。对于经济落后的西部地区来说,体育旅游业可以极大地推动其经济的发展,对其整体发展有着重要的意义,一旦为了短期利益而过分开发,造成景点内严重的环境污染和人文破坏,就等于斩断了自身前进的道路。因此相关政府部门要加强景区开发的管控,注重生态环境的建设和文化资源的保护。景区内部实施分区建设,贯彻落实区内游玩、区外住宿的原则,减少污染发生的可能性。

第三节　西部体育产业与文旅产业融合发展的外部动力

一、旅游市场急速增长的需求

旅游活动需要有金钱和时间的支持,它是社会经济发展到一定程度的必然产物。我国经济的飞速发展使得人们的休闲时间越来越多,生活水平的提升也为人们出行带来了足够的经济支撑,因此才有了旅游业的繁荣发展。西部地区相比东部地区而言,有着种类丰富、特点鲜明的众多资源,因此也吸引到了无数游客的到来,旅游市场的需求越来越大。

市场需求的增加受多种因素的影响,其中最重要的当属人们外出游玩的动机增多、游客对旅游活动的内容和体验的愉悦感逐渐增强。在繁重的工作和快节奏的生活压力下,人们在闲暇时间迫切希望通过离开熟悉的城市,走进自然来释放身心压力,而物质水平的提高也恰恰满足了人们的出游欲望,因此人们外出旅游的动机愈发强烈。与此同时,由于物质的满足使得人们对精神层次的要求越来越高,在旅游时也提高了相应的标准,不再只专注优美的景色,更希望得到文化的熏陶和别样的精神体验,通过全身心地投入体育文化旅游而实现在日常生活中不能得到的精神满足。

游客对体育文化旅游内容日渐提高的标准以及对更加个性化、多元化的旅游体验的追求使得西部地区必须更加重视旅游产品的创新,以满足不同游客的不同需求,将原本的体育文化旅游资源赋予更多内涵,给游客带来更高层次的精神体验。由此可见,西部地区旅游市场需求的增加以及对旅游内容的高质量要求推动了体育产业和文化产业的融合发展,是其主要的外部动力。

二、文化体制的改革和创新

计划经济时期,我国政府在文化体制中起到的是文化总公司的作用,它控制着所有的资源并利用自身的行政权力,以强制力手段为辅助,合理调控文化行政机构、文化事业和企业单位,以此来对国家的文化生产以及消费进行规划、组织、指挥和监督。

在1978年之前,我国的体育旅游产业和文化产业之间没有任何交集,前者主要是各种外事接待,后者则是文化事业的别称,两者都不产生经济效益。这一时期,文化受到体制的约束,相关生产以及消费都必须按部就班地进行,这种状况在改革开放后才逐渐改善,随着市场经济的蓬勃发展,文化体制也进行了相应的改革。结合各路学者和专家的研究,可以大致将我国的文化体制改革划分为五个阶段,即 1978 年开始至 1992 年的文化市场化萌芽阶段,1992 年起至 2002 年的文化产业化起步阶段,2002 年起至 2009 年的文化体制改革试点阶段,2009 年起至 2012 年的文化体制改革攻坚阶段,以及 2012 年开始至今的文化体制改革深化阶段。

正是由于政府实施了文化体制的深化改革,才使得各个产业的生产范围逐渐扩大,不同产业间也有了互相渗透、融合的可能,产业结构不断得到调整和优化。对西部地区而言,体育旅游产业和文化产业的融合发展也是文化体制不断改革、创新的受益者,是产业融合的主要外部动力,也为两者的全面发展提供了更加宽广的合作平台,对西部地区民族传统体育文化的弘扬和传承有着重要的促进作用。

三、信息技术的不断发展

将体育产业与文旅产业进行融合的主要目的是创新,这种创新必然要以先进的技术手段为前提。现阶段,信息技术的不断发展和创新已经成为产业融合发展的主要推动力,而信息化也逐渐成为体育产业和文化旅游产业融合发展的引擎。西部地区的体育产业与文旅产业互相融合并寻求进一步发展的显著特征就是旅游的信息化。不管是资源的整合、项目的开发、建设阶段,还是游客市场的开发、景区的管理和营销以及服务领域,都已经大范围地使用信息技术,对整体的旅游发展方向、理念以及产业机构产生了巨大影响,促使产业的管理方式、体制、旅游产品不断创新,使得产业间的融合更加深入,涉及面更广、速度也更快。举例来说,把网络信息技术、动漫制作技术融入文化旅游业中,能够改变传统的西部地区的旅游宣传营销方式,实现地区内旅游电子商务的广泛应用。

今天是中国 5G 商用的起点,它将对多个领域产生革命性的影响。就旅游行业而言,5G 的大规模商用以及人工智能科技的应用将加速当前的旅游产业革命,同时,在旅游消费端也将产生重大影响,具体主要有以下几个方面:第一,5G＋人工智能将对旅游服务产出产生重大影响。5G 与人工智能技术的大规模应用在供给端将主要影响旅游服务的产出方式。对于旅游景区及旅游目的地而言,VR 及 AR 的大量应用将为其提供更加丰富的展示方式,更多智能科技的应用也将诞生全新的产品形态。第二,5G 及智能科技的应用将改变旅游消费方式。在 5G 时代,消费者在出游决策阶段将可获得更多智能科技的支持,例如 VR/AR 技术的应用,可为消费者提供身临其境的模式体验。另外,从出游需求激发因素方面看,5G 时代将会以更快的速度以及更丰富的形式生产旅游 IP,当前的"网红"景点或目的地有望成为旅游产业链上的重要业态。第三,更高的生产效率,更多的高质量休闲时间。从整个社会休闲产业视角看,在 5G 及人工智能时代,生产效率将有大幅度提升,很多工作将由机器人来完成,人们将获得更多闲暇时间,旅游消费需求有望进一步增加。由此可见,信息技术的不断发展和创新对西部地区的体育产业和文旅

产业融合发展有着重要的作用,这种作用主要表现在以下几点:

首先,旅游技术结构是体育产业与文旅产业不断融合发展的基石。旅游技术结构是为旅游业中牵涉的不同行业、不同领域、不同环节、不同企业服务的,它是所有旅游科技资源、技术组合、构成、配置、改造以及嫁接的总和,因此在体育产业和文化旅游产业的融合发展中,不管是质或者量,都和技术结构的创新发展息息相关。在20世纪后期,西部地区的体育产业与文旅产业开始逐渐融合,且在这一阶段有了明显的资源优势,凭借西部地区独有的自然资源逐渐抢占国内的旅游市场。步入21世纪后,西部地区的体育产业和文化旅游产业融合进入成长阶段,不同规模的旅游企业逐渐增加,游客的消费需求越来越高,竞争逐渐激烈,早期单纯的融合已经无法满足游客的需求,经过技术创新的体育文化旅游和相应产品才能吸引到游客的注意力,在满足他们感官体验的同时又满足了其精神层次的需求,技术结构在两个产业融合发展中的重要性日益凸显。

其次,技术的不断进步是促进体育产业和文化旅游产业融合发展的主要动力之一。借由渗透、辐射到体育产业以及文化旅游产业的劳动对象、劳动力以及劳动资料等主要要素上并促使其不断变化来促进产业的融合发展的进一步成长。技术进步能够提高两大产业要素的整体质量,调整西部地区体育文化旅游资源的主要配置方式和整体比例,从而使其更加完善、成熟。体育文化旅游产业隶属于服务业,既有旅游业都有的"吃、住、行、游、购、娱"六要素,又有现阶段产业融合发展后所特有的"商、养、学、闲、情、奇"要素,技术的创新和进步可以借助劳动资料以及劳动力来体现,也就是说,在体育文化旅游产业生产力中的每个要素都可以看作是物化的科学技术。产业的技术创新能力、对新型创新成果的接收和融合能力决定了产业的商业化和产业速度,也决定了其迎合市场的适应能力。因此,为保证体育产业和文化旅游产业的发展始终保持活力,就应当注重技术创新,实现产业的商业化。

再次,技术的关联是促进体育产业和文化旅游产业融合发展的重要因素。在两大产业融合的过程中,技术关联起到了举足轻重的作用。结合价值形式的发展路程以及货币的演化史可以发现,生产力技术的提升使得交换从原本简单、偶然的价值形式转变为一般的等价物,也从侧面表明了文化旅游部门的增加,社会的生产规模越大,产业间的融合就越难。尽管很多部门间的相互对应关系在逐渐减弱,但体育产业、文化旅游产业间的关系依然密切,有着牢不可分的内在联系,这也使得两个产业部门在供应产品时彼此牵制又互相进步。体育产业以及文化旅游产业互相关联的决定因素是技术,假如脱离了技术水平,斩断了这种内在联系,两个产业即使融合了也只能成为畸形的产业结构,无法实现良性的循环。

最后,技术的生命周期决定了体育产业和文化旅游产业融合发展的使用周期。技术的进步不是一蹴而就的,它需要不断地积累,需要经过缜密的构思、孕育、产生、发展以及衰亡等不同阶段,而这些阶段组成了技术的生命周期。在不同的周期内,体育产业和文化旅游产业对技术进步的需求也是各不相同的。举例来说,在两大产业融合发展的初始阶段,技术偏重于标准化,更加强调过程的创新和改革,对技术的引进以及开发都有着相对高的标准;而在发展阶段则更强调渐进式的创新,体育文化旅游产品更加多元;在产业融合的成熟阶段,则更注重体育文化旅游产品的个性化和差异化。

四、相关产业的进一步发展

我国现阶段处在经济转型发展的关键时期,各个产业都面临着较大的压力。其他产业和旅游业的结合,既是出于产业自身废弃资源再回收利用的考虑,也是为了寻找更加广阔的发展前景,找到正确的发展方向。这些相关产业根据自身的实际需求而主动和旅游业谋求融合,实现要素资源的整合和交流,部分传统产业则通过和旅游业的联姻而完成资源重复利用,不仅提高了产业的价值,也使原本的产业链得到不断延伸,将产业资源实现了功能的置换与创新。还有一些传统产业由于使用的机器设备过于老旧、产能过剩,迫切需要开发新的市场和产品,实现新业态,而旅游业恰恰为其贡献了新的发展方向,这些传统产业可以通过旅游业实现自身资源的再度开发,将原本的资源发挥出新的价值,获得新的产业收入,而旅游业的产品和业态也在这一过程中更加丰富,产业链得到了延伸。

第四节　西部体育产业与文旅产业融合发展的对策与建议

西部体育产业与文旅产业融合发展是时代发展必然趋势。但目前西部体育产业与文旅产业的融合发展仍旧处于起步阶段,并且西部各个省市的发展也存在不平衡的问题。针对这一现状,应当落实下列措施,推动产业融合发展的优化升级。

一、立足现实,把握发展契机

目前,西部体育产业与文旅产业融合发展应当从我国当前国情以及西部地区实际发展情况出发,并且认清当前二者的融合发展正处于初级发展阶段,且在较长一段时间内都有可能停留在该阶段;另外,西部体育产业与文旅产业融合发展要摸清游客需求规律,摆脱纯粹为旅游而旅游的困境,更好的满足旅游者在旅游过程中渴望学习知识和文化等方面的内在需求。与此同时,也要明确地认识到,西部体育产业与文旅产业融合发展是时代发展的一个必然趋势。唯有充分认识到上述情况,才能够更好地制定政策、推进工作进展。

二、积极创新,升级发展模式

西部体育产业与文旅产业融合发展要想实现优化升级,就要对其融合发展模式不断进行创新。下面是几种较为适用的发展模式。

(一)产业一体化融合模式

该模式指的是体育产业与文旅产业在特定空间内,通过进行恰当合理的规划,令体育产业与文旅产业达到规划一体化、发展一体化、产品一体化、服务设施一体化、市场一体化以及管理一体化,并最终实现二者彼此融为一体的一体化发展。

(二)产业延伸融合模式

产业延伸,指的是若是不同的产业存在产业功能互补的情况,那么就能够借助延伸的方式来促使二者实现融合发展。通过延伸方式实现融合的产业,既有了新的附加功能,同时其市场竞争力也变得更强,并且也能够形成新的融合型产业体系。

从该模式的观点出发,可知西部地区各行政管理部门应当注重所有和体育产业、文旅产业相关的领域,同时也要注重各有关部门彼此间的拓展,从而令西部体育产业与文旅产业融合发展具有更丰富的内涵,并使它们的市场供给水平得到进一步提升。

因为此种模式是借助不同产业的延伸来促成两者的融合的,所有说当前较为可取的方式是体育文化创意产业与文旅产业相融合。

(三)产业重组融合模式

产业重组指的是那些原本有着十分紧密联系的相关产业,在利益等因素的促使下,借助重组方式令本来彼此独立的产品和服务融为一体的整合过程。目前,西部体育产业与文旅产业重组是实现二者融合发展的一条有效途径,其融合方式具体如下:第一,西部体育产业与文旅产业实现内容融合,这是西部体育产业与文旅产业重组的简单形式;第二,西部体育产业与文旅产业实现商业上的融合,这是西部体育产业与文旅产业融合发展的高级形式。

(四)产业渗透融合模式

产业渗透指的是两大产业相互向对方渗透融合以形成新的产业形态的发展模式。依照渗透的不同方向,能够分成以下两种模式:一是西部体育产业向文旅产业渗透,二是西部文旅产业向体育产业渗透。

三、把握需求,深度开发产品

西部体育产业与文旅产业的融合发展,需要始终深入开发体育文化旅游产品。在不违背西部体育产业与文旅产业融合发展规律以及注重创新性的基础上,应当多对符合市场需求的体育文化旅游产品加以开发,并借助这些产品来令旅游者的精神文化需求得到更好的满足。

(一)对体育文化旅游产品进行深度开发

体育文化旅游产品是西部地区体育文化旅游发展的一个重要载体和吸引物。因此,对既有体育文化旅游产品进行深入开发和创新设计,是西部体育产业与文旅产业优化升级的有效方式。可以从景点讲解方式、游客互动参与、体育项目文化开发、特色旅游纪念品设计等角度进行深入挖掘,并在此基础上更好地推动西部体育产业与文旅产业的融合及健康发展。

(二)提升体育文化旅游产品设计的创意性

创意就是不落俗套,标新立异,别出心裁,而这种创意性能够给企业带来较大的经济价值。我国西部地区的自然景色和人文景观并非寻常地域所拥有的,但是其对体育文化旅游产品的开发却并未见有大的起色。那么,如何令西部地区的体育文化对旅游者形成更强的吸引力?最重要的就是对创意的使用。在西部体育产业与文旅产业融合发展中,要充分借助创意提升发展水平,谋求多方效益。

四、寻求优势,转换营销方式

西部地区体育产业与文旅产业融合发展,固然无法脱离先进的服务理念以及符合当下潮流的营销方式。所以,从当前西部现实发展情况出发,对体育文化旅游产业的服务理念、营销方式等加以创新,以此来促进西部地区体育产业与文旅产业融合发展的进一步提升,是当下的重要任务之一。具体来说,西部地区可采取下列营销策略。

(一)挖掘游客需求,点燃营销导火线

将原本的产品中心转变为将旅游者需求作为中心,并配合当下网络营销方式。相较于传统营销来说,网络营销具有突出的互动性以及时空性。并且它切实将游客作为其营销对象。目前,网络媒介几乎对传统媒介进行了覆盖,实际上网络营销的内涵十分丰富。网络所涉及的不单单是媒介和信息技术,它实际上触动了人们传统的生活方式,而旅游者生活方式发生转变又定然会致使市场营销方式发生相应的变化。对于旅游者来说,网络扩展了其获取信息的渠道,增加了其了解外部世界的途径,所以说,西部地区体育产业与文旅产业融合发展要想实现优化升级,就应当积极利用现代网络营销所具有的优势,促进体育文化旅游产业的进一步发展。

(二)复归自然,创新旅游营销方式

当今社会,人们的生活节奏愈来愈快,人们自身的压力也成倍增加。而舒缓这些压力的有效途径之一就是复归自然,与自然合而为一,感受自然的力量。但是在西部体育产业与文旅产业融合发展过程中,应当将西部地区特有的自然优势等充分发挥出来。以复归自然为导向,创新旅游营销方式实际上也是一种比较新鲜的

营销理念。注重对旅游者的需求进行挖掘是营销工作的根本所在,而复归自然则是营销的一剂重要的催化剂。两方面共同发挥作用,便搭建起了西部地区体育产业与文旅产业融合发展优化升级有效的营销体系。

五、政府引导,构建保障体系

西部地区体育产业与文旅产业融合要想实现顺利发展,西部地区各级政府就应该积极构建相关的保障体系,具体来讲,该保障体系应当包括下列内容,即政策保障、组织保障以及人才保障。其中,政策保障是支持,组织保障是引擎,而人才保障是关键。若是无法构建起相应的保障体系,那么西部地区体育产业与文旅产业融合发展就无法得到进一步顺利有序地开展。

第七章　西部体育产业与文旅产业融合发展的整合手段

第一节　资源整合手段

体育产业与文旅产业融合发展目前已成为产业发展的一种必然趋势,对西部地区的政治、经济、社会、文化以及生态文明等效益都能起到提升,而且对第三产业的可持续健康发展具有推动作用,契合了构建和谐社会的要求,不仅如此,关于西部经济的转型发展以及构建"魅力西部"都有很重要的作用。实践也证明了,必须打破体育产业与文旅产业在融合过程中显现出的瓶颈,使两大产业能够实现顺利融合,从而推动产业的快速发展。

关于资源整合,指的是由一方发起,联合另一方或者多方的整合。其主要特点是,以共生机理为基点,以互利为出发点,共同联合、努力获取并组合新的资源。体育产业与文旅产业的资源整合主要包含以下含义。

第一,体育产业与文旅产业的资源整合是产业资源由无序变为有序、固定到互动、对立到统一的一个过程。第二,体育产业与文旅产业的资源整合是产业资源立足于有序化、高级化以及规律化的基础上,结合成为更加和谐完整的一体化系统。第三,体育产业与文旅产业的资源整合范围广泛,主要囊括了政策资源整合、市场资源整合以及营销资源整合等。

就资源整合的内涵可知,体育产业与文旅产业的资源整合在很大程度上能够对产业融合的深度、广度缺乏的情况做出改善;借助管理体制以及政策条件等的资源整合,能够构建更加畅通高效的融合道路,可对融合中出现的机制不畅通问题进行解决;对狭义上体育产业与文旅产业的资源进行整合,能够解决资源相对分散这一问题。由此可知,借助资源整合实现体育产业与文旅产业的融合发展是可行的。

鉴于此,以资源整合实现体育产业与文旅产业融合的路径就愈发重要,整合路径直接决定整合效果,影响融合效益。本节按照大产业发展格局的要求,结合大作品展现、大集团运作、大景点支撑、大服务引领、大会展集聚战略的思想,依托交通网络和城镇体系布局,根据旅游规律,结合西部体育产业与文旅产业资源的类型、分布及优劣势等,提出了相关整合途径。

一、以规划促资源实现产业融合发展

就体育产业与文旅产业资源整合而言,其不仅是小区域内的排列组合,还是西

部产业发展规划之下的整合。规划整合指的是在原本具备的较成熟的路线上，制定出"以大点带动小点"这一规划思路。在这里，大点与小点的区分是产业的等级与价值，就大点而言，指的是大型产业，小点指的主要是区域性产业；所以，点的选择尤为重要，可谓整合的基础。关于整合过程，既是"以大化小"的过程，又是"以小成大"的过程。这就要求，在规划过程中，要站在大点的基础上，并与同一级别的大点成为长线与大面等相结合，与此同时，还要以大点为轴心，整合同类或互补的小点资源，形成多个以中心为辐射点的小圈，最终形成"大圈带小圈，小圈促大圈"的互动格局。

2021年2月19日重庆市体育局与四川省体育局、成都体育学院共同签署了《成渝地区双城经济圈体育产业协作协议》。重庆市和四川省双方将充分利用两地江、河、湖、山等优势自然资源，共同创建国家体育旅游示范区，打造以巴山蜀水为特色的体育旅游目的地和运动休闲特色小镇，还将每年举办"巴山蜀水·运动川渝"体育旅游休闲消费季活动，开发集运动休闲、竞赛表演为一体的体育旅游产品，以及冰雪、山地户外、水上、航空、汽摩等时尚运动项目，打造具有巴蜀特色的城市健康乡村休闲文体旅商品牌，进一步推动川渝体育深化融合发展。

以甘肃省为例，该省体育文旅资源丰富且集中，可以作为一个大面来整合。在"一核一圈三群"的城镇化推进思路中，甘肃省承担着非比寻常的作用，当地多个地区成为核心区域的承担者，而在甘肃省的规划思路中，这些地区也不能缺少。甘肃省知名度较高的就是戈壁徒步挑战赛。将其作为甘肃省体育文旅的大点，搞活中心，辐射全省是可以尝试的。对于戈壁徒步挑战赛，可以按照文旅产业规模化、集群化发展的要求，打造传统体育与自然风景区文旅长廊。

对于传统体育等文旅景观聚集的地方，可将传统体育资源与文旅景观相结合，打造全新的文旅模式。根据构建思维，可以站在消费者的需求角度，并结合层次进行体育文旅路线的开发。例如，对于中小学生而言，可将培养爱国意识和动手意识为重点，开创"农乐文旅""探险文旅"等项目；对于大学生而言，可以根据他们追求刺激的需求，开创"体育＋文旅探险旅游"，提升他们对传统体育文化的传承意识；对于老年人而言，他们更喜欢具备特色的文旅活动，可以开创"特色民俗体育文旅活动"；对于本地游客而言，可以计划一日游；根据学生的爱好，可以推出"传统体育文化考察游"等。在创新方面，特别是资源发展，可以将文旅元素加入传统体育当中，以传统促现代化，实现实践和理论的结合与创新。

总而言之，凭借"以大带小，以小促大"的创新思维，结合"层次化需求，个性化创新"的思想，使西部地区的资源优势得到充分发挥，根据不同消费者的需求，设置不同的体育文旅线路，从而推动体育产业与文旅产业互相融合的良性发展。

二、构建产业融合发展平台

借鉴产业分类，依照体育产业与文旅产业消费的关联性以及产品的特性，可以将产业融合划分为核心产业与支撑产业两种。核心产业,主要指为消费者直接提供相关服务的企业群,例如景区、体育文旅演艺等;支撑产业,主要为核心产业提供物质上的支持,包括交通和各种服务等相关的企业群。

核心产业与支持产业,从整体上来讲属于共生关系,共同发展。核心产业要发展,必须有相对应的支撑产业,而支撑产业想得到完善则需要核心产业的引导,两者相互推进、发展。具体而言,就是要结合核心产业的特点及要素,以其为指导来发展支撑产业,最终实现核心产业与支撑产业共赢的局面。以核心产业整合支撑产业,就是要根据核心产业的需求去安排相应的支撑要素,构建核心产业良好发展的平台。具体表现在以下几点。

(一)提升购物水平

例如,在体育产业与文旅产业融合发展过程中,鼓励民族村寨传统体育项目建设,开办"前店后场"式生产加工服务,在西部各地培养一批展示当地传统体育特色的高水平特色工艺作坊,研发一批具有地方特色、文化含量高、技术含量足的文旅工艺品,提高购物消费水平。

(二)加速大众娱乐发展

西部地区丰富的文旅资源,包括特色传统体育资源没能转化为资源优势,最主要的一个因素就是当地的传统体育元素没能得到重视。当地很多资源的表现形式仅仅是单一的静态景观,可根据当地传统体育项目繁多的优势,开发消费者参与性强、充满趣味的体育娱乐项目,将其创新开发成传统内涵深厚、雅俗共赏的娱乐产品,要突出开发更多能够代表地方特色的体育演艺大舞台,形成系列产品,以此吸引消费者亲身参与、体会。通过"娱"的强化,丰富当地体育文旅内涵,彻底打破门票收入的局面,带动相关产业发展,展示体育文旅魅力。

(三)创设新型体育文旅业态

体育产业做到与文旅产业的融合,树立大区域、大体育、大文旅的思想,才可以更好地发挥其联动效应。所以,可以培育特色传统体育旅游、传统体育项目表演、体育赛事、文化艺术节等新兴业态,根据广大消费者的不同喜好及品位,形成多层次、多形态、多品牌的体育文旅体系。如2021年2月云南省重点推进体旅融合发展,积极开展体育旅游资源调查和精品项目申报工作,每年组织征集、推荐产业深度融合的体育旅游景区,凸显体育文化特色的体育旅游线路,体现高原特色的民族、民间、民俗体育旅游赛事,具有创新性、示范性及推广性的体育旅游目的地。

(四)强化基础设施

体育产业与文旅产业融合发展的旁侧效应是,借助推动基础设施建设,从而推动两大产业的快速融合发展。西部地区体育产业与文旅产业的基础设施功能还不健全,其缺陷为基础设施建设不均衡,一些地方在服务管理方面比较滞后,没有足够强大的品牌效应,信息咨询、外币兑换、信息标识等服务尚不能适应国际化标准和市场需求,多语种导游服务、高技能管理人才缺乏等,这些对产业融合发展都有着不同程度的制约影响。所以,强化公共服务水平,积极引导服务业的服务范围以及功能向产业倾斜十分必要。

2021年重庆市体育产业按照定政策、搭平台、创环境、促融合、重培训的总体思路,围绕体育产业更大、更活、更优,成为国民经济支柱性产业战略目标,以落实体育"1+5+1"行动计划为抓手,体育产业在高质量发展上取得了新进展。总的来讲,为了推动体育产业与文旅产业的融合发展,在各个环节都要做好,达到更高的服务标准,比如在食住方面,要强化规范相关产业的服务标准,增强服务质量;在出行方面,要强化交通设施建设,改善交通环境等沿线的生态环境建设也不容忽视,从而强化当地的可进出性;关于购物环节,要增强内容、数量以及形式和质量方面的发展;在"游"方面,相关部门要强化文旅电子政务、文旅电子商务、文旅服务中心、标牌解说系统、自驾车服务体系、图片库和信息库、文旅金融服务等项目的发展;在"娱"方面,应侧重传统体育项目这一块,加快建设有地方特色的大型体育娱乐项目,如村寨体育演艺、传统体育赛事观展等;在其他方面,要加强建设医疗、环境、安全等保障体系,最终为体育产业与文旅产业的融合发展构建良好平台。

三、以体育资源整合文旅资源

传统体育与文旅的融合发展不仅是传统内涵的挖掘,还应该是在资源整合驱动下的产业资源的整合。因此,通过对体育与文旅两大产业内部的各个分支部分进行整合,可以达到全面整合的目的。

(一)媒体展出与资源整合

体育产业与文旅产业的交互融合及发展高度有着直接影响,二者相互依托,相互渗透。借助以下几点对资源整合会有一定的效果。

第一,可以借助传统体育演出大舞台来整合非物质文化遗产资源。这需要借助一定的媒体资源,比如借助广告,展出或者拍摄与之相关的专题纪录片,直接展现当地的传统体育发展现状。根据相关调查,国内外游客主要通过口口相传或者网络媒体形式了解资讯,所以,可邀请一些记者和编辑,并将部分广告经费投放于有影响力的杂志是必要且可行的。至于网络对旅游的作用则更是显著,所以加强多功能、多语种文旅网站的建设,通过图片和视频等方式来展示文旅资源至关重要。

此外,可借助与之相关的一系列影视作品或者具备当地特色的节庆体育项目展出等事件来整合现有资源或已经转化为文旅资源的非物质文化遗产资源。影视作品的影响不容忽视,可以有效发掘资源的内涵,提升其品位。以影视作品形成的影视影响力凭着自身强大的娱乐功能与宣传效应,吸引观众前去参观游览,回忆和体验影视剧中的剧情,印证当地的特色风采。同时,影视作品的展示时间较长,这会对潜在消费者形成身临其境的刺激,使其转化为现实消费者,对于扩大目的地的知名度具有重要意义。

(二)村寨传统体育与文旅的产业资源整合

体育产业与文旅产业在融合之后是"吃、住、行、游、购、娱、健"等要素俱全的产业体系,总体言之,产业链条中普遍存在着购、娱、健功能不足的"短板效应",产业延展性不够,辐射作用不强。

西部地区存在"娱乐项目少、购物环境差、特色商品少、参与程度低、消费者兴趣缺乏"等问题。因此,要将产业体系中的体育产业与文旅产业进行深度融合,要用体育链中的体育元素充实文旅产业的娱、购功能。将普通的传统观光丰富为参与性体育旅游,从而提升消费者的参与积极性,吸引更多的消费者光顾。例如,在一些具备开发价值的民族村寨,可以让消费者白天进行体育文化观光,晚上观赏特色体育项目,感受具有当地特色的传统体育项目溯源,从而提升文旅品位,增加趣味性。通过这些来扩大文旅产业规模,延长产业链条,促进上下游产业的发展。此外,要适当借鉴东中部地区体育产业与文旅产业融合的发展经验,建设一批集旅行、体育文化、购物、娱乐、休闲、康体为一体的主题公园。在强化文旅功能配套的同时,融合特色体验项目,合理开发以传统体育为主体的娱乐休闲项目,将传统体育发展与现代进行有机结合,营造出让消费者流连忘返的传统体育旅游氛围,进而推动当地的产业结构调整,拉动当地社会经济健康快速发展。

四、实现产业集群化发展

凭借大景区的静态效果对分散的资源进行整合,从而推动体育产业与文旅产业集群化发展,由此实现体育产业与文旅产业的深度融合。

根据产业集群理论,西部地区的产业融合具备集群这一条件。首先,文旅企业具备聚集这一特征,其竞争力大小主要来自相关行业以及企业的共同努力,在文旅区域,相关利益群体所进行空间上的集聚满足产业集群的首要条件。其次,聚集存有密切的产业联系,换句话说就是,各企业间存有知识信息上的共享。由此可知,利益相关群体囊括了当地基础设施提供者以及与居民相关的一系列行业,例如产品供应商、体育部门以及文宣部门等,这些利益相关者在信息方面共享,包括行为理念上存在共识,能够推动产业的持续良性发展。最后,文旅区域具有创新动力。即便在相同的区域,资源也相对分散,其观念也比较滞后,与发达地区比较而言,差距还相对较大。所以,就西部地区而言,体育与文旅文化发展存在创新的潜在动力。

五、强化产业集聚度

就西部体育产业与文旅产业融合发展后衍生的新兴产业而言,其主要特征是产业集中度较低,以体育文旅结合型的企业相对缺乏。例如甘肃省,2019年统计显示,在体育文旅行业中,营业额低于120万占比60%,营业额1000万元者仅占比

5％。从实际情况来看,这对甘肃省体育文旅产业在市场上的竞争力存在很大限制,对全省体育文旅产业的发展也有着一定的制约作用。此外,当地体育文旅产业收入也存在分散失衡的布局,这也表明当地体育文旅产业集中度相对较低。所以,必须提升当地体育文旅产业的集中度,其中政府在政策上的倾斜很重要,是其实现集中发展的动力,从而推动产业集团化,借此获得进一步发展。以大集团的运作为轴心,对中小企业进行整合,放在实践中就是要做到以下几点:

一是,对以资本为链接的体育文旅企业之间的合作加以鼓励,达到优势互补、共享市场的目的,从而培养出龙头体育文旅企业;二是,降低市场准入门槛,支持良性竞争;三是,对体育文旅产业加大资金支持力度,针对实力一般的企业,也要在资金方面予以支持,可通过政企合作、发行债券等形式,打造龙头企业;四是,要打破传统的体育文旅企业所有制结构,通过各种资本结合方式,形成以公有制为主体,多种所有制并存的体制;五是,关于体育文旅企业税收,以国家政策为依托,切实落实税收的优惠幅度和范围,针对具备发展潜力的企业,可以适当免征或少征营业税;六是,在政策方面要继续遵循大集团运作的思想,打造优质的软环境,创建投资服务支撑体系,以此培养体育文旅龙头企业,加速体育产业与文旅产业融合的深度。

第二节 市场整合手段

市场整合理论是在实践中不断发展和完善的,而体育市场与文旅市场整合理论也不断演化和发展。西部体育产业与文旅产业融合发展的市场整合手段可以细化为:市场的空间整合、市场的营销整合和市场的时间整合。

一、空间整合

体育产业与文旅产业融合发展之后,会衍生出一个新的产业,即体育文旅产业,在这个领域诞生的产品即体育文旅产品。两大市场的空间整合,是研究某一产品市场价格变化对另一产品市场价格变化影响的程度。站在理论角度,假设处于完全竞争状态下,不同区域的市场进行贸易时,一种产品在输入区的价格等于该产品在输出区的价格加上单位运输成本,如果输出区的价格变化会引起输入区价格的同样方向和同等程度的变化,两个市场则是完全整合的。就空间整合而言,可将其分成长期与短期的市场整合。

关于长期整合,指的是两个市场在价格上存有长期稳定的联系,即使这种均衡关系在短期内遭遇创伤,结果依旧能够复原。关于短期市场整合,指的是一种产品的价格变化在下一期会对另一市场的该产品价格产生影响,它反映了市场之间产品价格传递的及时性和价格反映的敏感性。

二、营销整合

就营销阶段的整合而言,指的是不同营销阶段的整合,主要研究的是同一种商品在某个营销阶段的变化对下个阶段价格变化的影响度。如果某商品在不同营销阶段的价格满足"下一阶段价格＝上一阶段价格＋营销成本",则此营销阶段之间是整合的。比如批零市场整合,即某商品的批发市场与零售市场之间的整合。

在这里,体育市场与文旅市场的营销阶段整合,主要指的是体育文旅产品不同营销阶段的整合,在这里主要研究的是这一产品在某个营销阶段的价格变化对下个阶段变化的影响程度。如果这一商品在不同营销阶段的价格满足"下一阶段价格＝上一阶段价格＋营销成本",则此产品的营销阶段之间是整合的。

三、时间整合

市场的时间整合,主要研究的是某一产品的现期价格变化对后期价格变化的影响度。当这一商品满足"后期价格＝现期价格＋储藏费用"时,则称为时间整合。

关于体育市场与文旅市场的时间整合,主要研究体育文旅产品的现期价格变化对后期价格变化的影响程度。当这一产品满足"后期价格＝现期价格＋储藏费用"时,则称为市场的时间整合。

第三节 营销整合手段

关于营销整合,其概念源自管理学。在管理学这个领域,营销整合需要解决的关键问题就是企业与外界融合,换句话说,就是以整合为立足点,与竞争者实现"和平共处",进而满足消费者。如今,将营销整合作为西部体育产业与文旅产业融合发展的一种方式,指的主要是以游客为中心,对不同地区的各种资源的相关营销元素进行重组,对发展目标以及某一区域的整体形象进行统一,进而向消费者传递相关信息,达到吸引消费者的目的。

一、与景点相关的营销整合

如果是单一的景点,可以从其内部入手,提升景点内部的内涵,依照不同地区的特色体育文旅资源以及重要营销事件策划新的营销方式。

针对知名度较高的体育文旅资源,以青海省二郎剑景区为例,可以遵循"大景点支撑"的理念,在发展过程中直接将现存的体育文旅资源开发成产品,并维持其原有面貌,形成全新的旅游景区,构成国际旅游体系中的尖端体育文旅产品。对已失传的传统习俗,例如当地一些传统体育项目,可以按照历史记载,挖掘题材,恢复历史面貌,以人造景观的方式历史再现。对一些传统体育项目诞生以及发源地,例如一些少数民族村寨,可以借助具有一定时效性的文化事件,构成区域体育文旅活动的事件多样性,借此进行整合。如通过举办当地的节庆活动进行营销。

站在消费者的角度,鉴于其对体育文旅愈发感兴趣,可以结合消费者的真实需求,对体育文旅资源进行开发以及营销整合。据调研可知,消费者中男女比例相当,所以在开发资源以及规划项目方面,要做到统筹兼顾;关于消费者年龄,主要以青壮年,即年龄18—34岁的游客为主,老年人数量占比也较大,所以在设计路线方面应以这些消费者为轴心,分层次进行营销;关于消费者职业,主要以教师、学生以及企事业单位员工为主,所以以学生群体为轴心进行营销很重要,例如可以构建探秘以及民俗追溯等新兴路线,同时针对这一群体,可以推出优惠便捷的路线。所以,要强化构建以此为目标的基础设施。

总之,从消费者的需求和特点出发,进行针对性宣传和促销意义重大。

二、与区域相关的整体营销

针对西部不同区域间的营销整合,主要以整合营销的方式与人才为轴心。甘肃省地域相对广阔,各区域在经济、交通网络以及资源方面都存在差异,区域之间的营销整合主要是以体育产业与文旅产业为核心,打造行之有效的营销服务平台。关于营销理念,区域之间可以保持统一,致力于将当地构造成著名的体育文旅基地,在类似及互补资源方面要坚持营销方式与资源存在方式求同存异的观念,通过宣传促销来创造强有力的体育文旅品牌;在营销环节上,要紧密结合体育文旅产品的开发,使游客充分参与品牌,体验品牌的多层次和多样性,同时通过营销方式的整合及体育文旅产品的设计,满足游客的层次化、定制化、特殊化旅游需求;在营销人才上,要实现不同区域间营销人才的交流与合作;在营销方式上,要充分利用分类营销、捆绑营销、有奖营销及季节营销等新型营销方式,使营销宣传的旁侧效应实现最大化。

通过这些举措真正实现营销资源共享、营销人才共创、营销创意共思、营销效果共喜的整体营销整合局面。

第四节　政策整合手段

一、政策整合相关阐述

在我国社会经济的发展过程中,体育产业与文旅产业的重要作用受到政府的高度重视,体育产业与文旅产业的融合发展已经融入进社会经济发展的战略体系。对此,国家发改委指出:第一,要不断完善消费政策积极培育旅游、休闲、健身等消费热点,增强居民即期消费;第二,要在改革体制、资金投入以及政策方面对服务业的发展提供动力支持,特别要推动金融、物流、信息以及旅游和社会服务等现代服务业的发展,进而确保体育文旅产业能够良性发展,健全体育文旅产业的政策是必然选择。政策整合,指的是政府为了变革产业之间关于资源分配以及企业经营活动而采取的一项政策。体育产业与文旅产业政策整合实际上是政府为了实现特定时期内特定的经济与社会发展目标而制定的针对这两大产业发展的众多子政策的合集。通常情况下,政府借助政策整合的制定对体育文旅经济进行不同程度的干预。借助符合西部情况的产业政策,能够使其竞争力得到提升,推动体育产业与文旅产业融合的持续健康发展。

(一)与产业发展的重点相契合

就西部地区的经济产业特性以及发展情况来看,健全产业政策整合与产业政策制定纲要的工作重点方向相契合。体育文旅产业还处在新兴发展阶段,其发展潜力巨大。将体育文旅产业定为第三产业的重点,西部地区也不例外,将其视作第三产业当中的"潜力股"类产业重点发展。

(二)与经济发展客观要求相契合

就体育文旅产业发展而言,其扩大内需的功能是毋庸置疑的。就产业发挥自身扩大内需这一功效来看,加速政策的制定是必然选择。将体育文旅产业定位为西部经济的新增长点,这种提法就是从体育产业和文旅产业扩大内需潜力的基础上论证的。为了实现西部经济持续快速增长,加速体育文旅产业政策的制定也是发展市场经济的客观要求与必然选择。

(三)与体育文旅产业特征相契合

体育产业和文旅产业的融合具备依托产业之间关联性的特征,其发展覆盖了众多行业和部门,需要它们之间进行合作,只依靠单独的一个部门是无法完成的,需要统一的产业政策对其进行宏观上的指引,这也是确保国家对体育产业和文旅产业融合发展有效推动和调控的手段。

(四)政策制定现实可行

当前,我国关于产业整合政策的制定条件也已成熟。在具体的实践中,西部体育文旅产业发展在方向、原则以及趋势等问题方面已经相对明确,这些正面的条件也决定了我国关于西部体育文旅产业的政策整合的出台现实可行。但是,即便地方政府对此出台了相关的政策,国家也对此制定了一系列相关政策,但关于体育文旅产业发展的整套政策还不具备,西部各省更不具备。

(五)政策制定现实必要

无论是体育产业或文旅产业,其发展速度都比较慢,西部地区更是如此,而且不同区域在发展步伐上还十分悬殊。就限制因素来讲,基础设施产业整体效益得不到有效发挥。当地不具备独具特色的体育文旅品牌,缺乏市场竞争力。此外,这两大产业在融合度方面也欠缺,产业结构也需要进一步调整和完善。与之相应的发展政策也相对落后,缺乏相应的融资政策、技术以及税收方面的政策等。不仅如此,相关管理机构行使的职权不具备强有力的法律后盾,这些都在一定程度上限制了产业的发展。相关部门颁布实施的与体育文旅产业相关的法规并不能满足现实需求,地方性的一些法规也掺杂了其他行业的管理内容,所以,管理部门在对产业主体进行管理时无据可依。

二、政策整合策略与政府调控思路

(一)掌握政策制定主体

第一,政府要发挥其主导作用。必须发挥政府的作用,为体育产业和文旅产业的融合发展打造优质的社会、经济、生态环境。体育文旅产业要想获得持续高效发展,政府必须对其做出规划,进行规范和指导,并在一定程度上进行控制;发挥当地各级政府部门和职能部门的领导在调控方面的积极作用,还要对政府与企业和市场之间的关系进行合理处理;对体育文旅产业的管理主体、权限等进行明确;强化政府的导向性投入,加速产业调控能力的形成,全面提高当地社会投资发展体育文旅产业的积极性。

总之,通过政府调控,资源获得最佳配置,进而保障体育文旅企业的经济利益。伴随经济体制不断深化改革,政府主导型产业势必会产生转化,演变为政府指导型、政府协调型产业。

第二,企业这一阶层要加速改革深化。依照市场经济的需求,对体育文旅企业体制进行革新,加速推动各种形式的产业制度革新,搞活中小企业。一方面,走集约化经营道路,对体育文旅企业结构进行调整,在当地实现跨区域、部门以及行业的集团化大型企业、专业化中型企业、网络化小型企业的企业格局,创新企业的经营模式。此外,筹集其他地区的资金、社会资本。要使民营资本进入体育文旅产业,参与开发建设与经营,建立多元化投入的市场运作机制。

最后,根据比较优势理论,加快培育体育文旅企业竞争力,增强竞争意识。

(二)完善政策体系

依照市场发展需求,相关政府制定并完善体育文旅政策,明确其发展方向,并指导两大产业经济的全面发展。这些政策包含下面几点:

第一,关于产业定位,即明确体育文旅产业在当地经济中的位置,这是所有具体政策的源头与基础。第二,产业导向问题,即体育文旅产业在发展过程中必须坚持的原则与方向。第三,产业市场相关政策问题,即对市场导向这一观念进行明确并作出强调,这是市场经济对产业政策的根本要求。第四,关于产业布局相关政策。关于这一政策,其目的与作用主要是对产业布局的整体结构进行调整,并转变其增长方式,其中主要包括调整经济结构、产业结构以及产品结构。第五,关于产业投入政策问题。政府加大对当地体育文旅产业的投入力度。第六,产业组织政策相关问题。地方政府要强化相关对体育文旅市场主体的培育,为体育文旅企业打造公平竞争的发展环境,实行与这一经济特征相适应的产业组合政策。第七,产业保障政策相关问题。两大产业相关政策的有效实行,在一定程度上需要有一定的保障手段,支持各部门贯彻实施好产业政策,应以法律、法规等形式保证产业政策的推行。

(三)推动立法程序趋向完善

产业政策制定过程实际上是各利益主体知情、表达意见和利益博弈的过程,在立法的过程中要坚持公开、透明、民主、参与的基本原则。首先,针对当前产业政策立法起草的主体单一、利益倾向严重等问题,在实际的政策制定中要采取多部门联合草拟方式,形成良好的利益表达机制。其次,在政策操作中,要对项目的可行性和必要性论证。吸引公众的参与,做好调研,应将该立法的背景、意义、目标、进程、方案选择、总体内容,以及公众、专家参与的方式、途径、程序、具体方式等在一定范围内进行公告,在公告期间要保障公众能充分表达其意见。最后,建立立法的跟踪评估机制,保持对立法全过程的监督,保证立法机构及时修订和矫正法律法规自身的一些缺陷,进一步改进立法工作,不断地提高立法的质量。

第八章 西部体育产业与文旅产业融合发展的保障措施

西部体育产业与文旅产业的融合发展主要受几个方面的驱动,即政府引导力、需求拉动力、供给推动力、人才以及法律保障力和环境整合力。产业发展运作过程主要经历了以下几个方面的融合,即技术、产品、业务以及市场等的融合,并在组织管理、融合的要素与模式和业态上获得创新。本章立足于西部体育产业与文旅产业融合发展的研究角度,主要从组织制度、要素投入、政策法规以及社会支持等方面分析产业融合发展的保障措施。

第一节 组织制度保障

通常情况下,产业融合发生在其边界与交叉地带,这必然会带来产业边界的模糊或者消失,并借助市场融合革新传统的市场结构,使其发生的变化更加复杂。产业融合使产业和企业组织之间衍生出一种新的联系,加速了竞争范围的扩张。在这一过程中,部分企业会选择结盟、强化合作,部分企业则面临破产或者合并重组。借助哈佛学派的产业组织理论,按照 SCP 框架对产业融合进行分析,可以发现组织的融合主要体现在产业发展对市场的结构、行为、绩效这三点的影响与改变。融合的生产力必然带来融合的生产方式。新的组织形式也在此过程中演化而成。

在西部体育产业与文旅产业融合发展中,各种环境发生了巨变,比如市场环境、产业环境以及组织环境,这些变化都深刻影响着体育产业与文旅产业。在对市场供求条件与自身同其他企业关系,企业必须做出充分考虑,并以此为基础,积极调整产业发展中对企业的战略抉择以及经营模式,并适时采取竞争与合作战略。众多文旅企业都围绕着产业融合的核心内容进行开放式经营,以外界技术革新和政策条件的支持为依托,同其他企业建立开放合作的企业间关系。

在西部体育产业与文旅产业的发展过程中,组织制度在中间起着十分重要的保障作用。借此,本节立足于企业组织机制、协同创新机制以及市场竞争与合作机制等,对西部体育产业与文旅产业融合发展的组织制度保障进行深入分析。

一、高效发展的企业组织

关于产业融合发展,最高效地组织在于企业。构建高效发展的企业组织,对西部体育产业与文旅产业融合发展十分有利。为加速推动体育产业与文旅产业在业务方面的融合,体育企业与文化旅游企业在组织结构上应当实现加速创新,注重向扁平化、网络化、柔性化、虚拟化以及多元化的方向发展。

纵观文旅企业发展的轨迹,可以从中知晓,在经历了扩张发展之后,文旅企业通常能够成为实力相对强大的大型文创集团。为了与产业融合的发展态势相适应,其发展的一个新趋势便是多元化利益集团。譬如,青海某文创集团业务范围涵盖民族村寨开发、综合旅游度假区开发、民俗体育场馆运营、节庆展会运营、民俗体育项目演艺、旅游网站运营、旅游纪念品开发等业务,通过多元化经营的全力打造,"发展大旅游、形成大产业、组建大集团"的多元化旅游集团形象已基本成型。

二、优质的协同创新

在加速产业融合发展的过程中,创新有着重要的地位,可谓发展的驱动力。特别是优质的协同创新机制的构建,对于西部体育产业与文旅产业融合发展尤为重要。体育产业与文旅产业应当联合打造研发联盟与团队,对其营销方式进行创新与整合,使产业融合的综合效益得到大幅提升。

在产业融合的大背景下,市场的竞争也指向白热化,如果企业在竞争与合作过程中不能与其他企业处理好关系,该企业可能面临止步甚至衰败。体育产业与文旅产业涉及了两个产业,联盟构建已成为融合过程中相关组织进入对方市场的一种重要方式,并成为组织快速成长的一种战略方式。譬如,2021 年携程旅行网与甘肃省旅游局签署了建立全面战略合作关系的框架协议,明确携程旅行网作为甘肃省旅游网络营销"战略合作伙伴"、甘肃省"高端旅游产品研发机构",为甘肃省旅游局提供和实施中长期网络营销推广方案,共同合作深度开发甘肃省旅游市场。甘肃省是中国体育文化旅游资源极为丰富的省份,已经形成了集观光、度假和深度文化体验为一体的新型旅游目的地。全面开启甘肃省体育文化旅游网络营销项目、共同包装研发当地体育文旅产品,在大中华地区拓展甘肃省体育文化旅游市场。这种体育文旅资源大省和在线旅游代表企业的新型"联姻",使甘肃省体育产业与文旅产业的融合发展进入新阶段:网络平台和在线旅行社全面崛起得到空前重视,并深度进入市场营销推广、产品研发、旅游预订销售、组织出行等领域。

三、有序良好的市场竞争与合作

竞争与合作这一战略的推行是为了更好顺应专业化与精细化生产条件下的融合趋势,即竞争与合作共生存的一种良好态势。合作与竞争又成为协同竞争,企业之间的竞争与合作形式可划分为战略联盟、虚拟企业以及企业集群。

在融合发展的创意经济背景下,体育产业与文旅产业的发展均面临着激烈的市场竞争。在产业融合发展过程中,他们之间是竞争与合作共存的一种形态,构建有序良好的市场竞争与合作机制对产业之间的深度融合十分必要。市场竞争与合作机制主要包括竞争与合作机制以及激励约束机制。

关于产业融合,就组织层面而言,体育产业与文旅产业之间实现真正融合尤其重要。为了产业融合发展的总体趋势,在新的产业环境中占据优势地位,有必要积极主动地进行自我调适,以期在新的竞争与合作关系中实现良好有序发展。

第二节 要素投入保障

在西部体育产业与文旅产业的融合发展过程中,其关键要素主要有信息技术、资金、知识以及人才等。

一、畅通的信息技术共享

信息技术、知识共享与体育产业与文旅产业的融合发展有着密切关系。体育产业与文化旅游产业亟待信息基础设施构建与合作的强化,信息技术共享平台的创建,为各种信息在两大产业之间的流动以及产业之间实现深入融合奠定了坚实的基础。

二、优质的资本运营

在体育产业与文旅产业融合发展的过程中,资本是不可或缺的,而资本运营的优质化对其融合发展有着重要作用。西部体育产业与文旅产业要实现融合发展,离不开优质资本运营机制的构建,积极鼓动多元化投资主体参与其中。关于这点,可以从以下两点着手:第一,使当地政府对财政的监督引导作用得到充分发挥、使政府对产业融合的补贴机制得到进一步完善;第二,鼓励当地社会资本深入体育文化旅游投资领域,使投资、融资路径得到拓展,构建更加完善的担保体系。

三、良好的人才培养

就体育产业与文旅产业之间的融合发展而言,人才在这中间担任了智力保障的重要作用。所以,当地必须强化对相关人才的培养,采取各项积极措施对相关人才进行扶持,并构建与之相关的高校、研究所、传统体育文化旅游相关的创意型企业等联动的人才培育机制。

第三节 政策法规保障

关于西部体育产业与文旅产业的融合发展,政府的产业政策以及法律法规起到了重要的保护伞作用。体育产业与文旅产业的融合发展,不仅在微观角度对市场结果以及产业绩效做出了改变,也在宏观角度对产业结构以及经济增长模式做出了改变。产业融合可谓传统产业创新的重要方式和手段,对产业结构的转变以及产业升级有着重要作用,也对产业竞争力的提升起到了重要作用。就西部而言,在体育产业与文旅产业进行融合发展的新形势下,应当站在多个角度进行思考和分析,从而制定出能够有效推动产业融合的各项政策。

一、构建地方性政策保障机制

(一)打造优质的政策环境

优质的政策环境能够加速推动产业融合的发展。当前情况下,西部体育产业与文旅产业融合实践主要依托地方政府对体育产业以及旅游业的全力支持,也得益于两大产业作为新兴产业,还未出现各种管制以及垄断。但伴随着产业的持续发展壮大,最初的政策措施或者相应的管制措施如果得不到实时调整,就会对体育产业与文旅产业的融合发展造成负面影响。所以,政府部门要根据当地发展的实际情况,调整并改革相关机构和规制,为西部体育产业与文旅产业的融合发展打造优质的政策支持环境。

(二)颁布与产业融合相应的激励政策

在充分认识企业是产业主体的基础上,顺应这两大产业发展的总体趋势,在观念上做到不断创新,在战略上进行实情转变,从多方面、多角度加速企业之间的融合。地方政府通过制定产业、财政税收、金融等政策使其内在驱动力得到激发,鼓励企业积极走出自己的圈子,进行跨界经营、混合兼并、推行战略联盟等行为,进而推动资源的合理流动,在技术以及市场开发等方面能够共同承担一定风险。此外,强化对大型文旅企业的培养,使其在产业融合过程中的主体作用得到最大程度地发挥。但是,在推动西部体育产业与文旅产业融合发展、做大做强的同时,必须避免垄断行为,以防出现市场畸形发展的不良局面。

(三)加速产业扶持

西部体育产业与文旅产业的融合发展离不开产业机制的扶持。为了正确引导产业健康发展,要依照实际情况,对其采用相对倾斜化的政策,为其制定相对宽松的、适合产业融合发展的产业政策。2019 年 9 月国务院办公厅印发了《关于促进全民健身和体育消费推动体育产业高质量发展的意见》,为促进我国体育产业与文旅产业的融合发展提供了良好的政策支持。就本书研究分析的西部体育产业与文旅产业的融合发展而言,可以根据实际情况借鉴该发展意见,地方政府与相关部门据此发布适应于产业融合发展的具体政策,很好地贯彻到当地体育产业与文旅产业融合发展的过程当中。

(四)对技术创新予以支持和鼓励

从产业融合理论这个视角而言,技术创新可谓技术融合与产业融合的重要条件和保护屏障。技术创新使体育产业与文旅产业的科技含量得到提升,为这两大产业的快速发展灌注了全新的活力和内容,使产业融合以及结构优化的步伐得到加快,同时这也是这两大产业得以融合发展的推动力量。因此,地方政府应当对关联度高的产业技术创新予以高度重视和鼓励,尽可能在体育产业与文旅产业融合过程中添加更多的新技术,特别是信息技术,为这两大产业实现快速融合构筑公共化的技术平台。需要强调的是,与体育产业与文旅产业相关的技术研发与推广,地方政府必须予以支持与鼓励。

(五)积极引导游客消费

西部体育产业与文旅产业融合是以游客的真实需求变化为导向的,游客需求的变革与多样化是推动两大产业融合的主要因素。相关部门可以从改变当下人们的消费内容以及工作方式来革新体育旅游需求为出发点,进而正确引导游客进行消费。当前情况下,制约体育旅游消费需求不单单是收入方面的问题,时间构成不合理也是制约体育旅游消费需求的主要因素。因为假日改革滞后等原因,带薪假期并不能快速实现,这使人们的出行受到时间上的限制,导致旅游消费依旧停留在初级状态,旅游消费结构几乎得不到升级。所以,相关部门可以通过改革节假日等举措对游客消费加以引导,从而促进体育旅游经济发展。伴随经济的持续健康发展,人们的收入水平也呈现持续上升趋势,他们的旅游需求将会不断升级,就会在一定程度上实现对体育产业与文旅产业融合的拉动。

(六)开展相关教育

在知识经济时代,要想与社会发展的整体趋势相契合,必须对人才的培养以及人力资源的强化加以重视。西部体育产业与文旅产业融合的发展对跨行业复合型人才的需求不断增加,高端、复合型体育旅游人才是实现产业融合的关键。在教育中,要以大旅游的思维,以产业融合的范式去理解这两大产业的发展空间,培养具有融合战略观、跨行业驾驭能力、高业务水平的人才,以适应未来行业发展的需要,去除体育产业与文旅产业融合的人才瓶颈。因此,要根据产业的整体动态实时调整教育体系,既要培养具有行业基础服务能力的技能型人才,又要培养富于创造性的高级人才。

(七)创设促进融合的带动体系

体育产业与文旅产业的融合发展不仅可以使这两大产业获取更为广阔的市场空间、提升发展后劲,还有利于当地实现产业结构的合理化、高级化。地方政府可以加速创设推进两大产业融合的宏观带动体系、中观支持体系与微观引导体系,从而实现这两大产业走向深度融合。

1. 创设宏观上的融合带动体系

(1)在政策上加以引导

首先,制定产业政策时应充分强调两大产业的重要性,深化社会各界对其产业内涵、产业特性及产业运营状况的认识,提高对其发展的重视程度。其次,在相关政策表述中强调体育产业与文旅产业融合的发展方向。再次,营造相对宽松自在的发展环境,鼓励多种形式的产品创新。只有具有创新能力的产业才能实现更好地融合,才能加速形成更加优质的西部体育文旅产品。最后,积极构建和谐的体育文旅环境,以开放的姿态走向全国乃至世界。

（2）在管理上促进合作

根据当前的体制,西部体育产业与文旅产业是由不同的部门分别管理,所以要推动两大产业的深度融合,就要使这两方面各个部门加强协同配合。在日常的工作当中,各部门应当注意工作关系的协作,尽可能消除影响这两大产业融合的不利因素,构建与这两大产业相关的以部门为核心的联合工作机制,确保西部体育产业与文旅产业之间的各种问题能够得到第一时间的解决,它们之间的发展关系能够得到合理处理,行业发展得以规范,从而达到两者互利共赢的发展局面,为其深度融合祛除体制性的障碍。

（3）在科技上引导发展

技术进步是西部体育产业与文旅产业融合发展的必要条件,技术研发耗资巨大,需要当地政府的在资金等方面予以资助和支持。在这方面,地方政府应起到鼓励科研、引领创新、推动融合的作用。

（4）在实业上示范推动

在市场经济当中,政府是"看不见的手",其经济行为对市场具备导向作用。通过政府牵头,兴建一部分产业融合的标杆示范项目,比如,以当地的实际情况为出发点,创建以体育文旅功能为主的古镇、传统村寨等,这些对经济主体都能产生一定的示范带动作用,从而实现加速西部体育产业与文旅产业融合发展的终极目标。

2. 创设中观上的融合支持体系

（1）贯彻落实相关政策

对于我国关于推动体育产业与文旅产业融合发展的纲领性文件,西部各省市、自治区要认真学习、深刻领会,并根据各区域不同的资源禀赋及产业特征制定出适合自身发展的体育产业与文旅产业融合策略,将产业引导政策落到实处。

（2）树立以整体发展为主的观念

树立整体发展为主的观念,加速推动体育产业与文旅产业的融合,进而实现集体效应的最大化,这是属于经济"共赢"的表现,具体而言,主要包含两个方面,即圈层建设以及产业集群。要使体育产业与文旅产业融合政策得到贯彻落实,地方政府要站在大文化与大旅游的战略高度,将这两者加以整合,不能只限限在自身所在的区域,例如西藏一些条件良好的区域,可以适当规划"民俗体育文旅元素圈",实现区域之间的整体发展。

除此之外,体育文旅产业还可以借助集群化发展共享基础设施以及市场资源,从而使交易费用以及成本获得最大限度地减少。同时,两者还可以凭借集群化的优势,以敏锐的洞察力获取双方的最新市场状况,实时调整产品与运营方面的策略;就游客而言,也可以更快捷地在两者的聚集区域收获更完善的体育文旅服务,使供求双方都能够产生增益。

3. 创设微观上的融合引导体系

（1）经济性与科学性进行结合

在开发西部体育文旅资源的过程中,地方政府以及相关企业不仅要关注资源的经济性,还要注意资源开发及管理过程中的科学性。首先,开发过程中出现盲目、不合理行为,会使资源的品位受到负面影响,不仅如此,还会影响后期对资源的加工以及二次开发。其次,在资源管理方面也不能忽略科学性,针对已经开发的各项资源,必须进行可行化管理、维护,从而促进健康发展。

(2)融合产品的市场性与创新性实现平衡

许多文旅产品在与体育产品进行融合时会涉及传统元素原真性的问题,地方政府应积极引导运营主体注意尊重传统元素的原真性,有些传统体育项目甚至有必要请相关专家进行论证,不能只注重产品的市场性,而忽略了其传统元素的真实性,必须实事求是地做到原真性与市场性的平衡。

二、法规保障机制

国家对体育文旅产业发展的目标和定位,使其已经成为一个以传统体育元素与旅游为纽带的庞大而系统性的产业集群。就西部地区而言,在现代化的发展过程中,体育产业与文旅产业并未作为相对独立的产业集群整体被重视,因此,系统性地针对这两大产业发展的法制环境的规划和创设相对缺乏,还没有形成对两者发展相对有利的系统性的法制环境。

(一)法律保护不足

关于体育产业与文旅产业的融合发展,西部各省市、自治区出台了相关政策对其进行规划和指导,为了使体育产业与文旅产业的融合发展得到更好的保护,政府部门对一些法律进行修改,并制定了新的法律。但是,法律的修改与完善虽然使产业融合发展得到了一定的效果,但这些法律依旧存在很多缺陷,具体表现在以下几点。

1. 立法不足

第一,体育产业与文旅产业的融合发展依旧存在以政策支持为主,以法律保护为辅的情况。在体育产业与文旅产业融合发展的过程中,各种政策不断更新,这与政府部门认识到体育产业与文旅产业融合发展的重要性,对体育产业与文旅产业融合发展给予扶持相对慎重有关,也与两大产业发展时间不长却发展较快,并且与新技术以及相关产业融合紧密相关。为此,就当前情况下,在体育产业与文旅产业的融合发展中,政策扶持作为主角,法律保护位居次位的现象依旧频繁出现。

第二,体育产业与文旅产业的融合发展中的法律制度不够健全,无法发挥应有的保护作用。伴随我们国家法制化进程的加速,产业立法保护也得以完善,但法律保护体系依旧欠缺,需要进一步强化。当前,我国只是形成了基础性的保护制度,并没有走向体系化。这主要体现在相关法律对产业的发展、推动以及管理与规范,只是出现在个别条文中,并不具备完备的司法解释。

2. 执法不足

第一,体育产业与文旅产业在融合发展中存在多方管理、职责不清等一系列问题。行政管理由多个部门负责,其中最主要的有文化部、国家版权局、国家知识产权局等。但是,这些部门权责不分明,遇到有争议性的问题,在处理方面出现沟通难和协调难的问题。致使两大产业的纠纷和侵权问题无法得到解决,从而损害了权利人的利益,不利于相关产业的健康发展。此外,行政管理权与行政执法权集于一身,在监督方面不具备效力,致使两大产业在行政保护方面处于相对被动的地位。

第二,体育产业与文旅产业融合发展中存在执法不严、执行难的问题。在两大产业行政执法过程中,有法不依、执法不严、违法不究的问题时有出现。一方面是因为违法现象严重,行政执法人员存在政策性的集中整治而非长期严打的客观现实;另一方面,执法人员缺乏行之有效的行政监督。此外,还存在着一些虽然经过行政部门处理,但违法者拒不执行,权利人利益难以得到维护的问题。行政管理属于事前和主动的保护行为,如果能够合理使用,能够使体育产业与文旅产业在融合发展过程中得到有效保护。

3. 司法不足

第一,侵权认定难度大。在体育产业与文旅产业的融合发展过程中,仿冒或者侵犯对方权利的事情比较常见,由于我们国家部分法律本身不完善、对其保护力度不够、执法力度也不够,导致这种情况普遍存在。至此,在相关诉讼中,对是否侵权、侵犯何种权利、侵权的程度等事实的认定,很难做出准确判断。尤其是两大产业与新技术之间的融合力度不断加大,使侵权行为更加便利、隐蔽以及低成本化,同时还使侵权的范围获得隐性扩张,因侵权造成的损失也随之增加。在诉讼中,法官对于是否侵权只能借助于专家,对于专业性的技术进行鉴定和评判,由于我国在鉴定制度上存在不完善之处,所以对于诉讼中侵权的认定还存在较大难度。

第二,侵权赔偿额难以确定。对于侵权行为,法律规定了侵权者应该承担的赔偿额:侵权人应当按照权利人的实际损失给予赔偿;实际损失难以计算的,可以按照侵权人的违法所得给予赔偿,赔偿额包括权利人为界定侵权行为所支付的合理开支。但是由于现实中侵权行为和事实的复杂性,导致了侵权赔偿额难以计算,不能量化,同时也难以举证。由于侵权赔偿额难以确定,导致对惩罚侵权行为和保护权利人的利益造成了不便,严重阻碍权利人对两大产业创新发展的积极性。

(二)法律保护策略

1. 加快市场秩序正常化的法律体系构建与完善

在市场经济体制中,两大产业市场主体的活动及市场机制的运行都要求具有正常化、规范性的市场秩序,否则就会阻碍市场机制的有效发挥。从目前看,亟须建立和完善的市场秩序法律体系主要包括以下几点:一是有关市场进退的法律,即对各市场主体进退市场的审查、成立、管理、破产等法律、法规的建立,使所有市场主体的全部活动都有规范性的法律依据;二是有关市场竞争秩序的法律,即以市场活动为中心,制定有关市场竞争的法律,规范其竞争行为,维护公平的市场竞争秩序,促使各市场主体平等地进行交易活动,公平地参与市场竞争;三是有关市场交易秩序的法律,即通过制定有关法律,实现交易方式规范化、交易行为公平化、交易价格合理化从而规范市场的交易秩序,维护各市场主体在交易中的权利。

2. 加快宏观管理的法律体系构建与完善

为了促进体育产业与文旅产业的融合发展,必须把产业宏观管理建立在充分运用法律手段的基础上。因此,建立和完善产业宏观管理的法律体系主要包含以下几点:

一是要制定宏观调控的法律,以使价格、税收、外汇、信贷、开发建设等方面的法治化,既保证相关部门对经济的宏观调控力度,又为企业经营的规范性、灵活性、自主性提供保障;二是要进一步完善涉外法规,促进产业的对外开放和国际接轨,加大利用外资、引进技术、扩大交流和对外合作的步伐,使体育文旅产业成为对外开放的先导产业。通过建立和完善产业宏观管理的法律体系,有利于规范政府的管理行为,使政企之间的职责以法律形式明确下来,提高相关部门对产业的宏观管理能力和水平。

3. 加快相关立法机制的完善

市场经济,就是法治经济。要推动体育文旅产业成为国民经济的支柱性产业,就必须有保障产业发展的法律保障机制,这是体育产业与文旅产业融合发展对法制环境的基本需求。首先,需要有产业融合发展的基本法,确保有关产业的基本定位、发展目标、政策支持、机制保障等有基本性的法律规范。其次,需要有行业性的专业性法律规范。由于体育文旅产业涉及的具体行业广泛,每个行业都有其行业发展特点,因此,在基本法的指导下,应该有较为完善的产业行业性立法规范。再次,需要有配套的立法规范。除了国家层面的统一立法支持、保障和规范文化产业外,体旅文旅产业的多样性、地域性、差异性等也要求西部地区需要加强与之相适应的法规建设。只有这样,才更有利于西部体育产业与文旅产业获得更为深入的融合发展。

4. 促使执法机制更加协调

由于体育产业与文旅产业的特殊性,两者的融合发展不仅要满足人们对丰富精神文化生活的热切愿望,更要不断推进社会主义核心价值体系建设,促进西部体育文旅产业整体规模的快速提升。因此,在各个产业背后都要有相对应的行政管理部门。这些部门承担着政策制定、政策执行、审批管理和行政执法等职能。尤其是行政执法权的行使,既要打击产业发展中的违法行为,更要保护和促进产业的健康稳定发展,如何建立健全协调统一的执法机制,是体育产业与文旅产业融合发展对法制环境的另一重要要求。

5. 促使法律中介服务机制趋向便捷化

股权关系构建、运行中的权属界定与保护、智力成果的确立与转化等,都涉及专业的法律知识。在体育产业与文旅产业深入融合发展的过程中,对法律中介服务会有大量的需求,无论是提供咨询服务还是专业代理,都需要专门的法律中介服务机构来承担。因此,地方政府在促进体育文旅产业繁荣发展的同时,一定要重视正确引导和鼓励律师事务所、知识产权代理机构、公证机构等法律中介服务机构积极参与进来，为体育产业与文旅产业的融合发展提供法律服务和保障。

第四节 社会支持保障

西部体育产业与文旅产业的融合发展，离不开社会方面的倾力支持。因此，当地政府应根据西部地区的实际情况，加大支持力度，强化文化产业、教育产业、交通产业以及信息产业等关联产业对产业融合的配合协同。

一、构建行业协会支持机制

就西部体育产业与文旅产业融合发展而言，行业协会在中间起到了重要支撑作用。为了加速实现产业融合，当地相关部门应积极鼓励并支持体育文化旅游产业相关协会的各项工作。体育文化旅游行业协会，指的只要是当地旅行社及体育部门按照自愿原则，联合组成的具有行业性、地方性、非营利性的社会团体组织。在西部地区，体育文化旅游行业协会有很多，这些行业协会对体育产业与文旅产业的融合发展起到了支持作用。

二、构建关联产业支持机制

体育文旅相关产业，属于关联度强、辐射范围广的现代化服务业行列。以体育文化产业为视角来审视，西部体育作为一种特殊文化，是连接体育产业与文旅产业的重要桥梁；以教育产业为视角来审视，各高校以及科研院所是培养各种人才的重要孵化基地；以信息产业为视角来审视，信息技术的飞速发展，作为重要引擎，加速了体育产业与文旅产业的融合发展；以交通运输产业为视角来审视，不断走向完善的交通基础设施，为体育产业与文旅产业走向融合发展奠定了坚实的基础。因此，为实现体育产业与文旅产业的深入融合与发展，当地部门要不断强化体育文化相关产业、信息技术产业、教育产业以及交通运输产业等关联产业的支持，为这两大产业实现融合发展提供教育、人才以及信息技术等方面的支持和保护屏障。

综上所述，本章立足于西部视角，结合体育产业与文旅产业等相关内容，对西部体育产业与文旅产业融合发展的组织制度保障、要素投入保障、政策法规保障以及社会支持保障进行了一定程度的分析。从中可知，在组织制度保障方面，应当构建高效的企业组织机制、优质的协同创新机制以及有序良好的市场竞争与合作机制；在要素投入保障方面，应当构建畅通的信息技术共享机制、优质的资本运营机制以及良好的人才培养机制；在政策法规保障方面，应当构建良好的产业扶持机制和健全的法律保障机制；在社会保障方面，应当构建行业协会支持机制以及关联产业支持机制。

第九章 西部体育产业与文旅产业融合发展的创新机制

在社会发展过程中,创新是其不竭的动力,针对西部体育产业与文旅产业的深度融合,创新也起到了十分重要的推动行作用。本章从组织管理创新、融合要素创新以及融合模式和融合业态创新等四个方面对西部体育产业与文旅产业融合发展的创新机制分别进行阐释。

第一节 组织管理创新机制

西部体育产业与文旅产业的融合发展与组织管理创新之间有着十分密切的关系。本节主要从管理观念、组织结构、组织流程以及管理模式的创新等四个方面入手,对西部地区这两大产业融合的组织管理创新机制进行探究。

一、管理观念的创新

就企业的日常运行以及产业的发展,管理观念起着相当重要的引导作用。在西部地区体育产业与文旅产业融合发展的过程中,第一步就要做到将创新管理观念当作立足点。就管理观念的创新而言,主要包含了宏观方向和微观方向的观念创新。

(一)宏观管理观念的创新

产业融合发展的宏观主体就是国家,即便是西部地区体育产业与文旅产业在融合发展的过程中,也不能脱离国家的政府规制以及产业政策与法律法规等。对此,西部地区应该紧跟国家的步伐,强化创新宏观管理观念,并对其他地区关于体育产业与文旅产业融合发展的进步经验进行借鉴学习,对产业相关规制与政策要做到适当放松,强化对知识产权的保护力度,加速引导这两大产业深度融合。

2014年3月,《国务院关于推进文化创意和设计服务与相关产业融合发展的若干意见》(国发〔2014〕10号)颁布,明确提出实现"中国制造"向"中国创造"的转变,加速推动技术、业态以及内容与管理方面的创新,着力推动中国传统体育文化、旅游产业等重点领域的深度融合发展。这个意见的出台,是国家在宏观层面创新管理观念的一个重要体现。西部地区要紧跟国家的创新步伐,实时推动当地体育产业与文旅产业在宏观层面创新管理观念。为加速推动体育产业与文旅产业实现深度融合,当地应当以国家各项政策为立足点,在注重创新管理观念的基础上,坚持以市场为导向,重视当地体育文化的传承以及科技的支撑,确立"互联网＋"重要思维,使企业的主体地位得到最大限度地发挥。当地政府也要参与其中,积极转变自身的职能,针对体育产业与文旅产业的融合发展,颁布相关的法律法规,适时出台对产业融合有推动作用的扶持政策以及法律法规,尽可能破除产业融合的壁垒,积极引导体育产业与文旅产业融合向纵深方向发展。

(二)微观管理观念的创新

企业和个人是产业融合发展的微观主体。在体育产业与文旅产业的融合发展中,体育产业相关企业、旅游企业以及企业员工作为主体参与其中,因此创新管理观念不仅囊括了企业组织管理观念创新,员工个人也必须创新其自身的观念。

1. 加速企业组织管理观念创新

企业是市场的主体。在当下的西部市场经济环境下,体育产业与文旅产业融合的相关企业应深入了解创意经济、信息经济、知识经济等对企业发展带来的挑战和机遇。不管是大型体育旅游企业,还是小微企业,都应当以创意经济发展的时代背景为出发点,立足企业的长远化发展,针对企业的战略观、竞争观、效益观、质量观以及人才观和营销观等组织管理观念,都应当积极创新。加速以"市场主导,创新驱动"为动力的现代企业组织管理理念的树立,创设跨界融合的产业集团和产业联盟,强化品牌意识,以创新企业组织管理观念带动体育产业与文旅产业的集约化、专业化、品牌化以及融合化发展。

2. 加速员工个人观念创新

在企业组织活动当中,员工个人属于最微小的"细胞"。对体育产业与文旅产业相关企业的员工而言,要对这一经济崛起的新时代背景有准确的认识和把握,并能够与时代发展提出的要求相契合,以此为立足点,加速个人观念的创新。

就员工而言,其观念的形成与发展受其自身的思维与学习方式的影响严重。体育产业与文旅产业融合发展的关键点在于"创意"的产生、表现以及传达,因此急需创新精神以及创新能力极佳的员工。体育产业与文旅产业相关企业的员工要积极参与思维模式的创新培养与修炼,借助"学习型组织"提升自身的创新观念,借助"头脑风暴法"等使自身的思维得到发散。积极树立自身的创新意识,使自身的创新思维能力与表现力不断得到提升,为体育产业与文旅产业实现深度融合提供自身力量与智慧。

二、组织结构的创新

为加速推动西部体育产业与文旅产业实现深度融合,这两大产业在组织结构方面要注重创新,规划好发展方向,比如像扁平化、网络化以及虚拟化与学习型方向不断发展。国际组织协会创始人彼得·圣吉的《第五项修炼—学习型组织的艺术与实务》堪称管理学界的经典著作。他在书中明确指出,与传统化的组织相比较,学习型组织成员具备共同的愿景,组织由多个创造性的团队构成,不断进行学习。这两大企业的组织结构创新要特别重视下面几点:一是加速西部扁平化组织结构的构建,尽可能使西部企业的管理层次不断简化,提高其组织效率,为这两大产业相关企业实现"无缝对接"奠定基础;二是加速西部网络化组织结构的创建,推动信息知识的传播速度,推动其在资源共享方面的实现力度;三是加速西部柔性化组织结构的创建,对其内外部资源加以充分利用,强化企业对市场的反应能力;四是加速西部虚拟化组织结构的创建,借助网络技术进行生产要素的整合,从而强化其资源共享以及动态利用的效率;五是加速西部学习型组织结构的创建,就民俗体、旅产业相关企业来讲,这一组织结构的创建,对知识与创意的流动、生成以及扩散十分有利。

三、组织流程的创新

体育产业与文旅产业融合发展推动了组织结构的扁平化、网络化、柔性化、虚拟化以及多元化,并对组织流程提出了新的挑战。伴随当今时代科学技术的进步以及信息技术的飞速发展,西部体育产业与文旅产业相关企业应适时构建集成化的信息管理系统以及具备创意性质的研发中心,以两者融合生成的"创意"为核心,对工作和业务路程进行优化,加速企业之间信息、知识流、资金流以及物流等生产要素自由、有序地流动。在当今时代,"内容为王、渠道制胜"成了共性认识。为加速这两大产业之间走向深度融合,这两大产业相关企业要重视内容生产,不失时机地拓宽营销路径,对工作以及业务流程做到全面优化,全面提升"创意生成—体育旅游产品生产—体育旅游产品营销"的效率。

四、管理模式的创新

伴随新型创意经济突起,以及产业融合步伐的加快,西部与产业与文旅产业融合相关企业的管理模式也要随之进行创新,在知识、柔性、集成、网络等方面的管理要加以重视。

(一)重视知识管理

加强对知识的管理,并提升知识管理的效率,对西部体育产业与文旅产业实现融合发展有着不可小觑的促进作用。站在知识的角度分析,就其特性进行知识划分,有显性知识与隐性知识两种。关于显性知识,学习以及传递的途径比较容易,隐性知识则恰好相反,不管是学习还是进行传递,都存在很大的难度。体育产业与文旅产业融合发展的关键就是"创意",其生成需要脑部进行负责的劳动,这就属于隐性知识的范围,所以体育产业与文旅产业这两大产业相关企业必须对知识管理给予高度的重视,并创建相关知识共享平台或者相关的知识联盟,加速"学习型组织"的创建,为相关员工提供线上线下双层次的学习与交流互动平台,为西部体育产业与文旅产业中创意的生成与传递打造方便快捷的渠道。

(二)重视柔性管理

就西部体育产业与文旅产业相关企业来讲,企业得以经营发展的环境是不断变化的,在管理方面需要更加柔性化,对企业内外部资源加以充分利用,使企业对市场的反应能力得到强化,加速推动西部体育旅游产业相关企业能够以最佳的姿态适应产业融合发展的大环境,加速实现产业融合的目标。

关于柔性管理,其实施条件必须选择柔性要素构建的环境。为确保以柔性管理使体育产业与文旅产业相关企业的竞争力得到顺利提升,企业内部各柔性要素要形成一种合理的环境。关于柔性管理的推行,其环境是多变、非均衡的,最重要的柔性要素包括资源、能力以及组织、生产与文化等方面的柔性,这些要素经过整合形成合力,企业才能打造出和谐的环境以及适合其发展的生态系统,才能确保柔性管理得以顺利实行。

(三)支持集成管理

集成管理这种管理模式主要重视整体性与一体化,它的核心是借助集成思想及其理念对企业的管理行为实践加以指导。1938 年,西方现代管理理论中社会系统学派的创始人美国知名学者切斯特·巴纳德在《经理人员的职能》一书中第一次突破传统的以分工论为基础的管理模式,提出了系统的协调思想,他也被称为集成管理思想的开山鼻祖。1998 年,查尔斯·萨维奇在《第五代管理》中指出,集成除了是一种技术手段,对组织结构还有着极为重要的影响,其过程是使企业内外部保持联系的关键模式。

在当今时代,体育产业与文旅产业融合相关企业要不失时机地采取效率与效果双管齐下的集成管理模式,突显一体化的整合思想,转变管理重点,由最初的管理人、财以及物等传统资源向管理科技、信息技术以及人才等资源转变。在加速体育产业与文旅产业深度融合的工程中,离不开"创意",所以相关企业要改变传统形式下,强化企业的知识内涵,增强知识在企业发展中的潜在功效,加速产品中创意的生产与传递,增强集成管理的效率。

(四)推广网络管理

伴随信息技术不断发展进步,"互联网+"时代扑面而来。西部体育产业与文旅产业融合发展与信息技术的革新不无关系,企业必须注重采用网络管理这个新型管理模式,将现代信息技术成果在企业发展过程中进行有效利用,注重企业信息基础设施的建设,加强对计算机硬件、软件和人力资源的配置、使用、管理和协调,对网络资源进行实时监测、评价和控制,提高网络服务性能和质量。

为更好地推动网络管理模式的变革,西部体育产业与文旅产业相关企业应当注重构建虚拟化、柔性化、多元化的组织结构,优化业务流程,根据企业发展实际构建 B2B 模式、B2C 模式或 C2C 模式,通过网络贸易和网络营销更便捷有效地进行体育产业与文旅产业相关产品的生产及推广。此外,西部体育产业与文旅产业相关企业在运用互联网思维推动企业发展的产业融合的同时,还应当注重互联网安全,防范互联网的潜在风险,做好相应的应急预案。

第二节 要素融合创新机制

西部体育产业与文旅产业融合发展的基础在于要素融合,要素融合创新机制是产业融合创新机制的重要组成部分。在创意经济背景下,产业要素融合主要包括资本、技术、人才等,本节站在西部地区体育产业与文旅产业融合发展的视角上,主要分析资本融合创新、技术融合创新以及人才融合创新。

一、资本融合创新

(一)资本融合的必要性与可行性

1. 资本融合的必要性

金融资本是促进西部体育产业与文旅产业融合发展直接有力的手段之一。一方面,可通过金融资本促进体育产业与文旅产业的融合发展,以及产业结构升级,优化资源配置;另一方面,金融内在调节机制也制约西部地区两大产业融合的方向和规模。由此可见,资本融合创新具有其必要性。

2. 资本融合的可行性

就外部环境而言,体育产业和文旅产业都是国家重点发展的产业。在低碳环保的大背景下,国家对其政策扶持力度较大。银行也在着力发展相关业务,包括信贷的支持、外汇业务以及传统体育文化旅游服务相关金融产品的开发等。而传统体育文化旅游相关的文化经济自身也在借助风险投资和资本市场不断地发展壮大。所以,在较为成熟的外部环境和比较完善的服务体系带动下,进一步利用金融支持体育产业与文旅产业的融合发展是可行的。

(二)资本融合过程中的障碍性因素

1. 企业规模存在限制性

一方面,就体育旅游相关文化创意企业而言,仍以小型或微型企业为主。另一方面,就旅游企业而言,"小、散、弱"的局面短时期内难以改变,市场竞争力不强,极大地制约了旅游企业的融资能力。

2. 产业性质存在限制性

政企不分、产权不明晰等问题的存在使得西部体育产业与文旅产业贷款主体难以落实,这主要体现在以下三点:一是,一些资源和财产归属不同的行政管理部门,不符合贷款条件,因此无法取得银行贷款,难以满足体育文化旅游开发需要的大量资金;二是,商业银行一般都以不动产等实物为信贷担保,而传统体育相关文化企业多以无形资产为主,致使贷款担保难;三是,政府财政支出十分有限,难以为体育旅游企业提供切实有效的财政贴息等一系列政策扶持和担保。

3. 投资特征存在限制性

体育文化旅游服务项目往往基础设施投入较大,投资回收期较长。同时,体育文化旅游产品的市场波动较大,需求具有不确定性,存在一定风险,从而增加了其获得银行资金支持的难度。

4. 外部环境存在限制性

外部环境限制主要体现在以下几个方面:一是,投融资政策不完善,融资渠道比较匮乏;二是版权价值评估体系尚未完整建立,体育文化旅游产品质押存在很大障碍;三是资本市场体系不健全,体育产业与文旅产业相关企业尤其是中小企业融资难;四是相关法律法规不完善,体育产业与文旅产业相关企业融资普遍较难。

(三)资本融合创新主要通道

1. 金融组织的创新

第一,建立旅游开发银行或合作银行。旅游开发银行是专门为促进体育产业与文旅产业融合发展提供金融支持的政策性银行。它可以在地方政府领导下,由各地市商业银行、信用社或政府财政共同出资组建。

第二,组建体育文化旅游担保公司。为了改善体育文化旅游贷款难、担保难的情况,可以由财政部门和文化企业、旅游企业组建专业的体育文化旅游担保公司,以专业担保机构为主体、金融机构为辅,在给予企业更多的信贷支持的同时合理分担风险。第三,建立体育文化旅游产业发展基金。具体可以参考以下方案:第一种方案是,设立发展基金,在体育产业与文旅产业相关企业的收入中或旅游者的消费中提取一定比例金额,成立合作性发展基金;第二种方案是,可采取公助民营的方式,资金的主体源自体育产业与文旅产业相关企业、民间机构或境内外投资机构,政府对其进行相应的扶持。

2. 金融制度的创新

第一,信贷制度设计创新。对营利性强且信用记录好的体育文化旅游产业集团实行快速批机制,对其重点项目建设在贷款利率、用款计划等方面给予优惠和优先考虑。有效划分相关企业信用等级,探索知识产权艺术品影视著作权等无形资产质押方式,对有市场前景的体育文化旅游相关的文化产业投资项目,适当扩大项目融资、银行贷款等产品使用范围;针对当地相关企业,积极拓展农户小额信用贷款、联保贷款的覆盖范围,推动西部地区体育相关的文化产业金融服务创新。

第二,投融资模式创新。根据经营类型、融资渠道、合作模式和盈利模式等因素,以西部地区政府或市场为主导,探索符合当地体育文化旅游产业发展的投融资模式,如财政投融资模式、债权投融资模式、股权投融资模式、项目投融资模式和内部投融资模式等。另外,体育产业与文旅产业相关企业应当积极拓展融资渠道,包括向省市"要钱",向银行"借钱",向资本市场"融钱",向企业"引钱",向社会和个人

"筹钱"和向自身"挤钱"。

第三,加强上市公司培育。当地政府应支持成长性好的体育产业与文旅产业相关企业进入资本场,及时将符合产业政策、产品有市场、有潜力且效益较好的企业纳入拟上市公司名单;有针对性地开展推广培育工作,选择有潜力或具备一定条件的企业,特别是符合条件的体育旅游企业、中小型科技企业,进行重点培育和扶持,创造条件上市;加强对企业境内外上市的培训,开展上市推介活动。

3. 金融产品的创新

第一,发行体育产业与文旅产业相关企业债券。大力支持发展企业债券市场,鼓励有计划地发行企业债券,加债券品种,扩大债券发行范围,满足企业的不同筹资需要,并且鼓励发展长期商业票据市场,以及发展和规范私募资本市场和场外交易市场的交易活动。

第二,拓展体育文化旅游资源资产证券化渠道。对于体育文化旅游资源或者相关产品,在保障有稳定现金流的条件下,可以采用现金资产证券化。即发起人(体育文化旅游企业)将证券化资产(如门票收入)出售给一家特殊机构(SPV),或通过该机构在金融市场上发行有价证券进行融资。

第三,发行旅游保险产品。旅游保险产品主要体现在以下两点:一是供给方的保险,如旅游项目融资保险、与景区建设相关的保险服务;二是需求方的保险,主要为体育文化旅游者服务,为其体育旅游体验活动提供保障。

4. 金融市场的创新

第一,建立相关体育文化企业以及旅游相关企业的产权交易市场。可在现有产权交易市场上设立体育文化旅游企业板块,或专门设立独立的体育文化旅游企业产权交易市场。通过产权交易市场,使得经营状况差或面临破产的相关企业找到市场退出机制,也为其他社会资本进入体育文化旅游行业提供路径。

第二,构建旅游景区经营权交易市场。在目前普遍采用的旅游景区整体租赁经营模式下,旅游企业对旅游景区往往没有产权,只有经营权。因此,建立旅游景区经营权交易市场以提高企业资产的流动性,利用平台向当地甚至国内外招商引资,规范行业准入和退出的市场机制,实现资源的优化配置。

二、技术融合创新

(一)技术融合的延伸和转型

1. 技术融合的延伸

在知识经济背景下,科学技术对人们工作和生活的影响越来越大。它不仅影响人们的生活方式,也改变了人们的思维方式。对于普通民众而言,尽管不需要有较强的科研能力,但储备一定的科学技术对其发展显得愈发重要,科技旅游便应运而生,它是科学技术向旅游产业延伸的产物,满足人们在旅游中学知识、长见识的需要,成为一种新的休闲生活方式。在体育产业与文旅产业融合发展的环境下,依旧可以将科学技术延续其中,使游客在休闲娱乐中获得不一样的体验。

2. 技术融合的转型

首先,现代科技的发展对旅游产业产生了重要影响,高新技术的运用推动了旅游产业的快速发展,甚至改变了旅游产业传统的经与消费模式,同时也催生了一大批具有高技术含量的新旅游产品和服务提供商,极大地丰富了旅游的内涵和外延。其次,移动互联网技术与旅游融合,移动终端、门户网站、App 等,极大地便利了旅游者在线寻找、比价和下单,同时通过旅游者之间的在线交流促进了旅游产品和服务更加优化;大量的游客数据又构成了智慧城市的基础,使旅游目的地城市更能掌握游客所需而推出贴近市场的旅游产品。再次,数字技术催生了另一种新型旅游产业态——虚拟世界。消费者对虚拟世界旅游产品的了解和需求,激发了对旅游景点对相关产品与服务的需求。

(二)科技与体育旅游融合产生的效应

1. 正面效应

第一,科技进步对体育旅游发展具有巨大推动作用。科学技术是第一生产力,表明了现代科技对经济社会发展的重大作用,也是体育旅游产业发展的基础。科技创新提升了体育旅游基础设施文化品位,增强了体育旅游经济活力,带动了体育旅游产业的发展。科学技术的发展促进了当地居民经济收入的增加以及闲暇时间的增多,使得人们经常性的体育旅游成为可能。

第二,科技投入增加是促进体育旅游市场发展的基本途径。科技投入的增加使体育旅游供求得到全面发展和繁荣,从而推动了体育旅游产业的发展。科技的发展使体育旅游市场的外延和空间不断扩大。科技投入延长了部分体育旅游产品的生命周期,科技的应用使体育旅游产品的安全性大大高,同时科学技术也使体育旅游服务越来越完善。

第三,科学技术发展加速了体育旅游研究创新,不断发展的科学技术使得体育旅游研究人员通过大数据分析旅游发展的各项关键指标,在获取研究数据方面更加便捷,同时也促使当地体育旅游在研究中与其他城市甚至国际上的交流更加方面快捷。

2. 负面效应

第一,体育旅游管理决策的难度加大。现代科学技术发展迅速,体育旅游管理决策者决策环境变得更加复杂。旅游和体育之间的界限变得模糊,方式多种多样,市场细分起来非常困难。

第二,"虚拟体育旅游"等现代科技含量高的旅游方式对传统旅游提出新的挑战。信息技术发展对人们到现实世界的出游产生抵消效应。科学发展使人们在家里就能观赏各种各样的自然美景,驾驶交通工具通过电视屏幕在各种风景线上"旅游"。随着模拟技术的不断进步,人们不需要离开家就能体验各种娱乐活动,比如攀岩、传统体育赛事表演以及体育项目演出等,这对传统的现实旅游造成了巨大的挑战。

第三,现代科技的负面效益对旅游活动产生新的影响。现代科学技术是一把双刃剑,在促进社会经济发展的同时,也会产生负面影响,如环境污染、生态失衡、对传统伦理的挑战等。这些都会对旅游产业产生不良影响,使旅游地的原始环境遭到严重的破坏,影响旅游地的可持续发展。

(三)科技与体育旅游产业相融合

1. 信息技术与体育旅游产业相融合

互联网技术与体育文化旅游融合,旅游者可通过移动终端、门户网站、旅游App 等,寻求自己满意的旅游产品,提升了旅游产业服务水平,改变了传统销售模式,实现了旅游供求的无缝连接。数字技术与旅游的融合,催生出虚拟旅游这一新型旅游产业态,使得游客足不出户便可享受各种旅游项目的快乐,是现实旅游的预体验。

2. 生物技术和体育旅游产业相融合

伴随旅游产业的不断发展,环境的负面效应不断显现,特别是生物多样性被破坏和生态失衡等问题成为阻碍旅游产业可持续发展的主要因素。生物技术的应用有利于改善旅游环境问题,促进旅游产业的可持续发展。例如利用微生物与酶的相互作用,将复杂的有机物分解成简单物质,把有毒物质转变为无毒物质,从而保护旅游地的生态环境。

三、人才融合创新

(一)人力资本是体育产业与文旅产业融合发展的核心元素

影响西部体育产业与文旅产业融合发展的因素有很多种,除了需要获得当地政策的支持外,尤其要注意人力资本的投入。人力资本作为推动西部体育产业与文旅产业融合发展的核心要素,在体育文化旅游发展中起着决定性作用。指数是衡量一个产业人力资本状况的主要方法。对于西部体育产业与文旅产业而言,目前国际上有一个较为通用的衡量指标——全球创意力指数,主要涉及科技、人才以及包容度等指标。

(二)体育产业与文旅产业融合发展人才的独特性

学界普遍认为创意型人才应当具备创新能力、创新意识以及创新人格,并从不同角度对创意人才的特点进行了归纳,具体体现为下面几点:

第一,对各种问题都具备高度的敏感性。创意型人才不仅能够很快注意到一个情境中存在的题,并开动脑筋,快速寻求新的解决途径,而且能够在看似平淡的事物中觉察到一些奇特的、不同寻常的事情,并展开深入思考。第二,具备高度开放的观念。在同样的环境条件下,创意型人才能够在相同时间内构思出更多的观点或者想法。第三,更加灵活的思维。创意型人才的想法往往天马行空,不拘泥于现实的框框架架,容易产生创新的火花。第四,独具一格的认识性思维。创意型人才具备更加活跃的思维,能够经常提出不同寻常且又可以被人们所接受、认可的观点。第五,鲜明的人格特征。创意型人才往往有着比较强的个性,很强的独立性,成就动机较强,常常特立独行。

(三)人力资本发挥的作用

第一,人力资本是保护和传承优秀传统的主力力量。创意人才往往具有较高的创意才华,能给予以西部体育文化旅游为主的优秀传统新的生命力。第二,人力资本是西部体育文化旅游生产经营活动的重要资源。体育文化旅游生产经营活动离不开创意内容生产者、创意产品生产者和经营者。第三,人力资本是西部体育产业与文旅产业创新的源泉。创意人才通过对以西部体育为主的传统资源的重新认识、挖掘与再造,再以物质化形式推向市场,从而对其他省市甚至世界产生影响。第四,人力资本是西部体育产业与文旅产业核心竞争力的载体。在知识经济时代,人是第一位的,人的创新能力、创意(人力)资本将成为最大的劳动生产力和社会财富,创意人才也成为西部地区得以发展的最主要人力资源要素。

(四)人才培养的主要通道

一是积极创新人才培养模式。建立"产学、研、用"一体化体育文化旅游产业人才综合培养体系,有计划分步骤地实行体育文化旅游人才培养计划。二是实施"走出去"战略。以西部高校和各专业机构联合互动为主体,加强高校之间学生交流互换、合作办学。制定西部体育文化旅游人才培训计划,多渠道培育优秀创意人才。三是注重引进国内外优秀人才。采取团队引进、核心人才带动引进等诸多方式积极引进优秀人才,鼓励西部企业采取高薪聘用及兼职等多种方式引进人才,缓解当地体育文化旅游高端人才稀缺的困境。四是完善人才激励机制。鼓励西部体育文化旅游人才以知识产权、无形资产、技术要素等作为股份参与企业利润分配。这样可以激发员工潜能,使个体积极主动地从事某种自认为重要或是有价值的工作的强烈愿望。五是推进西部体育文化旅游人才培训体系和评价体系建设。整合当地教育培训资源,全面推进职业资格证书制度和培训、考核市场化机制。加强对培训项目、培训证书和培训机构的管理。

第三节 融合模式创新机制

西部体育产业与文旅产业融合发展受诸多主客观因素的影响和制约,是一个动态的复杂过程。根据融合程度、融合形式和组织方式的不同,这两大产业融合发展模式可分为产业渗入型、产业延展型、产业重构型、产业聚合型以及产业一体化五种。

一、加速构建产业渗入型融合模式

产业渗入型融合模式,主要指在保持体育产业与文旅产业独立产业属性的前提下,借助资源、技术、产品、业务及市场的整合,将体育产业主导下的文旅产业的产业价值链环节中的某一部分浸入另一产业,从而提升产业附加值。产业渗入型融合模式主要包括旅游产业向体育主导下的文化产业的浸入以及体育主导下的文化产业向旅游产业的浸入两种模式,前者重在拓展体育产业主导下的文化产业的旅游功能,后者重在提升文旅产业的创意内涵和文化品位。

(一)文旅产业向体育产业渗透融合

文旅产业向体育相关产业的,渗透融合模式主要指通过文旅产业向体育产业的渗透,赋予体育产业新的旅游功能,通过两大产业功能上的互补促进产业融合的实现。随着创意经济和体验经济的发展,消费者的消费诉求产生了新的变化。美国学者约瑟夫·派恩二世和詹姆斯·吉尔摩在《体验经济》一书中指出,继产品经济和服务经济之后,体验经济时代已经来临。他们认为,商品是有实体的,服务是无形的,而体验是难忘的,体验是使每个人以个性化的方式参与其中的事件。对于体育相关产业产品的消费,消费者不再局限于被动地购买和消费商品本身,而是对产品的创作和生产制作过程产生了强烈的兴趣,希望有更多机会亲自参与体验体育相关产业产品的创作和生产。消费需求的新变化对文旅产业和体育产业提出了新的挑战。

(二)体育产业向文旅产业渗透融合

伴随经济的发展,旅游者对文化性好、创意度高、体验性强的体育相关产业产品的需求越来越高促使旅游产业发生了"创意转向",为体育相关产业向旅游产业的浸入提供了新的契机。体育相关产业的核心竞争力在于"创意",因此在体育相关产业向文旅产业的渗透融合中,最关键的环节是通过创意植入提升产品附加值。旅游活动全过程主要涉及"吃、住、行、游、购、娱"六要素,体育相关产业可通过向六要素的渗透而实现与旅游文化产业的融合发展。体育相关产业向旅游产业的渗透融合中,体育产业相关企业在创新技术推动下,凭借其强创意内容生产和渠道传播优势,在旅游产业各个环节进行体育渗透和创意植入,赋予传统旅游产品新的内涵,提升旅游产品品位,形成新的旅游吸引物。

旅游演艺是体育产业向文旅产业渗透的重要载体,现以西部地区村寨为例进行阐释。在西部地区,由于各项体育活动的盛行,当地人以此为优势,推出了体育赛事、体育项目表演,这引导更多游客前去观赏,更期待自己能够参与其中。由此可见,高品质的旅游演艺产品有利于提升景区知名度,并拓展景区的客源市场。由于旅游演艺对旅游景区的拉动效益明显,近年来,当地许多旅游景区纷纷投巨资推出各种演艺节目,但由于演艺节目良莠不齐,也使得许多投资巨大的演艺节目难以经受旅游市场检验,出现"门前冷落车马稀"的局面,在市场中遭遇"滑铁卢",有的甚至因演出市场遇冷而使得巨大的投入化为乌有,出现资金链断裂,最终被市场淘汰。由此可见,旅游演艺节目不能盲目上马。一旦决定开发旅游演艺节目,一定要做好前期市场调研工作,在此基础上深入挖掘景区景点所在地有特色的民俗风情,请专业的人士来进行演艺节目的创作、编排和市场营销,这样才能更好地实现体育产业向文旅产业的渗透融合。

综上可以知晓,体育产业向文旅产业渗透融合模式的重要特点为通过创意植入提升文旅产业含金量,为文旅产业创造新的经济增长点,改变传统旅游景区景点对"门票经济"的过度依赖,提升景区景点的内涵和创意品位,实现景区景点的优化升级,为游客创造更多现代互动体验机会,推动文旅产业的可持续发展。

二、加速构建产业延展型融合模式

体育产业与文旅产业延展型融合模式主要指两大产业通过产业延展实现深度融合。与产业浸入型融合模式相比,产业延展式融合模式往往会打破体育产业与文旅产业的壁垒,派生出新的体育文化文旅产业业态,重构产业价值链。

近年来,体育与旅游相结合的旅游形式越来越多。如 2021 年 3 月内蒙古自治区呼伦贝尔市海拉尔区人民政府推介的海拉尔冰雪特色体育旅游小镇项目,海拉尔作为国家确定的中俄蒙合作先导区和国家"一带一路"通往欧亚大陆桥的重要节点城市,同时具备四季旅游资源禀赋、民族民俗文化底蕴、国家一类航空口岸等众多资源优势,以海拉尔为中心辐射 300 公里半径区域被内蒙古自治区确定为内蒙古东部旅游发展的核心区,乌兰浩特—阿尔山—海拉尔—满洲里旅游大通道贯彻其中,形成了以草原、森林、湖泊、冰雪为自然主题和以民俗、历史、文化为人文主题的多样化旅游发展业态。研究发现,发展势头良好的村寨或者古镇,无一例外都注重体育产业与文旅产业的融合,充分挖掘和运用当地的创意元素,合理利用现代声、光、电技术及时尚表现手法,将体育演艺主题创意策划、景观创意策划、产品创意策划与营销创意策划有机结合,从而在激烈的市场竞争中始终保持竞争优势。

综上所述,体育产业与文旅产业延展型融合模式的重要特点是较少受资源禀赋制约,注重"旅游"和"创意"的有机结合,通过产业延伸方式来实现当地体育产业与文旅产业的深度融合。

三、加速构建产业聚合型融合模式

体育产业与文旅产业聚合型融合模式的重要表现形式是体育相关的创意产业园区。体育文化相关的创意产业园区是集创意产业生产、学习和研发为一体的传统文化产业集聚区。在体验经济时代,文化创意产品的生产和制作对旅游者具有特殊吸引力,从游客需求出发挖掘和打造文化创意产业园区的旅游功能必将产生良好的复合效应,既可以提高文化创意产业园区的经济效应,又可通过游客的"口碑传播"提高文化创意产业园区的市场知名度和影响力,培育新的文化创意旅游产品消费群体。根据文化创意产业园区类型的不同,文旅产业和文化创意产业聚合的方式也有所不同。就目前而言,这种园区主要注重从以下两方面加强体育产业与文旅产业之间的聚合。

一是注重发展体育项目旅游。园区规划开发坚持"历史文脉保留、创意特色参与"原则,对当地能够体现体育项目元素的遗址等均予以刻意保留,并在其间巧妙融入时尚、前卫文化创意元素,使老体育项目遗址的历史感与现代创意的时尚感交相辉映,园区也成为集体育创意与文旅产业为一体的个性化主题景区。

二是注重开发旅游纪念品。近年来,不少园区以开发"体育文化旅游"为核心,积极打造原创礼品与旅游纪念品线上线下相结合的交易平台。园区先后打造了包含礼品格子店、创意礼品蜂巢等新业态的创意礼品街,开发电子商务交易系统,积极培育原创礼品与旅游纪念品设计、生产和销售相结合的服务平台。整合国内外礼品产业优势资源,在原创礼品的创意研发、生产制作以及整合营销方面形成产业链,提升园区的投入产出效益。

四、加速构建产业一体化融合模式

体育产业与文旅产业一体化融合模式主要指这两大产业在一定空间范围内,通过产业规划、产业发展、产品设计、市场营销、品牌塑造等方面的一体化,实现两大产业交融发展。

随着创意经济发展,旅游模式不断推陈创新,体育文化旅游综合体应运而生。体育文化旅游综合体是顺应创意经济发展而出现的新型体育文化旅游融合模式,目前业界和学界尚未有统一概念。学者们比较认同体育文化旅游综合体突出了文化创意"内核",较好地满足了消费者获取知识信息、提升文化艺术修养、体验创意生活等多方面需求。

体育文化旅游综合体具有多重功能。一方面,体育文化旅游综合体具有综合体的属性,是集商业网点、艺术演出、综合娱乐等核心功能于一体的多元、高效综合体。另一方面,体育文化旅游又对旅游综合体进行了优化和升级,立足一定的旅游资源与土地基础,以体育文化旅游休闲为导向进行土地综合规划和开发,以特色街区、独具风格的村寨、休闲度假酒店集群、综合休闲娱乐中心、休闲地产社区等为核心功能,注重提供高品质的体育文化旅游产品,体育文化旅游综合体的发展有利于优化体育产业与文旅产业的结构,延长两大产业的价值链,体育产业与文旅产业转型升级,推动产业可持续发展。

由于体育产业与文旅产业的发展背景、发展基础、发展重点、发展特色、发展方向等存在较大差异,当地各个区域的体育文化旅游综合体的发展也各有不同。

第四节 融合业态创新机制

体育产业与文旅产业融合发展有助于派生出新的体育文化文旅产业态,从而使传统文旅产业优化升级。如通过"节庆＋旅游""动漫＋旅游"等派生了节庆旅游、动漫旅游等新业态。现以西部地区的节庆旅游、动漫旅游以等为例,对体育产业与文旅产业融合发展业态创新进行深入分析。

一、节庆旅游

(一)节庆旅游相关概念与特点

1. 节庆旅游概念

节庆旅游是指利用地方特有的传统,举办意在增强地方吸引力的各种节日、活动,使旅游者在停留期间具有较多的参与机会,以促进地方文旅产业的发展。

早在 20 世纪 70 年代,国际方面对于节庆旅游的相关研究就已经开始了,在 1984 年,里奇提出了对于节庆的相关定义:从长远或者短期目的出发,一次性或者重复举办的、延续时间相对较短,主要目的为强化外界对旅游目的地的认同,增强其对游客的吸引力,进而提升当地经济的一种活动。

针对节庆旅游,我们国家的学者也做出了相关定义,即节庆旅游又称为节事旅游,一般指的是一些含有多种旅游项目的具有时间性的活动,主要包含了各种节日,地方特色产品的展出,独具特色的体育比赛等旅游特征浓厚的活动或者非正常发生的特殊事件;而狭义的节庆旅游则是周期性举办的一些节日等活动。

2. 节庆旅游相关特征

节庆旅游属于人文景观旅游的范畴。这种旅游,属高层次的旅游,可以使旅游者在精神上获得一种享受,得到知识和营养。与别的旅游方式相比,节庆旅游具有以下几个非常显著的特征:

第一,地域性特征明显。因为历史因素以及地理环境的影响,每个地区的传统习俗等也存在一定的差异性,因此每个地区举办的节庆活动也是独具特色的,其他地区没有办法对其进行复制粘贴。具备当地特色的体育文化旅游资源,是当地所独有的,是其他任何一个地方都替代不了的。

第二,有很强的体验性。节庆旅游项目的观赏过程,同时也是旅游者的参与过程。游客通过亲身参与活动,可以感受活动氛围,获得亲身体验,留下深刻印象。

第三,传统气息浓厚。传统体育中含带的文化元素是节庆旅游中最重要的特征之一,它是真正吸引旅游者的深层次因素。通过拓展节庆旅游的空间,不仅可以活跃旅游市场、丰富旅游资源,还能加强国家和地区间文化的交流。

第四,具备一定经济性。节庆旅游往往由于规模不一,有特定的主题,在特定空间范围内定期或不定期举行,能以其独特的形象吸引大量区域内外的游客,并产生效果不等的轰动效应,从而提高举办地的知名度,促进当地乃至区域社会经济的全面发展。由此可以看出,节庆旅游带有极其强烈的经济性,能够对经济的发展产生巨大的影响。

（二）节庆旅游开发的原则

1. 项目精选原则

旅游开发不是盲目的，而应当有序进行。节庆旅游的成败与节庆体育项目的开发首先应注重选择优秀的体育项目。在选择节庆旅游作品时，体育题材确立不同的评判标准。但无论何种题材，比较一致的评判标准主要包括体育项目中内含的创意、冲击力、感染力、文化内涵或教育意义等。

2. 凸显创意原则

旅游能否取得成功，与体育文化旅游产品质量的高低密切相关。在体育文化旅游资源的开过程中，应注重以创意为内核，深入挖掘体育文化旅游产品内在的传统意义以及创意内涵，为游客提供全方位的产品和服务。

3. 侧重体验旅游原则

节庆旅游开发的又一重要原则是注重游客参与，丰富游客体验，更好的满足游客诉求。节庆旅游活动中，众多游客不再局限于被动地观赏，而是希望亲自参与其间，充分调动视觉、听觉、触觉、嗅觉等各种感官，获得独特的旅游体验，从而丰富人生阅历、愉悦身心，获得更大成就感和满足感。因此，节庆旅游应当以体育项目资源作为吸引物，注重激发旅游者的兴趣，促进旅游主体与客体的双向交流。

丰富游客体验的原则可充分贯穿在体育文化旅游产品的开发过程中，可赋予旅游者更多的情景体验，使游客在观光与表演的过程中，体验当地体育文化旅游活动带来的惊喜与精彩。

（三）节庆旅游的创意开发模式

1. 传统提升模式

传统提升，顾名思义，就是站在原有的传统节庆活动内容的基础上，开发新的节庆体育赛事，与传统化的节庆活动相结合，既有创新，也不失当地的体育风味。在活动举办的过程中，游客可以身穿当地的民俗服饰，从而更真实地体验和感受当地节庆旅游的魅力、满足心中的需求。游客在积极参与的过程中，在享受当地独具特色的体育赛事的同时，也能带动当地体育旅游产品的销售等。

2. 提旧整新模式

提旧整新，换言之，就是对区域内各种现实存在的或者潜在的旅游资源进行整合分析，通过对当地体育等资源的深入挖掘，将其具备一定代表性或者垄断性的东西进行提炼，然后选择当地一个与其相适应的节庆进行包装，借助这个特殊的节庆，从而赋予其特殊的含义，并采取一定的节庆组织展开，使其产生一种旅游吸引力的节庆旅游开发模式。

（四）节庆旅游的发展启示

近年来，人们越来越重视节庆旅游活动。因为节庆活动不仅会成为旅游地的特殊吸引物，更重要的是，长期下去它将成为旅游地的象征，成为当地居民的精神寄托，是当地居民的骄傲。同时，节庆活动使当地居民产生一种使命感，他们会自觉地保护、传承当地的体育活动项目,使其发扬光大。但是,在节庆旅游活动过程中,为了在一定程度上将体育产业与文旅产业进行融合,也存在一定的不足之处。

1. 注重游客需求,忽略了当地居民

现在的节庆不同于传统的节庆,它在某种意义上已经成为一种旅游产品,是以传播地区旅游形象,吸引旅游者消费,促进文旅产业发展为主要目的。所以现在很多地区的节庆活动为了招徕游客,满足游客的各种需要而改变了节庆的原有面貌,忽视了当地居民,失去了节庆的原动力。

2. 过分依赖政府,市场运作化不足

一个成功的节庆活动需要多部门的配合协调,当地政府的宏观调控也是不可或缺的,但是目前节庆旅游存在着过分依赖政府的现象,有些还将其举办权交给政府全权处理,错误地认为政府办事情具有号召力和权威性,容易调动当地的各种资源,可他们完全忽视市场的机制,在市场经济的条件下将节庆旅游完全作为政府行为是严重的误区,极大地限制企业积极性,阻碍了节庆旅游活动主动性的发挥。

3. 忽略了节庆旅游文化的内容

节庆旅游的举办不仅体现了当地的特色,同时也可带动当地经济的发展,因此很多节庆活动在开展时过于追求经济效益,如在活动中加大对投资商的宣传,广告成了节庆的主角,完全没有将地方体育特色进行淋漓尽致地展现,过分注重形式而轻视了对体育的表达。

4. 管理经验不足、品牌意识不强、人才匮乏、缺少地域特色

节庆旅游在举办期间通常是由多个部门共同参与管理,没有明确的责任制,对于节庆内容缺少了解,各部门之间也没有很好的交流,导致管理工作不到位,而且缺少专业人才的参与,没能抓住管理工作的重点,使资源造成浪费,成功的节庆旅游活动的组织者现在还没有品牌意识,只是利用人们对节庆仅有的理解来支撑,没有更深地挖掘节庆旅游的特色,没有创立品牌。

5. 节庆文旅产业链亟待完善

节庆文旅产业与多个产业关联度较高,因此当地应重视节庆文旅全产业链构建,制定产业发展规划,加强当地体育产业和文旅产业协同创新,不断推出具有优秀创意的节庆旅游产品,提升节庆旅游品质,加大市场动作力度,延伸产业价值链,形成各产业联动提升当地节庆旅游经济效益和社会效益的良好局面。

二、动漫旅游

(一)动漫旅游相关概念及特征

1. 动漫旅游相关概念

近年来,关于动漫旅游,国内外学者做了大量研究,且大多数学者比较认同动漫旅游是以动漫资源为核心,经过深度开发而形成的新旅游形式。动漫旅游是动

漫产业和文旅产业有机融合而派生的新型文旅产业态,在本质上属于体验式旅游范畴,具有极高的参与性、趣味性、娱乐性和文化性,充分体现了动漫业与文旅产业的有机融合。针对西部地区体育产业与文旅产业融合发展这一研究主题,可以适当借鉴动漫旅游模式,开创以动漫为主体的体育动漫旅游,与文旅产业进行很好的融合,从而带动当地以及其他游客的参与积极性。

2. 动漫旅游的特征

第一,具有很强的创新性质。动漫旅游发展主要以动漫作品为依托,丰富的资源是旅游发展的必要条件。伴随社会经济文化水平逐步提升,游客的素养也不断提高,旅游需求逐渐走向多样化、个性化,求新求异的心理越来越突出。游客需求变化对动漫旅游发展提出了新的挑战,动漫旅游开发应以当地的文化和创意为内核,将追求创新、追求卓越的理念渗透在动漫旅游产品的开发过程中。站在西部地区的角度,当地在借助动漫旅游这一主题时,可以将当地体育项目,以动漫人物的形象将这些独具特色的体育项目展示出来,进而满足游客日渐提升的素养和需求。

第二,具有较高的体验度。体验度高是动漫旅游的又一特征。在体验经济时代,游客对于充满个性以及较好体验性旅游产品的需要更加强烈。西部地区体育文化旅游在这一发展模式中,可以借助动漫作品,将动漫场景和当地的体育项目以实物和活动的场景的形式浓缩到有限的空间里。通过这些项目的场景拟造出来,或者将体育项目以及景区通过动漫的技术手段虚拟出来,可以给旅游者带来强烈的视觉冲击力和情感震撼力,使游客在欣赏和游览过程中获得独特的旅游体验。比如各大动漫节庆中的COSPLAY活动也因其体验性强而深受游客喜爱。此外,各个动漫展馆、动漫街区等也非常注重推出以游客互动体验为主的旅游活动项目,满足游客个性化的需求。

第三,具备新颖的表现形式。以当地体育为内容的动漫作品主要体现创作者的智慧、才能和想象力,在此基础上展开的动漫旅游也具有新颖的表现形式。在动漫旅游实践中,动漫主题公园这一形式影响力较为广泛。除此之外,动漫旅游形式还包括动漫展馆、动漫节事活动、动漫特色街区、动漫角色扮演、动漫情景体验和动漫制作探秘等。

(二)动漫旅游开发的模式

与国外相比,国内动漫产业发展较晚,主要经历了两个重要时期:一是萌芽探索时期,二是繁荣发展时期。伴随动漫产业的发展,国内动漫旅游逐渐兴起和发展。近些年,内地逐渐对体育动漫旅游产业进行发掘和发展,西部地区可以借助这一有利时机,以体育为主题,注重延伸产业链,充分整合优势资源,打造当地特色动漫节等高水平动漫旅游项目,并借助当地的传统体育这一特殊的文化资源,创建以体育为重点的创意园区,从而为动漫旅游发展拓展新的路径。

1. 动漫主题公园模式

与国外相类似,动漫主题公园模式也是国内动漫旅游发展的重要模式之一。

国内比较有影响力的动漫主题公园除了香港迪士尼乐园外,还包括方特欢乐世界主题公园以及广东佛山"喜羊羊与灰太狼实景主题公园"等。这也给西部地区带来了很大启示,构建以体育内容为主题的动漫主题公园,以动漫人物的形式,将西部地区独具特色的体育项目,借助高科技,到造成 3D 动漫形式,或以 COSPLAY 的形式展现在主题公园当中,以当地的资源优势,来吸引国内外的游客前来观赏,并融入其中,使其与这些动漫中演绎体育项目的角色来一个亲密接触,使他们能够很好地感受动漫中的特殊氛围,体验动漫中的生活方式,进一步增强自身的体验度。

此外,这一主题公园的动漫旅游项目还可以根据旅游人群的不同,设置不同的内容。比如,针对喜欢追求刺激的青年游客,可以设置刺激性的项目,这样能够很好地吸引青年游客的青睐,而且还在一定程度上能够改变当地旅游产品的结构,进而为当地动漫体育旅游的发展注入新的活力。

2. 动漫文化创意产业园模式

动漫创意产业园是综合型文化创意园区。近年来,国内动漫创意产业园逐渐增多,现已有北京中关村海淀科技园、太湖源动漫文化创意产业园、杭州滨江白马湖创意文化园、山东沂南动漫文化创意产业园等多家动漫文化创意园。

西部地区有很多独具特色的景点已经成为深受游客欢迎的旅游景点。借助这个很好的契机,当地可以打造以地方特色为主题的体育创意园区,并引进高新技术人才,倾心打造这一新颖的动漫项目,依托丰富、独特的资源,创建体育动漫游戏素材库,动漫技术平台、公共游戏开发平台、公共游戏测试平台、公共游戏运行平台以及公共客户服务平台等,进而吸引更多的动漫迷以及游戏迷和游客不断涌进这个新奇又神秘的体育类高新科技园区,为动漫旅游发展构建更加良好平台。

3. 动漫节会模式

伴随动漫产业的不断发展,全国各地举办的各种动漫节会活动不断涌现,动漫节会模式也随之成为国内动漫旅游发展的重要模式之一。中国国际动漫节是国家级动漫专业节展,从 2005 年开始,每年 4 月 28 日至 5 月 3 日固定在杭州举办。每年的中国国际动漫节都会吸引大量来自全球各地的动漫企业、知名高校,动漫迷和游客也积极参与此中,产生了极大的市场影响力。比如通过举办中国国际动漫节,杭州有效汇聚了全国动漫产业的信息流、资金流、人才流,搭建了中外动漫交流的平台,推动了动漫产业国际化的步伐。借助中国国际动漫节这一平台优势,西部地区可以将当地以体育为主题的资源优势进行发挥。借助动漫节的轰动效果,将体育项目融进动漫中,并借此机会向世人展示独属于当地的特色体育动漫旅游产业,给国内外游客不一样的动漫观赏感受,进而构造并创建"动漫之都"的目标,一条以动漫产业为发展目标的特色之路。

(四)动漫旅游发展的启示

与国外相比,国内动漫体育旅游的发展相对滞后,特别是西部地区,动漫业尚且需要奋力追赶国内其他发达地区动漫发展的步伐,体育动漫旅游产业更要马不停蹄,加大重视力度,注意借鉴国内其他地区以及国外动漫产业以及动漫旅游产业发展的要领。其启示主要体现在以下几点。

1. 体育动漫旅游市场发展迅速,应强化市场发展整体规划

近年来,体育动漫旅游市场得到了迅速发展,动漫主题公园、动漫创意产业园、动漫节庆活动等不断涌现,但市场发展整体规划则亟待加强。不仅如此,体育动漫旅游品牌的缺失以及体育动漫旅游市场整体规划的滞后也日益凸显。因此,加强体育动漫旅游市场整体规划是规范体育动漫旅游发展的必然选择。

2. 体育动漫旅游产品丰富,但本土精品需强化其创建力度

尽管体育动漫旅游产品内容丰富,但由于动漫原创作品的匮乏,使得本土体育动漫旅游较为稀缺。要加强动漫产业国际化的步伐,必须在当地政府的正确主导下,进一步加强动漫产业的研发工作,培养和引进优秀的动漫创作人才,进一步加强动漫作品的后期制作,改变现有动漫品牌缺乏的尴尬局面,面向国际市场推出更多更新的优秀原创动漫作品,提高动漫的国际影响力。在此基础上,进一步丰富体育动漫旅游产品,不断完善体育动漫旅游市场建设。

3. 体育动漫旅游产业链已见雏形,但需强化产业联动发展脚步

产业链主要涉及体育产业、动漫产业、文旅产业、创意产业、影视产业等,其主要环节涉及动漫体育项目、动漫作品创作、动漫作品营销、动漫旅游产品开发以及动漫旅游推介等。目前,体育动漫文旅产业链已见雏形,但在各产业联动发展方面仍需进一步加强。

在产业联动发展中,关键是加大产业之间的融合力度。上述几大产业的有机融合有利于体育动漫旅游的发展。这就要求,一是加强体育产业、动漫产业与文旅产业的融合,在动漫作品开发中融入体育元素、旅游景区景点元素、在旅游开发中推出动漫作品中的虚拟现实景点。二是加强动漫产业与体育创意产业的融合,深入挖掘动漫产品的创意内涵,更加符合观众不断增长的需求,从而推动体育动漫旅游的发展。三是加强动漫产业与影视产业的融合力度,推出更有震撼力和感染力的动漫影视精品,为体育动漫旅游项目的开发奠定良好的基础。

三、其他业态

除上述这些进行了详尽阐述的文旅产业态外,文旅产业与体育融合发展还派生了其他一些新的旅游业态,比如当地的特色街区旅游、创意体育产业园区旅游、智慧体育旅游、虚拟体育旅游等。综上可以知晓,在文旅产业与体育的融合发展的过程中,融合业态的创新在这中间起着非常重要的作用。

第十章 西部体育产业与文旅产业融合发展的效益评价

第一节 西部体育产业与文旅产业融合发展的效益评价原则

能够用于评价体育产业与文旅产业融合发展效益的指标有很多,其关系十分密切。为了能够对其做出合理、准确的评价,从而体现体育产业与文旅产业融合发展的指标体系,在选取评价指标时,要对下面的原则进行考虑。

一、科学性与可行性结合

科学指标的确定,要结合定性以及定量分析,还要能够对体育产业与文旅产业融合发展的相关性、区域性以及持续性和效益性拥有准确地反映。与此同时,相关数据在采集、统计以及分析方面要方便快捷,并且可行性强,能够进行科学化操作和评估。这两者的结合,是构建体育产业与文旅产业融合发展效应评价指标体系的基本前提。

二、系统性与层次性结合

评价体系,这个有机系统不仅要对体育产业与文旅产业融合发展效益的基本构架有一定反映,还要做到对效应内容的全面覆盖,各项指标之间既存在联系又各自独立。与此同时,指标体系要根据研究需求,依照其供能进行层次划分,每个层次都是对每个等级内容的反映,这些层次之间也必须存在明确的隶属关系。这两者进行结合,可谓构建体育产业与文旅产业融合发展效益评价指标体系的关键。

三、前瞻性与公信性结合

体育产业与文旅产业融合效益评价体系不仅可以应用于回顾性评价,还可以用于预测性评价。通过回顾性测评,可以发现两大产业融合发展存在的问题,然后根据其产生的原因做出改进和调整,从而促使其高效发展;至于预测性测评,要有助于地方政府、体育文旅企业科学预测市场发展的趋势,以便于其融合方案的制定和落实。此外,指标体系的公信性是片区体育局、旅游局、文化局、旅游开发商及文旅企业进行决策的重要工具。要注意的是,评价要坚持实事求是和客观公正,评价结果不能牵强附会,否则会带来巨大负面效应。前瞻性与公信性相结合是构建体育产业与文旅产业融合发展效益评价指标体系的归宿。

第二节 西部体育产业与文旅产业融合发展的效益评价内容

就当前而言,地方政府在推进体育产业与文旅产业的融合过程中取得了良好的成效。如何对两大产业融合发展的动态以及效益进行实时跟踪,两大产业的融合发展是否能够使消费者日渐增长的精神需求得到满足,这就需要构建科学化、标准化以及操作化的效益评价指标体系,以便对其进行更精准的把握。

一、评价指标的来源

体育产业与文旅产业的融合发展,不仅能够提升旅游品质,还能使传统体育项目得到传播;不仅能够打造传统体育所需的市场,还可以为西部文旅发展铺设道路;不仅能够满足消费者日益增长的精神文化需求,还可以带动区域发展,实现区域扶贫攻坚。总之,体育产业与文旅产业融合发展,既是一个以文旅促进传统体育、传统体育带文旅的过程,也是一个既有经济效益、政治效益、社会效益、文化效益和生态文明效益的过程,更是一个取长补短、优势互补、相得益彰、互利共赢的过程。然而,目前由于缺乏一套能够真实、客观、全面反映两大产业融合效益评价体系及效益评价模型,也在一定程度上造成了政府部门、体育文旅企业和景区对其当前实际发展情形掌握得不够全面、准确,这直接导致对体育文旅企业的未来发展趋势和效益难以宏观把控和进行具体指导。本书通过文献查阅法,得到了相关的效益评价指标。

首先,在研究体育产业与文旅产业融合发展过程中,不同学者在研究中的切入点不尽相同。一些学者从互动机制这个视角,对体育产业与文旅产业之间的融合发展做了系统化研究,认为两大产业在发展中的关系是互推互动、联动协调,此外,他们还立足于西部地区,将两大产业融合的理论进行了实践,并试图解决实践中出现的问题;一些学者站在融合战略这个视角,认为体育产业与文旅产业融合发展需要客观科学的经营管理机制作为依托,对不同的传统体育项目进行挖掘,以彰显其特性和创意,进而实现两大产业的高强度融合,使这两大产业融合之后产生的新产业(体育文旅产业)在社会以及市场的需求方面更加契合,这一融合战略的研究,在某种程度上使体育产业与文旅产业的融合发展这一难题得到了解决;一些学者从产业融合的视角为立足点,认为体育产业与文旅产业融合发展的路径模式可以从制度文化、市场、资源以及功能四个层面进行立体化整合,对两大产业融合路径的研究为其融合发展明确了方向。

其次,就本书的相关研究基本上还是空白,而本书接下来将从体育产业与文旅产业融合发展后形成的新产业,即体育文旅产业的相关评价指标着手进行梳理,以此寻求体育产业与文旅产业融合发展的相关评价指标。在建立产业效益评价指标体系时,由于产业效益是一个综合性的战略目标指标,故而其分为经济效益、社会效益、文化效益以及生态文明效益,并且还把这个指标分为八类,即财务指标、客户指标、内部指标、社会指标、文化指标、生态指标和比较指标。产业效益评价指标体系的构建,对全面把握产业效益以及评价和考核综合效益,提供了具体性操作意见。

通过对产业效益评价理论的梳理,结合西部地区的实际情况,逐步提炼出所需的相关指标。

二、理想评估指标出炉

理想评估指标,指的是在参考各种文献之后,借助头脑风暴法确立的带有一定逻辑层次规律的指标体系。关于评估指标体系的设置,主要是依照"五位一体"战略部署。当前就体育产业与文旅产业融合发展固有的社会、政治、经济以及社会和文化、生态文明等方面的效益,学界还未构建一定的综合评价体系,所以存在一定的创新性质。在理想评估体系中,涵盖了一级指标、二级指标、三级指标。这些指标的类型大部分是定性的,以下是本书所确立的理想评估指标体系(如表10-2-1所示)。

表 10－2－1 理想评估指标体系

一级指标	二级指标	三级指标
体育产业与文旅产业融合发展效益评价指标体系	经济效益	总资产报酬率
		资本收益率
		资本负债率
		流动比率
		存货周转率
		社会贡献率
	政治效益	推动区域政府合作
		促进政治体制创新
		加强领导班子和干部队伍建设
		维护民族平等
		加强民族团结
		促进东、中、西部协调发展
	社会效益	带动相关产业发展
		增加社区就业人数
		加强社区基础设施建设
		调动社区居民参与活动的积极性
		提高社区居民生活质量
		加强社区居民对区域政府执政的满意度
		提高社区居民收入水平
	文化效益	保护非物质文化遗产
		传承民族文化
		保存民族风俗习惯
		丰富民族文化产品
		开拓文化市场
		加强民族文化之间的交流和传播
		推动区域文化创新
	生态文明效益	生态文明意识的普及
		森林覆盖率
		自然保护区的有效保护
		地表水体质量
		环境空气质量
		水土流失率
		农药使用强度

第三节 西部体育产业与文旅产业融合发展的效益评价指标构建

一、关于专家问卷法

为保障问卷的准确有效,将业内专家作为问卷发放地调研对象。专家主要分为:长期从事体育产业与文旅产业相关研究的学者;长期从事传统体育与文旅产业的公职人员;长期经营体育企业或文旅企业的企业家。让这些不同领域的专家依照指标的所占比重进行评分并提出意见,关于问卷,共进行三轮,即第一次发放问卷 50 份,回收有效问卷 48 份;第二次发放问卷 40 份,回收有效问卷 36 份;第三轮发放问卷 38 份,回收有效问卷 32 份。每轮调研完全结束后对问卷做详细的统计和分析,然后对相关指标体系做出修改,再次发给这些领域的专家,请他们测评。经过多次修正之后,指标体系就会变得愈加集中,最终得到文本所构建的效益评估指标体系。

专家问卷设计分为两部分:对指标的重要性打分,填写开放式的修改意见。各指标按照“不重要”“较不重要”“一般”“较重要”“重要”分别赋予 1、3、5、7、9 等分值,用各指标所得分值的期望值来表示专家的“意见集中度”,用各指标所得分值的变异系数来表示专家的“意见协调度”,变异系数越小,指标的专家意见协调程度越高。

假设 X_{ij} 表示第 i 个专家对第 j 个指标的打分,共有 12 个专家:

$$M_j = \frac{1}{n}\sum_{i=1}^{n} X_{ij}$$

$$S_j = \sqrt{\frac{1}{n-1}\sum_{i+1}^{n}(X_{ij}-M_j)^2}$$

$$V_j = S_j / M_j$$

公式中,V_j 值越小,j 个指标的专家意见协调度越高。

M_j ——n 个专家对 j 指标评分的算术平均值;

S_j ——专家对 j 指标评分的标准差;

V_j ——全部专家对 j 指标评价的变异系数。

二、首轮专家问卷法结果

由于理想评估指标的确定具有很强的主观性,所以,在此基础上通过第一轮专家问卷法,对指标满意度和重要性打分而后进行筛选及模型修正(如表 10—3—1 所示)。

表 10-3-1 理想评估指标体系分析结果表

三级效益	M_j	V_j
总资产报酬率	7.947	0.173
资本收益率	7.737	0.184
资本负债率	6.947	0.307
流动比率	6.842	0.267
存货周转率	6.263	0.357
社会贡献率	7.474	0.265
推动区域政府合作	7.631	0.184
促进政治体制创新	7.657	0.215
加强领导班子和干部队伍建设	7.447	0.247
维护民族平等	8.036	0.206
加强民族团结	8.052	0.182
促进东、中、西部协调发展	7.631	0.229
带动相关产业发展	8.316	0.112
增加社区就业人数	7.734	0.171
加强社区基础设施建设	7.684	0.194
调动社区居民参与活动的积极性	7.184	0.224
提高社区居民生活质量	7.553	0.206
加强社区居民对区域政府执政的满意度	7.395	0.210
提高社区居民收入水平	8.211	0.146
保护非物质文化遗产	8.184	0.162
传承民族文化	8.211	0.145
保存民族风俗习惯	8.053	0.180
丰富民族文化产品	7.289	0.209
开拓文化市场	7.605	0.177
加强民族文化之间的交流和传播	7.737	0.184
推动区域文化创新	7.816	0.178
生态文明意识的普及	8.053	0.158
森林覆盖率	7.947	0.180
自然保护区的有效保护	8.236	0.151
地表水体质量	8.236	0.177
环境空气质量	8.316	0.137
水土流失率	7.921	0.177
农药使用强度	7.553	0.218

下面,会根据各个领域专家打分结果的分析、专家提出的相关意见以及本书研究的需求,这三个方面进行分析,以期对体育产业与文旅产业融合发展理想效益评

价指标进行深入分析和修正,具体操作表现在以下几点。

(一)专家打分层面

为了构建出实际可行的体育产业与文旅产业融合发展效益评估指标体系,在对这一指标体系进行初步拟定的基点上,本书对部分专家做了访谈和调研。在书中构建的二级效益评估指标,就专家提供的信息给予一定的认可和赞同,其中的一个主要因素就是,该指标体系的依据是的十九大的政策和方针。关于第三等级的效益评估指标,主要是站在期望值以及变异系数的标准这两个点上,然后进行分析,考虑其可行性。

条件1,我们假设期望值 $M_j \geq 7$,变异系数 $V_j \leq 0.3$ 时,其指标是科学可行的。

根据表10-3-1中的数据可知,大部分的指标期望值以及变异系数都能满足上面的条件1,这说明构建的理想评估体系整体上获得了专家的认可,也存在有一些不可忽略的细微问题。虽然只有极少数没能满足这个条件1,但依旧存在。接下来,会对不符合条件1的三项指标进行深入分析。

首先,资本负债率的期望值为6.947,也就是说,这个指标接近重要,但是变异系数是0.307,这代表着专家就该项指标存在较大的分歧:一些专家认为这个指标是作为主要指标对经济效益进行评估,故打了较高的分数,部分专家认为其并不能对产业融合之后的经济效益做出一定的反应,最后出现了一定的分歧。资本负债率是对体育文旅企业负债程度的一种反映,其高低也是企业盈利能力大小的一种反映,盈利能力也在侧面反映了体育产业与文旅产业融合之后的经济效益,但不存在较大的直接影响。关于这个指标,笔者较认同相关专家的意见,将这个指标剔除。

其次,流动比率的期望值是6.842只是站在这个指标上进行判断,在经济效益评价指标体系当中趋近重要,但是它的变异系数是0.267,从中也能看出,部分专家关于这一指标存有相当大的分歧。关于流动比率,指的是流动资产和流动负债之间的比率,主要对企业在短期内偿还债务的能力进行衡量。当然,流动比率确实可以反映产业融合发展后的经济效益,其不被认同的主因之一是该指标更多地偏向于财务。至于该指标怎么处理,笔者认为暂时搁置比较合适,如果下一轮专家打分时还是难以得到各专家的认同,就给予去除。

存货周转率的期望值是6.263,这个数值在效益指标中算是很低的一个,究其原因,这两种产业都不属于产品经济,再加上服务行业的无形性质——产品的生产和销售齐头并进,这之间就没了存货周转这个说法,其变异系数是0.357,这也表明专家关于这个指标也存在很大的争议,笔者对不同专家的意见表示认同,所以将这个指标剔除。

条件2,假设指标期望值 $M_j \geq 7$,指标变异系数 $V_j \geq 0.25$ 时,这一指标是能够商榷的。

根据表10-3-1的一系列数据可以知晓,只有社会贡献率满足这个假设指标,其期望值是7.474,变异系数是0.265,这表明该指标是很重要的,但是变异系数是 0.265，这也表明专家们对其有着很大的分歧。这中间的存在因素为：第一，这个指标有两种理解，即经济指标和社会指标；第二，对社会贡献率存有不同的理解，所以分歧不可避免。在这里，将这一指标归类为经济指标，也就是其对社会GDP方面的贡献，所以对此指标做了保留决定。

(二)专家意见层面

在问卷调研期间，专家不仅对各指标重要性做了评定，而且还有很多专家留下了自己宝贵的意见，这些意见又进一步完善了现有的评价指标体系。经过整理，该指标主要归纳为以下几点。

第一，经济效益三级指标，它们在一定程度上缺乏逻辑性与层次性。可以站在宏观至微观或者微观至宏观的角度进行研究，在进行下一轮的问卷调查会从宏观至微观角度入手。同时，也提出了采取更科学的经济指标，例如优化产业结构、产业收入以及接待宾客留宿人数等指标。鉴于此，笔者翻阅并参考了大量文献，发现这类指标能很好反映西部体育产业与文旅产业融合发展后的经济效益，所以，在下一轮的评估体系调查中，这些指标会加入其中。

第二，社会效益三级指标，虽然指标呈现一定的体系，但也有缺陷，可根据需求加入三个指标，即增强文化魅力，强化文旅产品竞争力以及提升"体育＋文旅"品牌影响力。究其原因，品牌在市场竞争中显得更为重要。品牌其实就是讲故事，而传统体育也是讲故事的范畴，产业融合的作用之一就是增加文化魅力、强化文旅产品的竞争力以及提升品牌的影响力。体育产业与文旅产业融合发展后，所产生的社会效益还可以带动公共卫生的发展。在设计新的指标体系时，依照各项指标的逻辑性和层次性，会对各项指标的顺序进行新一轮的设计与调整，新提出的指标也会加入。

第三，文化效益三级指标，还需要再添加两个指标，即传统体育文化设施建设以及培育新型传统体育文化业态。体育产业与文旅产业融合发展之后，在很大程度上会培育新型的文化业态，同时也可以促进传统体育文化设施的构建与发展，在构建理想效益评估指标体系时，这两点没能考虑在内。各专家留下意见时，存在一定深意，所以构建这一指标体系时，会加入新提出的两个具体指标，使其得到完美融合，对这一三级指标进行完善。

第四，生态效益三级指标，还需要进一步完善。比如如果有地表水体质量，就需要考虑到地下水体质量，要么把地表水体质量和环境空气质量融为环境质量，笔者赞同后者。此外，如果谈及水土流失率，就必须加上沙漠化，因为该指标是反映生态文明的一个重要筹码。最后农药使用强度虽满足了条件，但生态方面的专家建议去除。

(三)研究需求层面

根据专家的打分情况以及他们提出的各种意见，笔者进行了详尽分析，并依照体育产业与文旅产业融合发展效益评估的实际情况，站在理想评估指标体系的视角，本书对两大产业融合发展效益评估指标体系进行了再次构建。在这里需要特别指出，本书在政治效益一栏加入了加强社区居民对地方政府行政的满意度，经查阅相关文献，认为这个指标更适合政治效益。在第一次构建理想评估体系时，三级指标之间缺乏相关的逻辑性，所以本书在构建新的设计效益评估指标时，利用宏观至微观的方式，在指标重排时会对初次的指标进行相关调整(如表10-3-2所示)。

表 10-3-2 效益评估指标修正结果

一级指标	二级指标	三级指标
体育产业与文旅产业融合发展效益评价指标体系	经济效益	优化产业结构
		文化旅游景点接待人数
		文化旅游产业收入
		接待过夜总人数
		销售利润率
		总资产报酬率
		资本收益率
		社会贡献率
	政治效益	促进政府机构调整
		推动区域政府合作
		加强领导班子和干部队伍建设
		促进东、中、西部平衡发展
		维护民族平等
		加强民族团结
		加强社区居民对区域政府执政的满意度
	社会效益	提升旅游魅力
		增强当地文化旅游产品的竞争力
		扩大文化旅游品牌的影响力
		带动相关产业发展
		优化公共卫生
		加强基础设施建设
		增加就业人数
		调动社区居民参与活动的积极性
		提高社区居民收入水平
		提升居民素养和生活水平
	文化效益	培育新型文化业态
		加强文化设施建设
		丰富民族文化产品
		开拓文化市场
		加强民族文化之间的交流和传播
		推动区域文化创新
		保护非物质文化遗产

一级指标	二级指标	三级指标
体育产业与文旅产业融合发展效益评价指标体系	文化效益	传承民族文化
		保存民族风俗习惯
	生态文明效益	生态文明意识的普及
		自然保护区的有效保护
		强化自然保护区的保护
		森林覆盖率
		环境质量
		环境空气质量
		水土流失率和石漠化

根据表10-3-2效益评估指标修正结果,再次进行专家调研问卷,然后前去调研。其操作步骤和第一次无太大差别。

三、第二轮专家问卷法结果

立足于第一次的问卷调研结果上,对这一评估指标体系进行了修正,再次进行问卷调查,请相关专家对其重要性进行打分,并对此提出意见。对这项结果进行整理分析,计算出了对应的期望值以及变异系数(如表10-3-3所示)。

表10-3-3 评估指标体系结果分析(第二轮专家问卷法)

三级效益	M_j	V_j
优化产业结构	8.000	0.189
文化旅游景点接待人数	7.500	0.189
文化旅游产业收入	7.500	0.189
接待过夜总人数	7.500	0.189
销售利润率	6.750	0.334
总资产报酬率	6.500	0.394
资本收益率	7.250	0.273
社会贡献率	7.750	0.192
促进政府机构调整	7.250	0.097
推动区域政府合作	7.250	0.177
加强领导班子和干部队伍建设	7.500	0.123
促进东、中、西部协调发展	7.250	0.177
维护民族平等	6.750	0.334
加强民族团结	7.500	0.236

续　表

三级效益	M_j	V_j
加强社区居民对区域政府执政的满意度	7.500	0.236
提升旅游魅力	8.000	0.189
增强当地文化旅游产品的竞争力	8.750	0.080
扩大文化旅游品牌的影响力	8.750	0.080
带动相关产业发展	7.500	0.236
优化公共卫生	7.250	0.177
加强基础设施建设	7.000	0.305
增加就业人数	7.750	0.236
调动社区居民参与活动的积极性	6.500	0.282
提高社区居民收入水平	7.000	0.202
提升居民素养和生活水平	7.250	0.361
培育新型文化业态	7.250	0.273
加强文化设施建设	8.000	0.201
丰富民族文化产品	7.500	0.143
开拓文化市场	8.250	0.171
加强民族文化之间的交流和传播	7.500	0.198
推动区域文化创新	7.250	0.196
保护非物质文化遗产	8.000	0.209
传承民族文化	7.750	0.138
保存民族风俗习惯	7.250	0.143
生态文明意识的普及	7.250	0.230
自然保护区的有效保护	7.250	0.177
环境质量	7.750	0.215
森林覆盖率	7.500	0.244
水土流失率和石漠化	7.000	0.253

接着,立足于专家打分结果、提出意见和本书研究需求等三个层面进行分析,以期对体育产业与文旅产业融合发展效益评价指标进行再次分析与修正,具体表现在以下几点。

(一)第二轮专家打分结果分析

为构建实际可操作的体育产业与文旅产业融合发展效益评估指标体系,在第一次操作的基础上,对数十位专家做了详尽的访谈与调研。其中,关于二级效益评估指标,专家依旧给出了赞同和认可。关于三级效益评估指标,站在期望值与变异系数这两个标准上进行分析。

条件1,假设期望值 $M_j \geqslant 7$,变异系数 $V_j \leqslant 0.3$ 时,构建的指标是科学可行的。

由上可知,一大部分的指标都能够满足这个条件,这也表明效益评估指标修正后获得了相关专家的认可与好评,但其间也存在一些问题。在经济效益这个等级中,没能满足这个条件的是销售利润率以及总资产报酬率;在社会效益这个等级中,没能满足这个条件的是调动社区居民参与活动的积极性。下面,将会对这几个没能满足条件的指标进行分析。

关于销售利润率,其期望值是 6.750,变异系数是 0.334;关于总资产报酬率,其期望值是 6.500,变异系数是 0.394。关于这两个指标,具体言之属于财务指标的范畴,财务指标从某种程度上也可纳入经济效益的范畴,至于是否能划入产业融合发展经济效益当中,要依照这个条件做出判断。换句话说,如果站在企业的视角来讲,这两个指标是能够对此企业经济效益做出衡量;但站在宏观立场来讲,如果衡量产业融合之后的产业,这两个指标的确不太合适。笔者通过思考,决定尊重各专家的意见,移除这两个指标。

就当地社区居民参与活动的积极性这个指标体系来讲,它的期望值是 6.500,变异体系时 0.282,与假设的这个条件不相符,也说明这个指标行不通。就某个角度来讲,体育产业与文旅产业融合发展是可以带动当地居民参与体育文旅活动的积极性,但并不能确定这个指标与社会效益之间是否存在直接的必然联系。而本文建立的指标体系与各指标之间需符合系统性与层次性原则,很显然,调动社区居民参与活动的积极性与本课题社会效益关联度不够,或者说,与带动就业和提高收入水平这两个指标有雷同之处,故而给予去除。

条件 2,假设指标期望值 $M_j \geq 7$,指标变异系数 $V_j \geq 0.25$ 时,该指标是值得商榷的。

关于表 10-3-3 数值可以知晓,满足这个条件的有三个指标,主要包括提升居民素养及生活水平、培育新型文化业态、水土流失率与沙漠化。在这几个指标中,确实与产业融合发展效益指标体系中的社会效益、文化效益以及生态文明效益相契合,而且,在第一轮中,权威专家提出的意见就有新型文化业态的培训,其中,衡量生态文明的硬性指标就是水土流失与沙漠化,所以笔者认为这个指标可保留。关于居民素养以及生活水平的提升,可对其做进一步分解,即提升当地居民文化素养、提升当地居民的生活水平。接下来,也会在第三轮中进行专家认证。

(二)第二轮问卷期间专家提出的意见

在问卷调研期间,专家不仅对各指标重要性做了评定,而且还有很多专家留下了自己的意见,这些意见又进一步完善了现有的评价指标体系。经过整理,该指标主要归纳为以下几点。

在三级指标中,需要主要用词,比如可统一用中性指标或者正面指标。在这里,笔者没有考虑在内,因此给人一种杂乱的感觉。依照本书研究的需要,在创建三级指标时会统一文风用词。例如,增加接待人数、增加产业收入、增加接待过夜总人数、增加资本收益率、提高社会贡献率、提高环境质量、增加森林覆盖率以及减少水土流失率及沙漠化。

在二级指标中的社会效益中,所包含的"带动相关产业发展"这个三级指标更适合经济效益这一指标范畴,在专家的建议下,决定遵从其意见,调至经济效益这一指标体系当中。

(三)构建新的效益评估指标体系

通过对第二轮的专家打分以及专家意见进行分析,并结合体育产业与文旅产业融合发展效益评估指标体系的现实情况,在修正评估指标体系的基础上,构建了全新的指标体系,并在原有的基础上做了相应调整(如表10-3-4所示)。

表10-3-4 第二轮效益评估指标修正后体系

一级指标	二级指标	三级指标
体育产业与文旅产业融合发展效益评价指标体系	经济效益	优化产业机构
		增加旅旅总人次
		增加旅游产业收入
		带动相关产业发展
		提高投资收益率
		提高社会贡献率
	政治效益	促进政府机构调整
		推动区域政府合作
		加强干部队伍建设
		促进新一轮西部大开发
		激发民族文化自豪感
		加强民族团结
		加强社区居民对区域政府执政的满意度
	社会效益	提升文化魅力
		增强当地文化旅游产品的竞争力
		扩大文化旅游品牌的影响力
		优化公共卫生
		加强基础设施建设
		增加就业人数
		提高区域居民收入水平
		提升区域居民文化素养
	文化效益	培育新型文化业态
		加强文化设施建设
		丰富少数民族文化产品
		开拓文化市场

一级指标	二级指标	三级指标
体育产业与文旅产业融合发展效益评价指标体系	文化效益	加强民族文化之间的交流和传播
		推动区域文化创新
		保护非物质文化遗产
		传承少数民族文化
		保存少数民族风俗习惯
	生态文明效益	生态文明意识的普及
		自然保护区的有效保护
		增加森林覆盖率
		提高环境质量
		减少水土流失率和石漠化

四、第三轮专家问卷法结果

立足于第二轮专家问卷调研的基础上,对西部体育产业与文旅产业融合发展效益评估指标体系再次做出修正,并借助第三轮专家调研问卷法,请专家们对各指标进行打分,并提出相关意见。笔者对此做了详尽的整理和分析,其结果如表10－3－5所示。

表10－3－5 评估指标体系分析结果(第三轮专家打分法)

三级效益	M_j	V_j
优化产业结构	9.000	0
增加旅旅总人次	7.364	0.204
增加旅游产业收入	8.091	0.129
带动相关产业发展	7.364	0.110
提高投资收益率	7.364	0.164
提高社会贡献率	7.364	0.204
促进政府机构调整	5.909	0.278
推动区域政府合作	7.364	0.237
加强干部队伍建设	5.727	0.421
促进新一轮西部大开发	7.545	0.208
激发民族文化自豪感	7.363	0.164
加强民族团结	7.182	0.195
加强社区居民对区域政府执政的满意度	7.182	0.195
提升旅游魅力	7.364	0.204

续　表

三级效益	M_j	V_j
增强当地文化旅游产品的竞争力	8.455	0.110
扩大文化旅游品牌的影响力	7.909	0.132
优化公共卫生	6.455	0.342
加强基础设施建设	7.182	0.195
增加就业人数	7.545	0.171
提高区域居民收入水平	7.545	0.171
提升区域居民文化素养	7.181	0.195
培育新型文化业态	7.364	0.164
加强文化设施建设	7.182	0.150
丰富少数民族文化产品	7.182	0.150
开拓文化市场	7.727	0.131
加强民族文化之间的交流和传播	7.545	0.171
推动区域文化创新	7.182	0.231
保护非物质文化遗产	8.273	0.163
传承民族文化	8.273	0.122
保存民族风俗习惯	7.727	0.239
生态文明意识的普及	7.182	0.231
自然保护区的有效保护	7.182	0.195
增加森林覆盖率	7.182	0.195
提高环境质量	7.364	0.109
减少水土流失率和石漠化	7.182	0.231

接着,将对第三轮专家问卷的打分结果和意见,包括本书研究所需等层面进行分析,以期对所建指标体系进行深入分析和修正。

(一)专家打分结果分析

条件1,假设期望值 $M_j \geq 7$,变异系数 $V_j \leq 0.25$,这个条件下的指标是科学可行的。

关于优化公共卫生这个指标,期望值是 6.455,变异系数是 0.342,与条件1更加不相符。这个指标的确是社会效益这一范畴,但是否与产业融合发展存在必然联系,并不能确定。通过深入分析研究,决定提出这个指标。

由此可知,在这次的调研问卷分析结果当中,不存在第一次调研问卷分析结果中"假设指标期望值 $M_j \geq 7$,且指标变异系数 $V_j \geq 0.25$ 时,该指标是值得商榷的"的条件。所以决定暂时搁置这种情况。

(二)体育产业与文旅产业融合发展效益评价指标体系的构建

通过一系列分析以及研究需要,在第三轮专家打分分析的基础之上可知,经济效益含有 6 个指标、政治效益含有 7 个指标、社会效益含有 8 个指标、文化效益含有 9 个指标、生态文明效益含有 5 个指标,三级指标一共有 35 个,最终得出西部体育产业与文旅产业融合发展效益评价指标体系。

参考文献

[1]蔡国英,赵继荣,马金莲,等.文旅产业融合视角下甘肃省传统村落品牌
建设影响因素研究[J].安徽农业科学,2020(21):146-150.

[2]车雯,张瑞林,王先亮.文化承继与产业逻辑耦合:体育特色小镇生命力培育的
路径研究[J].体育科学,2020(01):51-58.

[3]陈博.多元视角下体育产业的融合发展研究[M].北京:中国经济出版
社,2020.

[4]陈林会,刘青.成渝地区双城经济圈体育产业融合发展研究[J].经济体制改
革,2020(06):57-63.

[5]崔凤军,陈旭峰.机构改革背景下的文旅融合何以可能——基于五个维度的理
论与现实分析[J].浙江学刊,2020(01):48-54.

[6]戴斌.数字时代文旅融合新格局的塑造与建构[J].人民论坛,2020(Z1):152
-155.

[7]董倩,张颐武,宋瑞,等.面向新发展阶段——"三亿人参与冰雪"与新时代文旅
融合[J].人民论坛,2020(35):36-37.

[8]范建华,李林江.历史文化资源转化为文化旅游产品的几点思考——以广西花
山岩画为例[J].理论月刊,2020(10):80-88.

[9]范松梅,白宇飞.中国体育产业发展与体育系统人力资源投入关系的实证分析
[J].北京体育大学学报,2020(09):48-56.

[10]范周.文旅融合的理论与实践[J].人民论坛·学术前沿,2019(11):43-49.

[11]方桢,杨栋.西部少数民族节日体育研究[M].昆明:云南人民出版社,2016.

[12]冯珺,肖淑红.产业融合视角下的体养融合研究:概念、作用与发展现状[J].
北京体育大学学报,2020(12):58-70.

[13]耿松涛,张伸阳.乡村振兴背景下乡村旅游与文化产业协同发展研究[J].南
京农业大学学报(社会科学版),2021(02):44-52.

[14]郭彬,赵雯婷,吴飞.体育强国背景下我国体育产业"十四五"规划编制前瞻
[J].北京体育大学学报,2020(07):1-13.

[15]国务院办公厅.关于促进全民健身和体育消费推动体育产业高质量发展的意
见[Z].2019-09-17.

[16]何文义.多维融合背景下的体育文化发展路径与策略探析[J].北京体育大学
学报,2020(12):35-45.

[17]何文义. 体育产业与文旅产业融合发展研究[J]. 特区实践与理论,2019(05): 103－107.

[18]侯志茹,岳世聪. 乡村振兴背景下西藏地区文旅融合发展模式探究[J]. 西藏大学学报(社会科学版),2020(03):161－167.

[19]胡和平. 不断推动文化和旅游发展迈上新台阶[N]. 中国旅游报,2021－02－09(001).

[20]黄诚胤. 重庆市运动休闲特色小镇建设的模式与实施策略研究[J]. 西南大学学报(社会科学版),2020(06):72－81.

[21]黄海燕. 推动体育产业成为国民经济支柱性产业的战略思考[J]. 体育科学,2020(12):3－16.

[22]黄锐,谢朝武,李勇泉. 中国文化旅游产业政策演进及有效性分析——基于2009—2018年政策样本的实证研究[J]. 旅游学刊,2021(01):27－40.

[23]黄文宾. 美好生活视阈下体育产业供给侧的改革与善化研究[J]. 伦理学研究,2020(06):75－81.

[24]黄益军,吕振奎. 文旅教体融合:内在机理、运行机制与实现路径[J]. 图书与情报,2019(04):44－52.

[25]黄永林. 文旅融合发展的文化阐释与旅游实践[J]. 人民论坛·学术前沿,2019(11):16－23.

[26]姜付高,曹莉. 全域体育旅游:内涵特征、空间结构与发展模式[J]. 上海体育学院学报,2020(09):12－23＋33.

[27]姜霞,刘新民,黄繁,等. 体育非物质文化遗产保护传承中原生态和现代生存需求的矛盾——以西部红拳为例[J]. 武汉体育学院学报,2019(02):60－65.

[28]蒋依依,张月,杨占东,等. 全生命周期视角下体育与旅游融合发展研究[J]. 北京体育大学学报,2020,43(12):46－57.

[29]金媛媛,杨越,朱亚成. 我国体育产业与旅游产业融合发展研究[J]. 体育文化导刊,2019(06):82－87.

[30]孔凯,杨桂华. 民族地区乡村文旅融合路径研究[J]. 社会科学家,2020(09):72－77.

[31]李国,孙庆祝. 我国体育产业与国民经济共生行为模式实证分析[J]. 西安体育学院学报,2020(02):173－180.

[32]李金容,陈元欣. 创新推进民族地区体育旅游产业的策略——基于恩施土家族苗族自治州的调查与思考[J]. 中南民族大学学报(人文社会科学版),2020(03):140－144.

[33]李丽,徐佳. 中国文旅产业融合发展水平测度及其驱动因素分析[J]. 统计与决策,2020(20):49－52.

[34]李先跃. 中国文化产业与旅游产业融合研究进展及趋势——基于 Citespace 计量分析[J]. 经济地理,2019(12):212－220.

[35]李艳丽,武叶涵,刘秋梦.基于 $DEA-Tobit$ 模型的我国体育产业金融支持效率测度及影响因素研究[J].武汉体育学院学报,2020(08):36—43.

[36]李宇军.中西部民族地区的文旅融合发展:现状、问题与对策分析[J].贵州民族研究,2020(07):121—125.

[37]林峰.康养文旅产业融合的"推、拉"作用机理研究[J].经济论坛,2021(01):137—144.

[38]林作祯.泰顺县文旅融合发展研究[D].西北农林科技大学,2020.

[39]刘安乐,杨承玥,明庆忠,等.中国文化产业与旅游产业协调态势及其驱动力[J].经济地理,2020(06):203—213.

[40]刘洋,肖远平.文旅融合的逻辑与转型——基于天龙屯堡(1998—2018)实践轨辙的考察[J].企业经济,2020(04):129—137.

[41]刘治彦.文旅融合发展:理论、实践与未来方向[J].人民论坛·学术前沿,2019(16):92—97.

[42]亓昕,郑重,何文义.我国体育产业高质量发展中的要素市场化配置策略研究——基于新结构经济学视角[J].北京体育大学学报,2020(07):36—46.

[43]邱建国,孙晋海.健康中国背景下区域健身休闲文化产业发展状况及其战略研究[J].山东社会科学,2020(09):94—99.

[44]任波,黄海燕.体育产业供给侧改革的内在逻辑与实施路径——基于高质量发展的视角[J].上海体育学院学报,2021(02):65—77.

[45]沈克印,吕万刚.体育产业供给侧改革:投入要素、行动逻辑与实施路径——基于社会主要矛盾转化研究视角[J].中国体育科技,2020(04):44—51.

[46]苏建军,寇敏.我国西部体育与旅游产业融合度评价与治理机制研究——以陕西为例[J].南京体育学院学报,2018(09):19—24.

[47]田文林.西部大开发战略背景下我国中西部地区传统体育文化与旅游产业融合发展研究[J].南京体育学院学报(社会科学版),2017(03):93—97.

[48]万利.民族体育与文化产业融合发展研究[M].北京:人民体育出版社,2018.

[49]汪逢生,王凯,李冉冉.体育产业与文旅产业融合发展的内在机理与外部动力[J].湖北体育科技,2020(09):763—766.

[50]王光文,刘祝.内蒙古文旅产业高质量发展研究[J].经济论坛,2020(08):37—45.

[51]王洪珅,韩玉姬,韦晓康,等.民族传统体育文化生态发展中的问题与纾困路径[J].北京体育大学学报,2020(10):145—156.

[52]王经绫.民族地区文化和旅游融合发展影响要素的系统建构——基于71个民族县域文旅融合发展要素调查问卷的分析[J].西南民族大学学报(人文社科版),2020(08):24—30.

[53]王俊峰,李宁.基于区域"增长极"理论的我国西部城市体育产业发展战略思考[J].广州体育学院学报,2016(04):12—15.

[54]王龙飞,殷小翠.健康中国战略下体育产业与健康产业融合发展的动因与路径研究[J].体育学研究,2020(03):34-39.

[55]王晓刚,邵雪梅.产业耦合视角下我国西部地区农村休闲体育资源开发研究[J].首都体育学院学报,2018(06):526-531.

[56]王兆峰,刘庆芳.产业融合背景下运动休闲特色小镇的空间分异及形成因素[J].地理科学,2020(08):1310-1318.

[57]王子朴,朱亚成.新时代中国体育强国建设中的体育产业发展逻辑[J].北京体育大学学报,2018(03):8-13.

[58]吴丽,梁皓,虞华君,等.中国文化和旅游融合发展空间分异及驱动因素[J].经济地理,2021(02):214-221.

[59]武东海.我国区域体育协同发展研究[J].体育文化导刊,2020(05):10-15.

[60]徐达,朱亚成.美丽西藏建设背景下拉萨市体育旅游资源开发研究[J].中国商论,2019(07):95-96.

[61]许嘉禾,孙晋海.体育产业与金融供给协同演化:理论与实证[J].天津体育学院学报,2020(06):672-678.

[62]许嘉禾.体育产业产融结合:生成逻辑、模式抉择与对策研瞻[J].体育科学,2020(01):26-41.

[63]许凌.基于绿色发展的文旅小镇建设及影响[J].社会科学家,2019(08):80-85.

[64]许焰妮,曹靖宜.从分割到协作:体育产业与相关产业融合中的府际关系网络研究[J].体育学刊,2020(06):70-74.

[65]薛林峰.产业融合驱动体育旅游产业高质量转型发展研究[M].北京:人民体育出版社,2019.

[66]闫慧,李爱菊.新时代民族传统体育产业融合发展研究[J].体育文化导刊,2020(03):13-18.

[67]杨军.青海藏区旅游业与文化产业深度融合发展研究——以玉树州文旅产业多元融合为例[J].青海社会科学,2018(05):131-134.

[68]杨强.体育产业与相关产业融合发展研究[M].北京:人民体育出版社,2016.

[69]杨中兵,王江萍,顾晓艳.乡村振兴战略背景下贵州省运动休闲特色小镇可持续发展探析[J].贵州民族研究,2020(09):112-115.

[70]叶小瑜."体旅文商农"产业融合发展的时代价值与推进策略[J].体育文化导刊,2020(04):79-84.

[71]易开刚.乡村文旅融合的典型案例与推进策略[N].中国旅游报,2019-09-03(003).

[72]尹宏,王苹.文化、体育、旅游产业融合:理论、经验和路径[J].党政研究,2019(02):120-128.

[73]于帆,卢章平.中国文旅融合政策分析与启示[J].中国发展,2020(05):31-39.

[74]曾博伟,安爽."十四五"时期文化和旅游融合体制机制改革的思考[J].旅游学刊,2020(06):3—6.

[75]张朝枝,朱敏敏.文化和旅游融合:多层次关系内涵、挑战与践行路径[J].旅游学刊,2020(03):62—71.

[76]张莞,姜先行.四川省旅游产业融合的时空演变与发展对策——以南充市为例[J].三峡大学学报(人文社会科学版),2021(01):63—67.

[77]张健,王会寨.全生命周期体育融合发展研究[J].北京体育大学学报,2020(12):1—10.

[78]张立波,邓存惠,张锐.区块链重构体育产业生态系统的实施路径探究[J].北京体育大学学报,2020(07):25—35.

[79]张瑞林,李凌,王恒利.区域异质性视角下体育产业高质量发展的动力研究[J].武汉体育学院学报,2021(02):51—60.

[80]张婉新.乡村振兴背景下青龙满族自治县农旅产业融合发展研究[D].中央民族大学,2020.

[81]张小林.西部地区体育文化产业发展研究:基于区域典型案例的实证调查[M].北京:民族出版社,2015.

[82]张赞."文创+"时代文旅新场景如何助力乡村振兴[J].人民论坛,2019(26):68—69.

[83]赵轶龙,戴腾辉.我国体育产业发展过程中的区域性特征分析——基于现有省际数据[J].中国体育科技,2019(04):31—42.

[84]中共中央、国务院.关于新时代推进西部大开发形成新格局的指导意见[Z].2020—05—17.

[85]钟华梅,王兆红.我国区域体育产业竞合关系及影响因素研究[J].地域研究与开发,2021(01):29—33.

[86]钟华美.文旅融合背景下乡村旅游产业融合发展理论分析[J].资源开发与市场,2020(04):421—426.

[87]钟玉姣,许焰妮.体育与旅游融合发展的产业政策特征分析[J].成都体育学院学报,2021(01):106—111.

[88]朱罗敬,方春妮,肖婷."1.0代体育小镇"阶段性实践经验、实践困境与优化路径——以城市近郊邻水镇体育小镇为例[J].体育与科学,2021(01):106—113.

[89]朱亚成,季浏.西藏体育旅游市场开发的 PEST 分析[J].西藏民族大学学报(哲学社会科学版),2020(06):205—212.

[90]朱亚成,季浏.中央第七次西藏工作座谈会精神引领西藏体育产业高质量发展[J].西藏研究,2020(06):9—18.

[91]朱亚成.新时代山地户外运动产业高质量发展研究[M].北京:九州出版社,2021.

[92]邹驾云,江建文.以融合观念促进文化旅游产业发展[J].红旗文稿,2014(21):32—33.

[93]蒋焕洲,韩学阵,尚海龙.贵州省文化产业与旅游产业耦合发展的实证研究[J].贵州师范大学学报(自然科学版),2021(06):68-74.

[94]范晓睿.体育文化与旅游业应建立协同发展路径[N].贵州民族报,2021-11-12(B02).

[95]程红伟,王霜.成渝地区双城经济圈体育发展的困境与出路研究[J].西南师范大学学报,(自然科学版),2021(11):119-124.

[96]王思超,黄锐.新疆克拉玛依市克拉玛依区:全域旅游结硕果 文旅融合续新篇[N].中国旅游报,2021-11-11(006).

[97]樊永强,陈仁骥.文化自信背景下社火体育艺术发展研究[J].四川戏剧,2021(10):159-162.

[98]张建,张艳.藏族传统体育文化资源与旅游资源融合发展研究[J].四川戏剧,2021(10):166-168.

[99]陈玉梅,李新英.乡村振兴战略下四川省旅游产业与文化产业融合发展研究[J].四川旅游学院学报,2021(06):65-69.

[100]贺小荣,任迪川,徐海超.文化与旅游产业融合的经济学分析[J].四川旅游学院学报,2021(06):78-84.

[101]张苗荧.加快数字化转型 做大做强数字文旅产业[N].中国旅游报,2021-11-09(003).

[102]王真,董海军.体育产业品牌推广的跨文化研究[J].广州体育学院学报,2021(05):12-14+18.

[103]杨文姝,林子淇,李丽.乡村振兴战略下湘西传统体育传承与发展研究[J].广州体育学院学报,2021(05):63-67.

[104]姚松伯,刘兵.体育产业集聚与区域经济增长耦合关系:理论逻辑、热点议题、动向审视[J].广州体育学院学报,2021(05):1-6.

[105]努尔古丽·阿不都苏力,张格格.产业融合视角下察布查尔县域文旅融合发展研究[J].安徽农业科学,2021,49(21):160-163.

[106]范晓睿.体育文化与旅游业的高质量融合路径[N].中国文化报,2021-11-05(003).

[107]杨涛.推动文旅融合 引育发展新动能[N].中国社会科学报,2021-11-04(007).

[108]荆文娜.5万亿市场规模带动体育产业发展步入"快车道"[N].中国经济导报,2021-11-04(006).

[109]李科燕.英国多措并举促进文旅产业发展[N].中国社会科学报,2021-11-01(007).

[110]秦继伟.边缘效应理论视角下冰雪产业与旅游产业融合发展策略研究[J].经济地理,2021(10):1-15.

[111]王克岭.微旅游效应:文旅真融合、深融合的质量表征[N].中国旅游报,2021-10-29(003).

[112]付东,杨雪梅,徐光斌.我国体育产业研究的动态演进与知识基础——基于CSSCI源文献的计量分析[J].体育学研究,2021(05):48-52.

[113]程志理.中国体育发展方式的转型:新阶段、新理念、新格局——评《中国体育发展报告(2020—2021)》[J].北京体育大学学报,2021(10):140—143.

[114]尤传豹,高亮."十四五"时期我国体育产业发展[J].体育学研究,2021(05):2.

[115]郭蓓.文旅融合发展背景下新疆冰雪旅游产业策略研究[J].新疆社科论坛,2021(05):65—71.

[116]沈克印,曾玉兰,董芹芹,等.数字经济驱动体育产业高质量发展的理论阐释与实践路径[J].武汉体育学院学报,2021(10):5—12.

[117]杨蕾,范周.文旅融合推动乡村文化振兴的作用机理和实施路径[J].出版广角,2021(19):37—40.

[118]朱亚成,冯子健.基于文化空间理论的西藏当雄县"当吉仁"赛马节发展研究[J].四川民族学院学报,2021(05):21—26.

[119]张怀成,李东娟.休闲体育融合旅游现象理论释义及其检验[J].中南民族大学学报(自然科学版),2021(05):543—550.

[120]张绣亮,王守森,索建强.纳西族东巴体育文化探析[J].西南林业大学学报(社会科学),2021(05):68—72.

[121]金宁,仝泽宇."健康中国"视阈下民族传统体育的创新性发展——以武陵山地区为例[J].中南民族大学学报(人文社会科学版),2021(10):73—79.

[122]张健,蒋依依.中国体育旅游发展报告[M].北京:社会科学文献出版社,2020.

[123]梁茹,王媛,冯学钢,等.文体旅上市企业社会关系网络结构特征分析——同行业与跨行业比较视角[J].旅游学刊,2021(10):14—25.

[124]文化旅游部."十四五"文化和旅游发展规划[S].2021—04—29.

[125]陈元欣.体育新经济的发展趋势与前景展望[J].人民论坛,2021(28):68—71.

[126]花楷.体育新经济高质量发展:学理逻辑、现实困境与实现路径[J].天津体育学院学报,2021(05):574—580.

[127]程美超,王舜.我国体育产业政策的量化评价——基于PMC指数模型[J].天津体育学院学报,2021(05):590—593+620.

[128]马文博,朱亚成,王顺英.藏族赛马节与旅游深度融合困境与策略研究[J].四川旅游学院学报,2021(05):48—52.

[129]秦超,朱亚成.基于PESTEL模型的西藏赛马节发展战略环境分析[J].四川体育科学,2020(06):88—93.

[130]朱亚成,季浏.新时代民族体育文化传承、创新与发展——2019首届民族体育文化发展论坛综述[J].体育成人教育学刊,2020(04):71—76+95.

[131]刘雷,史小强.新冠肺炎疫情背景下体育旅游消费行为影响机制——基于S—O—R框架的MOA—TAM整合模型的实证分析[J].旅游学刊,2021(08):52—70.

[132]刘广,汪如锋.彝族体育文化资源嵌入凉山文旅产业的策略探析[J].南京体育学院学报,2021(07):75—80.

[133]卢长宝,卢宇洋.戈壁挑战赛商业模式辨析及其对西部体育旅游发展的启示[J].福州大学学报(哲学社会科学版),2021(03):31－39.

[134]孙若风.以文体康旅融合促进乡村振兴[N].中国文化报,2021－04－09(003).

[135]刘瑛,赵犇.体育非遗与全域旅游融合发展的智慧治理路径研究[J].山东体育学院学报,2021(04):10－18.

后　记

　　"为天地立心，为生民立命，为往圣继绝学，为万世开太平"。在完成这本 24 万字的著作之后，突然发现自己对北宋大家张载的这句名言有了更为深刻的体会。2016 年 5 月 17 日习近平总书记在哲学社会科学工作座谈会上发表讲话，一切有理想、有抱负的哲学社会科学工作者都应该担负起历史赋予的光荣使命。2020 年 12 月 17 日在第八届中国新兴媒体产业融合发展大会开幕式上，国家体育总局文化发展中心副主任黄金提出体育、文化、旅游的深度融合发展，已经成为社会发展的必然趋势，其中文化是灵魂、体育是支撑、旅游是载体。2021 年 3 月 6 日全国政协委员、北京体育大学副校长张健在中央领导与政协委员座谈会上，就推动体旅融合发展，践行"两山理论"建言。我仿佛像一下子找到了知音，找到了志同道合的朋友。张健教授提出的"健全政策体系，推动体育旅游协同化发展；加强产业支持与开发，实现运动体验旅游产业规范化发展；依托广袤资源，加强供给侧研发，打造区域特色运动体验旅游产品；调动市场活力，培育多元化体旅融合参与的市场主体"等建议和本专著中所提出的文体旅融合发展的对策如出一辙。这更加坚定了我要如期完成这本专著的决心和勇气。自从 2014 年 9 月考入首都体育学院体育人文社会学专业体育经济与管理学方向硕士研究生时，我就下定决心要写一本以"体育产业与文旅产业融合发展"为主题的专著。经过 7 年的探索积累和 4 年的认真撰写，如愿以偿，最终以专著为载体与大家分享。

一、使命在肩是一种责任

　　2018 年 10 月 15 日，习近平总书记致西藏民族大学建校 60 周年贺信，贺信中提出努力培养德智体美劳全面发展的社会主义建设者和接班人，为推动西藏经济社会发展，为实现"两个一百年"奋斗目标、实现中华民族伟大复兴的中国梦做出新的更大贡献。使命在肩，奋斗有我。贺信精神犹如一盏明灯，照亮我前行的道路，即做一名雪域高原的好老师，为西藏地区培养更多体育人才，培养更好的中小学体育老师。促使我完成这本专著的动力为西藏民族大学山地户外运动学院和休闲体育本科专业建设贡献自己的青春年华和聪明才智。2020 年 6 月 1 日，西藏自治区体育局局长尼玛次仁与西藏民族大学校长刘凯共同签署《西藏自治区体育局西藏民族大学共建西藏民族大学山地户外运动学院合作协议》，并为"西藏民族大学山地户外运动学院"揭牌。2021 年 2 月 20 日教育部关于公布 2020 年度普通高等学校本科专业备案和审批结果的通知，西藏民族大学休闲体育本科专业成功获批，这对于西藏民族大学体育学学科和专业建设具有重要意义。2020 年 6 月 23 日，我有幸参加了西藏民族大学体育学院一流学科建设工作会议，会上讨论了共建"西藏民族大学山地户外运动学院"的机遇与挑战。机遇有西藏山地户外运动学院坐落在我校,对体育学一流学科建设提供了巨大动力,有助于体育学院和山地户外运动学院协同发力,共同奋进,有助于加强我区体育人才队伍建设,打造全国山地户外运动大区,推进高原特色体育事业加快发展,服务西藏经济社会发展。同时也面临山地户外运动学院师资不足和山地户外运动校本教材匮乏等现实困境。对此,校领导提出鼓励青年教师积极转型并投身到山地户外运动研究中来。为此,我积极响应学校领导和学院领导的号召,刻苦钻研,潜心研究,即将出版《新时代山地户外运动产业高质量发展研究》和《西部体育产业与文旅产业融合发展研究》两本专著。"千磨万击还坚劲,任尔东西南北风"。一直以来,我都有一个信念,我一定会如期完成这本著作。"黄沙百战穿金甲,不破楼兰终不还"。我坚信"一丝而累,以至于寸,累寸不已,遂生丈匹"。"只要功夫深,铁杵磨成针"。只因为心中怀揣的梦想,身上肩负的责任,我心甘情愿花费了近7年时间的思索和4年时间的耕耘。终于,如期完成这本24万字的著作。其中的艰辛和劳苦,只有自己知道。无数个黑夜,我独自在灯下漫笔,常常写作到凌晨两三点。为了获取更为准确的资料,我先后两次前往西藏海拔5000米以上的高原调研,身体和心理备受摧残。初稿完成之后,我又反反复复地阅读和修改,正如我的博士生导师季浏教授要求我的那样,"一篇文章至少修改10遍,至少精读10遍"。为此,寝室堆满了打印的文献和资料,书稿完成下来,足足打印了将近20公斤的A4纸张。

二、产业融合是一种趋势

体育与文旅的牵手融合将为文旅产业发展带来新思路、新理念,推动文旅产业的转型发展。从现实意义看,产业融合是一种趋势。旅游与体育的深度融合将有助于提升旅游产业的含金量和吸金能力,将有助于提升旅游的时间轴线,为四季旅游提供更多的可能性;旅游元素的植入可以让体育更有趣味性和吸引力,为体育事业的做大做强提供了更多的想象空间。文旅体的融合可以让旅游实现全年旺季的愿景,让体育的人气与"带货能力"助力旅游行业供给侧改革。此外,通过体育吸引大规模的关注度,吸引人流助力旅游和文化,用体育增加旅游的趣味性和吸引力。反过来,旅游和文化增加了体育赛事的内涵,让单纯比拼的体育赛事更加有厚重感和竞技之外的趣味性。文旅体三者互相融合,互相促进,共生共赢。从政策导向说,产业融合是一种趋势。2021年3月12日发布的《"十四五"规划和2035年愿景目标纲要》中专门提出推动文化和旅游融合发展,坚持以文塑旅、以旅彰文,打造独具魅力的中华文化旅游体验。扩大体育消费,发展健身休闲、户外运动等体育产业。文化体育旅游融合是产业发展的新趋势、产业演进的新模式、产业升级的新动能。从学理层面讲,产业融合是一种趋势。推动文体旅产业融合既是贯彻落实新发展理念的必然要求,更是满足新时代人民群众美好生活需要的有效路径。文化、体育、旅游产业融合的核心是获取资源重新配置效率,通过资源共享、要素渗透、业态耦合、市场叠加、规制创新五大作用机制,一体化发展、产业重组、产业延伸、产业渗透四种模式,形成两业融合、三业融合的新型价值链。从社会实践看,产业融合是一种趋势。如2020年11月重庆市奉节县打造精品赛事,实现文化＋旅游＋体育全方位融合。再比如近年来陕西省铜川市按照"全域旅游,全景铜川"的建设思路,创新发展理念,推动文旅体融合,围绕做好景区建设大提升、"旅游＋"大发展、文化体育大融合"三篇文章",强基础,促发展,推动了文化旅游体育产业集群发展。文化提炼品牌、体育打造形象、旅游创新发展。走向新起点,探索"文化＋旅游＋体育"发展模式的生动实践,必将给西部地区增添更多新的注解。

三、国家社科是一种方向

国家社会科学基金(简称国家社科)设立以来,在党中央的高度重视下,在有关方面的大力支持下,基金总量不断增加,覆盖面和影响力不断扩大,学科设置和项目设置不断拓展,项目管理制度日益完善,推出了一大批有深度、有分量的研究成果,培养了一大批功底扎实、锐意进取的学科带头人,国家社科基金项目的导向性、权威性和示范性作用越来越明显。因此,国家社科是科学研究的一种方向。本人以 2017－2021 年国家社科项目体育学课题指南为例,归纳总结出体育产业与文旅产业融合是当前国家和社会关注的热点,同时也是体育科学研究的重点。2017 年课题指南中与之相关的选题有中国体育产业发展的创新政策研究、体育产业投融资绩效与风险管理研究、体育产业供给侧结构性改革研究、"五大发展理念"与我国体育产业发展战略研究等;2018 年体育产业与相关产业融合发展研究等;2019 年冰雪运动与文化旅游融合发展研究、"体旅文商农"融合发展研究、体育产业与相关产业融合发展研究、区域体育产业发展研究等;2020 年运动休闲与旅游结合的相关研究、体育产业高质量发展研究、体育产业与数字经济深度融合的机制和路径研究、我国体育产业品牌研究、区域经济发展与体育产业结构创新研究、民族传统体育与文化旅游产业融合发展研究等;2021 年新时代我国体育产业体系研究、区域体育一体化发展战略研究、"十四五"时期体育产业高质量发展研究、双循环经济格局下我国体育产业高质量发展研究、区域体育产业协同发展研究、我国文体旅融合发展研究等。这表明,国家和社会对体育产业与文旅产业融合研究的高度重视和迫切关注,亟待相关专家、学者加强体育产业与文旅产业融合的理论研究和实践探索。此外,本人以 2019 年国家社科体育学获批项目为例,以此印证体育产业与文旅产业融合是当前学术界关注和研究的焦点。如 2019 年获批的一般项目乡村振兴战略背景下户外运动产业与休闲农业融合发展的机制与路径研究、我国"体旅文商农"融合发展的模式构建与机制创新研究、长三角户外运动产业跨界融合发展研究、我国体育竞赛与文化表演互动融合模式及实践研究以及青年项目大数据营销与运动健康产业融合发展研究等 5 项课题。

四、学而不厌是一种态度

学而不厌,诲人不倦。自从 2014 年 9 月攻读研究生以来,本人一直积极关注和参加体育产业与文旅产业融合发展相关的学术会议,其间有幸得到国家体育总局经济司司长刘扶民、上海体育学院原党委书记戴健教授、上海体育学院黄海燕教授、北京体育大学鲍明晓教授、北京体育大学蒋依依教授、西北大学旅游管理系主任梁学成教授、中华文化促进会体育文化与产业委员会主任崔乐泉教授、成都体育学院郝勤教授等专家、学者的指导。2014 年 11 月在成都体育学院参加第八届全国体育产业学术会议并作《体育文化旅游产业融合的内涵解析、作用机制与发展模式》的专题报告;2015 年 5 月在中国体育产业与体育用品业发展论坛上作《体育文化旅游融合发展的机遇与挑战》的专题报告;2016 年 11 月在北京体育大学参加全国体育社会科学年会并作《关于重庆市部分大型体育场馆运营管理现状的调研》的专题主报告,该报告荣获大会优秀论文一等奖;2017 年 12 月在河南大学举办的全国体育管理科学大会上作《体育产业与文旅产业融合发展的机制和路径研究》的专题主报告,该报告荣获大会优秀论文一等奖;2018 年 1 月在第一届全国体育经济与价值管理学术会议上作《"健康中国"背景下运动休闲特色小镇建设的机遇与挑战》;2018 年 6 月在第七届中国体育博士高层论坛上作《新时代背景下体育产业与旅游产业融合的障碍与协同治理机制研究》的专题报告;2019 年 11 月在第七届全国民族体育学术研讨会上作《西部体育产业与文旅产业融合发展的内在机理与外部动力》的专题报告;2020 年 11 月在第二届"一带一路"体育教育论坛上作 Research on "One Belt and One Road" Sports Boutique Events and Urban Integration Development 的专题报告,该报告荣获大会优秀论文一等奖;2021 年 6 月在文化资源助力北京冬奥文化传播与冬奥文化遗产开发学术大会上作《地方文化与冰雪旅游产业融合发展研究》的专题报告。另外,作为通讯作者,指导课题组张青、朱萍先后在第六届中国多巴高原训练与健康国际研讨会、陕西省第一届体育科学大会和第三届长江经济带体育产业发展论坛等会议上作 SWOT Analysis of the Development of National Traditional Sports Events on the Qinghai－Tibet Plateau《政策文本导向下的山地户外运动产业高质量发展研究》《长江经济带山地户外运动俱乐部的发展前景与促进策略》等 5 场专题报告。除此之外,指导学生赵聚、秦超、易鑫余、刘举位、陈宙涛、黄辉鸿等 7 名同学分别荣获第 29 届全国高校田径科研论文报告会和 2020 年全国体育非物质文化遗产研讨会优秀论文二等奖。

五、躬体力行是一种信仰

"纸上得来终觉浅,绝知此事要躬行"。一直以来,我利用一切时间和外出机会参与西部部分省市区体育产业与文旅产业融合发展的实地调研。2014 年 11 月跟随授业恩师王子朴教授和梁金辉副教授实地走访了成都金堂国家登山健身步道,感受了生态的天府,国际范的四川。四川用"体育＋文化＋旅游"的名片向全国、全世界的人民发出邀请:到美丽的天府绿道走一走,感悟人生,健康一生,我们将用绿色、生态、美丽、热情拥抱你。2015 年 10 月至 12 月,作为主要执笔人参与《新疆哈密市体育产业"十三五"规划》的撰写。2016 年 6 月前往重庆参观武隆喀斯特旅游区、重庆仙女山国家森林公园、武隆天生三桥等地方考察重庆文体旅产业融合发展现状。两年后再次前往重庆调研,亲自参观了双桂湖国家湿地公园体育旅游精品线路,该路线为梁平区全民健身中心—双桂湖国家湿地公园环湖公路一环路—双桂田园·万石耕春—中华·梁平柚海。整条线路坚持绿色发展理念,展现了梁平独特的农耕文化,融入了非遗文化和元素,并融合"吃、住、行、游、购、娱"六大旅游特点,线路既含有体育运动,又有景区景点,更有梁平特色美食,结合了不同游客的旅游喜好,深受大众喜爱。2016 年 7 月至 12 月,在导师王子朴教授的推荐下前往国家奥林匹克体育中心体育赛事策划公司实习,亲自参与了 2016 中国哈密丝路传奇百公里探险越野赛的组织和策划,以注重生态、保护环境为理念的超长距离越野跑赛事,通过专业的线路设计,可以有效地将哈密的历史人文、自然景观、文化风情融为一体,最生动、直观、全景式地展示哈密独特的自然与人文魅力。2017 年 9 月以人才引进方式到西藏民族大学工作之后,积极探索陕西省体育产业与文旅产业融合发展实践。2018 年 8 月前往陕西黄龙县参观中国·延安·黄龙陕西省山地自行车超级越野挑战赛,深入了解到黄龙县以生态旅游发展为引领,将生态旅游与休闲体育相融合,着力打造特色旅游品牌,实现生态休闲体育与生态旅游双轮驱动、同步发展,探索出了一条休闲体育与生态旅游融合发展的新路子。2020 年 7 月至 8 月,在西藏民族大学体育学院杨海航院长的带领下,先后实地走访了拉萨山地户外运动服务产业中心、当雄县羊八井镇羊八井高山训练基地、定日县岗嘎镇定日登山徒步基地、米林县派镇南迦巴瓦山地户外运动小镇。随后,我和课题组张青、朱萍一行三人实地考察了纳木措户外徒步、洛堆峰滑雪、"天路"骑行体验等体育旅游项目。这些研学游经历和实践,为完成这本专著提供了鲜活的素材和充足的底气。

六、孜孜不倦是一种精神

"路漫漫其修远兮,吾将上下而求索"。在探索体育产业与文旅产业融合发展的道路上孜孜不倦、精益求精。"少年辛苦终身事,莫向光阴惰寸功。"从 2014 年至今,本人先后在国际 SCI、EI 源刊 Solid State Technology、Design Engineering 和 CSSCI 期刊、核心期刊《北京体育大学学报》《西安体育学院学报》《体育文化导刊》《西藏研究》《西藏民族大学学报(哲学社会科学版)》等发表相关学术论文 10 篇。如 2016 年在《西安体育学院学报》第 4 期发表《"一带一路"体育赛事现状分析及发展方向》,该论文被人大报刊复印资料体育 2016 年第 11 期全文转载;2017 年在《体育文化导刊》第 5 期发表《近 30 年我国体育赛事研究概述》,该论文被中华人民共和国国史网全文收录(收录日期:2017-12-07),同年在《北京体育大学学报》第 7 期发表《"一带一路"背景下体育赛事发展的价值、困境与策略》;2018 年在《北京体育大学学报》第 3 期发表《新时代中国体育强国建设中的体育产业发展逻辑》,同年在《西藏民族大学学报(哲学社会科学版)》第 5 期发表《"一带一路"背景下环喜马拉雅体育产业发展战略研究——以西藏体育产业为例》;2019 年在《体育文化导刊》第 6 期发表《我国体育产业与旅游产业融合发展研究》;2020 年在国际 SCI 期刊 Solid State Technology 第 2 期发表 Research on the Integrated Development of "Internet + Horse Racing Industry",同年 8 月以专家约稿在《体育成人教育学刊》第 4 期发表《新时代民族体育文化传承、创新与发展》,同年 11 月在《西藏民族大学学报(哲学社会科学版)》第 6 期发表《西藏体育旅游市场开发的 PEST 分析》,同年 12 月在《西藏研究》第 6 期发表《中央第七次西藏工作座谈会精神引领西藏体育产业高质量发展》;2021 年在国际 EI 源刊 Design Engineering 第 1 期发表 Research on the current situation and practice of the integration of national traditional horse racing festival and tourism;2021 年 2 月 17 日与西藏民族大学体育学院王兴怀副院长合著在《西藏日报》发表《关于构建西藏全域体育旅游新格局的对策建议》。此外,作为通讯作者,指导贵州大学董雨薇老师、贵州财经大学商务学院秦丽芬老师、西藏民族大学体育学院高运广等在国家级期刊和核心期刊上发表《"健康中国"视域下四川省野外攀岩发展现状、困境与出路》《"一带一路"背景下金鸡谷丹霞地貌体育旅游开发的优势与劣势分析》《贵州省高校体育旅游人才培养契机、挑战及体系研究》《青藏地区骑行驿站对相关产业的促进作用》《民俗体育活动与西藏农村旅游业态模式的创新融合发展》等 10 篇论文。

七、课题研究是一种追求

"问渠那得清如许,为有源头活水来"。自从读研究生之后,我就一直积极申报各类课题,同时也参与老师和朋友主持的科研项目。我深知,知识是不断更新和发展的,需要不断积累,就像水源头一样,需要不断地学习、运用和探索,才能永葆生机和活力。近几年,本人主持和参与有关体育产业与文旅产业融合发展研究的课题 10 余项。其中,本人主持的课题有:2019 年度国家社会科学基金青年项目"一带一路"倡议下藏族赛马节品牌塑造研究(批准号:19CTY004)和 2019 年湖北休闲体育发展研究中心开放基金课题一般项目"一带一路"背景下藏族赛马节的保护现状与传承路径研究(项目编号:2019Y011)。作为课题核心成员先后参与了首都体育学院金媛媛博士主持的 2015 年度国家社会科学基金青年项目我国体育与旅游产业融合发展的路径与协同治理机制研究(批准号:15CTY007,结项);参与了西藏民族大学王兴怀教授主持的 2011 西藏文化传承发展协调创新中心课题"一带一路"背景下环喜马拉雅体育产业发展战略研究(项目号:XT－WT201702,结项);参与了广州市哲学社会科学发展"十三五"规划 2018 年度青年课题融合与创新:广州市体育赛事旅游产业对塑造城市形象的实现路径研究(课题编号:2018GZQN55,结项);参与了 2018 年贵州省教育科学规划项目青年课题供给侧改革背景下的贵州省高校体育旅游人才培养模式研究(项目编号:2018C005,结项);参与了首都体育学院土子朴教授主持的 2019 年度北京市属高校高水平教师队伍建设支持计划高水平创新团队建设计划"一带一路"国家体育赛事交流机制研究:基于区域性体育组织联盟的启示(项目编号:IDHT20190511);参与了 2019 年西藏自治区高校人文社会科学研究一般项目乡村振兴战略下西藏民族传统体育非物质文化遗产保护研究(项目编号:SK2019－26);参与了广州市哲学社会科学发展"十三五"规划 2020 年度共建课题体育文化名城:广州市体育赛事与城市文化的耦合价值与塑造路径(项目编号:2020GZGJ282);参与了西藏民族大学杨海航教授主持的西藏文化传承发展协同中心 2020 年招标课题重点项目"新时代西藏山地户外运动产业发展研究"(项目编号:XT－ZB202006);参与了王兴怀教授主持的 2011 西藏文化传承发展协同创新中心 2020 年贯彻落实中央第七次西藏工作座谈会精神委托课题推进西藏"体旅融合"对策研究。"业精于勤荒于嬉,行成于思毁于随。"在科研项目实施中,本人认真搜集了大量有关体育产业与文旅产业融合发展的资料,得到了一些前往西部部分省市区调研的机会,撰写了相关研究报告,为这本专著的撰写提供了源源不断的思路和材料。

八、感恩图报是一种善行

滴水之恩,当涌泉相报。在本书即将付梓之际,感慨良多,本书能够面世得到各方的支持和帮助。首先,感谢文化和旅游部党组书记、部长胡和平。非常有幸在2021年2月9日《中国旅游报》看到您发表的题为《不断推动文化和旅游发展迈上新台阶》,其中主要思想"深刻把握习近平总书记关于文化和旅游工作的重要指示精神,坚定文化自信,推进文化铸魂,发挥文化赋能作用;坚持高质量发展,推进旅游为民,发挥旅游带动作用;构建新发展格局,推进文旅融合,努力实现创新发展"为这本著作润色和完善指明了方向,本书也力求与您的观点一脉相承;感谢西藏自治区体育局局长尼玛次仁和西藏自治区旅游发展厅二级巡视员周荣,感谢尼玛次仁局长阐述关于西藏山地户外运动产业高质量发展的思路和建议,您的产业融合发展理念让我茅塞顿开,有种"山重水复疑无路,柳暗花明又一村"的惊喜之感。感谢巡视员周荣关于西藏文体旅产业融合发展新模式的观点,您的独到见解让我醍醐灌顶,有种"不识庐山真面目,只缘身在此山中"的重生之喜。感谢成都市社会科学院历史与文化研究所所长、成都市文化咨询中心主任尹宏研究员,感谢您在《党政研究》上发表的《文化、体育、旅游产业融合:理念、经验和路径》,您的这篇学术论文,足见您学术功底之深,让我望尘莫及,您是在我写作路上的一面镜子,时时刻刻提醒自己要向您看齐。第二,感谢我的领导杨海航院长和王兴怀副院长,感谢两位领导对我的赏识,让我有幸参加您的课题。感谢杨海航院长为我提供前往西藏调研的机会,为我搭建调研和访谈的平台,让我获得了很多宝贵的资料。感谢王兴怀副院长毫不吝啬地将您的项目申报书同我分享,从您的申报书中,我学到了很多知识,对西藏文体旅融合的认识和理解更上一层楼,也对我从事西部体育产业与文旅产业融合发展研究打开了一扇窗。感谢《西藏民族大学学报(哲学社会科学版)》常务副主编夏阳老师对我论文的指导和修改,您的宝贵意见让我获益无穷。感谢我的同事耿献伟教授、杨建军教授、张鹏海教授、邵生林教授、陈婷副教授、张济琛老师、刘明坤老师、杜杨婷老师、张文婷老师对我写作和生活上的帮助和指导。第三,感谢在调研过程中给我帮助的老师和同学,按照省市区划分,依次感谢重庆大学王春顺博士、重庆医药高等专科学校李小兵老师、重庆武隆区扶贫开发办公室副主任冉建波;感谢《四川体育科学》主编李秀萍、编辑张婕,四川农业大学张旭乾,成都体育学院杨强教授、邓道全研究生,成都师范学院陈波教授;感谢贵州大学顾晓艳院长、董雨薇老师,贵州财经大学商贸学院秦丽芬副教授,黔南师范学院屈植斌老师;感谢《西藏日报》记者王雨霏,西藏大学杨建鹏教授、丁玲辉教授、王定明老师,西藏农牧学院王忠斌副教授;感谢《陕西日报》记者刘居星,《咸阳师范学院学报》编辑黄自娟老师,西安体育学院黄谦教授,西安财经大学行知学院徐桂兰副教授;感谢西北民族大学研究生刘健、王顺英、王伟;感谢宁夏大学虎晓东老师,宁夏师范学院伏小亚副教授,宁夏医科大学殷鼎博士;感谢青海大学金山副教授,青海民族大学巷欠才让教授;感谢新疆师范大学王辉副教授,新疆兵团警官学校赵迎山;感谢内蒙古体育职业技术学院党委书记殷俊海教授,内蒙古科技大学王丰老师,内蒙古民族大学席行盖老师;感谢广西师范学院谭军辉副教授、周骞副教授,广西师范大学张智老师、蒋东升老师，广西南宁三中林承南老师。此外，感谢我的博士同学赵犇、马文博，多次和赵犇同学探讨西部体育产业与文旅产业融合发展的相关问题，让我受益良多。最后，感谢我的研究生导师王子朴教授和博士生导师季浏教授，是您为学生指点迷津，对我在学术和科研上的高标准、严要求，让我在学术科研之路上永不止步、勇往直前，让我守得云开见月明；感谢课题组成员杨凌职业技术学院体育教学部讲师张青和西藏民族大学硕士研究生朱萍，感谢你们陪我一同前往西藏调研，并参与本专著部分章节的撰写工作；感谢我的父母和二叔，感谢父亲每次在我最无助的时候给我安慰，并鼓励我"高山仰止，景行行止。虽不能至，然心向往之"。感谢二叔常年对我写作上的指导和生活上的关心。步入而立之年的我唯有不懈努力，用优秀成绩回报父母和家人的恩情。此外，感谢在本书撰写过程中参考、借鉴和引用了许多前人的优秀成果，在此一并表示最诚挚的敬意和感谢。

"文章千古事，得失寸心知"。作者的责任自不待言。掩卷自问，虽然为完成这本不够丰满的作品付出了不懈努力和宝贵的青春，力求将这本《西部体育产业与文旅产业融合发展研究》专著写得更好一些。但由于能力、时间、条件所限，故仍感尚有许多缺憾之处，相关研究能否适合西部体育产业与文旅产业融合发展的需要，还有待西部地区省市区体育部门和文旅单位的实践，因此并未轻松。恳请专家、学者、读者提出宝贵意见，在此先致谢忱！

赋诗一首，以志之。

使命承肩重担迎，巧融产业勇初行。

科研社究明方向，身躬力举为民生。

珠峰跋涉开新局，藏气稀薄考体兵。

我欲抛砖先引玉，长江后浪必功成。

朱亚成

2021 年 10 月

中共中央国务院
关于新时代推进西部大开发形成
新格局的指导意见

强化举措推进西部大开发形成新格局,是党中央、国务院从全局出发,顺应中国特色社会主义进入新时代、区域协调发展进入新阶段的新要求,统筹国内国际两个大局作出的重大决策部署。党的十八大以来,在以习近平同志为核心的党中央坚强领导下,西部地区经济社会发展取得重大历史性成就,为决胜全面建成小康社会奠定了比较坚实的基础,也扩展了国家发展的战略回旋空间。但同时,西部地区发展不平衡不充分问题依然突出,巩固脱贫攻坚任务依然艰巨,与东部地区发展差距依然较大,维护民族团结、社会稳定、国家安全任务依然繁重,仍然是全面建成小康社会、实现社会主义现代化的短板和薄弱环节。新时代继续做好西部大开发工作,对于增强防范化解各类风险能力,促进区域协调发展,决胜全面建成小康社会,开启全面建设社会主义现代化国家新征程,具有重要现实意义和深远历史意义。为加快形成西部大开发新格局,推动西部地区高质量发展,现提出如下意见。

一、总体要求

以习近平新时代中国特色社会主义思想为指导,全面贯彻党的十九大和十九届二中、三中全会精神,统筹推进"五位一体"总体布局,协调推进"四个全面"战略布局,落实总体国家安全观,坚持稳中求进工作总基调,坚持新发展理念,坚持推动高质量发展,坚持以供给侧结构性改革为主线,深化市场化改革、扩大高水平开放,坚定不移推动重大改革举措落实,防范化解推进改革中的重大风险挑战。强化举措抓重点、补短板、强弱项,形成大保护、大开放、高质量发展的新格局,推动经济发展质量变革、效率变革、动力变革,促进西部地区经济发展与人口、资源、环境相协调,实现更高质量、更有效率、更加公平、更可持续发展,确保到2020年西部地区生态环境、营商环境、开放环境、创新环境明显改善,与全国一道全面建成小康社会;到2035年,西部地区基本实现社会主义现代化,基本公共服务、基础设施通达程度、人民生活水平与东部地区大体相当,努力实现不同类型地区互补发展、东西双向开放协同并进、民族边疆地区繁荣安全稳固、人与自然和谐共生。

二、贯彻新发展理念,推动高质量发展

(一)打好三大攻坚战。把打好三大攻坚战特别是精准脱贫攻坚战作为决胜全面建成小康社会的关键任务,集中力量攻坚克难。重点解决实现"两不愁三保障"面临的突出问题,加大深度贫困地区和特殊贫困群体脱贫攻坚力度,减少和防止贫

困人口返贫,确保到 2020 年现行标准下西部地区农村贫困人口全部实现脱贫,贫困县全部摘帽。在全面完成脱贫任务基础上压茬推进乡村振兴战略,巩固脱贫攻坚成果。结合西部地区发展实际,打好污染防治标志性重大战役,实施环境保护重大工程,构建生态环境分区管控体系。精准研判可能出现的主要风险点,结合西部地区实际,进一步完善体制机制,拿出改革创新举措。坚持底线思维,强化源头管控,有效稳住杠杆率。

(二)不断提升创新发展能力。以创新能力建设为核心,加强创新开放合作,打造区域创新高地。完善国家重大科研基础设施布局,支持西部地区在特色优势领域优先布局建设国家级创新平台和大科学装置。加快在西部具备条件的地区创建国家自主创新示范区、科技成果转移转化示范区等创新载体。进一步深化东西部科技创新合作,打造协同创新共同体。在西部地区布局建设一批应用型本科高校、高职学校,支持"双一流"高校对西部地区开展对口支援。深入推进大众创业万众创新,促进西部地区创新创业高质量发展,打造"双创"升级版。健全以需求为导向、以企业为主体的产学研一体化创新体制,鼓励各类企业在西部地区设立科技创新公司。支持国家科技成果转化引导基金在西部地区设立创业投资子基金。加强知识产权保护、应用和服务体系建设,支持开展知识产权国际交流合作。

(三)推动形成现代化产业体系。充分发挥西部地区比较优势,推动具备条件的产业集群化发展,在培育新动能和传统动能改造升级上迈出更大步伐,促进信息技术在传统产业广泛应用并与之深度融合,构建富有竞争力的现代化产业体系。推动农村一二三产业深度融合,促进农牧业全产业链、价值链转型升级。加快推进高标准农田、现代化生态牧场、粮食生产功能区和棉油糖等重要农产品生产保护区建设,支持发展生态集约高效、用地规范的设施农业。加快高端、特色农机装备生产研发和推广应用。推动发展现代制造业和战略性新兴产业。积极发展大数据、人工智能和"智能+"产业,大力发展工业互联网。推动"互联网+教育"、"互联网+医疗"、"互联网+旅游"等新业态发展,推进网络提速降费,加快发展跨境电子商务。支持西部地区发挥生态、民族民俗、边境风光等优势,深化旅游资源开放、信息共享、行业监管、公共服务、旅游安全、标准化服务等方面国际合作,提升旅游服务水平。依托风景名胜区、边境旅游试验区等,大力发展旅游休闲、健康养生等服务业,打造区域重要支柱产业。加快发展现代服务业特别是专业服务业,加强现代物流服务体系建设。

(四)优化能源供需结构。优化煤炭生产与消费结构,推动煤炭清洁生产与智能高效开采,积极推进煤炭分级分质梯级利用,稳步开展煤制油、煤制气、煤制烯烃等升级示范。建设一批石油天然气生产基地。加快煤层气等勘探开发利用。加强可再生能源开发利用,开展黄河梯级电站大型储能项目研究,培育一批清洁能源基地。加快风电、光伏发电就地消纳。继续加大西电东送等跨省区重点输电通道建设,提升清洁电力输送能力。加强电网调峰能力建设,有效解决弃风弃光弃水问题。积极推进配电网改造行动和农网改造升级,提高偏远地区供电能力。加快北煤南运通道和大型煤炭储备基地建设,继续加强油气支线、终端管网建设。构建多层次天然气储备体系,在符合条件的地区加快建立地下储气库。支持符合环保、能效等标准要求的高载能行业向西部清洁能源优势地区集中。

（五）大力促进城乡融合发展。深入实施乡村振兴战略，做好新时代"三农"工作。培养新型农民，优化西部地区农业从业者结构。以建设美丽宜居村庄为目标，加强农村人居环境和综合服务设施建设。在加强保护基础上盘活农村历史文化资源，形成具有地域和民族特色的乡村文化产业和品牌。因地制宜优化城镇化布局与形态，提升并发挥国家和区域中心城市功能作用，推动城市群高质量发展和大中小城市网络化建设，培育发展一批特色小城镇。加大对西部地区资源枯竭等特殊类型地区振兴发展的支持力度。有序推进农业转移人口市民化。推动基本公共服务常住人口全覆盖，保障符合条件的未落户农民工在流入地平等享受城镇基本公共服务。总结城乡"资源变资产、资金变股金、农（市）民变股东"等改革经验，探索"联股联业、联股联责、联股联心"新机制。统筹城乡市政公用设施建设，促进城镇公共基础设施向周边农村地区延伸。

（六）强化基础设施规划建设。提高基础设施通达度、通畅性和均等化水平，推动绿色集约发展。加强横贯东西、纵贯南北的运输通道建设，拓展区域开发轴线。强化资源能源开发地干线通道规划建设。加快川藏铁路、沿江高铁、渝昆高铁、西（宁）成（都）铁路等重大工程规划建设。注重高速铁路和普通铁路协同发展，继续开好多站点、低票价的"慢火车"。打通断头路、瓶颈路，加强出海、扶贫通道和旅游交通基础设施建设。加强综合客运枢纽、货运枢纽（物流园区）建设。完善国家物流枢纽布局，提高物流运行效率。加强航空口岸和枢纽建设，扩大枢纽机场航权，积极发展通用航空。进一步提高农村、边远地区信息网络覆盖水平。合理规划建设一批重点水源工程、江河湖泊骨干治理工程和大型灌区工程，加强大中型灌区续建配套与现代化改造、中小河流治理和病险水库除险加固、抗旱水源工程建设和山洪灾害防治。推进城乡供水一体化和人口分散区域重点小型标准化供水设施建设，加强饮用水水源地规范化建设。

（七）切实维护国家安全和社会稳定。统筹发展与安全两件大事，更好发挥西部地区国家安全屏障作用。巩固和发展平等团结互助和谐的社会主义民族关系，促进各民族共同团结奋斗和共同繁荣发展。深入推进立体化社会治安防控，构建坚实可靠的社会安全体系。

三、以共建"一带一路"为引领，加大西部开放力度

（八）积极参与和融入"一带一路"建设。支持新疆加快丝绸之路经济带核心区建设，形成西向交通枢纽和商贸物流、文化科教、医疗服务中心。支持重庆、四川、陕西发挥综合优势，打造内陆开放高地和开发开放枢纽。支持甘肃、陕西充分发掘历史文化优势，发挥丝绸之路经济带重要通道、节点作用。支持贵州、青海深化国内外生态合作，推动绿色丝绸之路建设。支持内蒙古深度参与中蒙俄经济走廊建设。提升云南与澜沧江－湄公河区域开放合作水平。

（九）强化开放大通道建设。积极实施中新（重庆）战略性互联互通示范项目。完善北部湾港口建设，打造具有国际竞争力的港口群，加快培育现代海洋产业，积极发展向海经济。积极发展多式联运，加快铁路、公路与港口、园区连接线建设。

强化沿江铁路通道运输能力和港口集疏运体系建设。依托长江黄金水道,构建陆海联运、空铁联运、中欧班列等有机结合的联运服务模式和物流大通道。支持在西部地区建设无水港。优化中欧班列组织运营模式,加强中欧班列枢纽节点建设。进一步完善口岸、跨境运输和信息通道等开放基础设施,加快建设开放物流网络和跨境邮递体系。加快中国—东盟信息港建设。

(十)构建内陆多层次开放平台。鼓励重庆、成都、西安等加快建设国际门户枢纽城市,提高昆明、南宁、乌鲁木齐、兰州、呼和浩特等省会(首府)城市面向毗邻国家的次区域合作支撑能力。支持西部地区自由贸易试验区在投资贸易领域依法依规开展先行先试,探索建设适应高水平开放的行政管理体制。加快内陆开放型经济试验区建设,研究在内陆地区增设国家一类口岸。研究按程序设立成都国际铁路港经济开发区。有序推进国家级新区等功能平台建设。整合规范现有各级各类基地、园区,加快开发区转型升级。鼓励国家级开发区实行更加灵活的人事制度,引进发展优质医疗、教育、金融、物流等服务。办好各类国家级博览会,提升西部地区影响力。

(十一)加快沿边地区开放发展。完善沿边重点开发开放试验区、边境经济合作区、跨境经济合作区布局,支持在跨境金融、跨境旅游、通关执法合作、人员出入境管理等方面开展创新。扎实推进边境旅游试验区、跨境旅游合作区、农业对外开放合作试验区等建设。统筹利用外经贸发展专项资金支持沿边地区外经贸发展。完善边民互市贸易管理制度。深入推进兴边富民行动。

(十二)发展高水平开放型经济。推动西部地区对外开放由商品和要素流动型逐步向规则制度型转变。落实好外商投资准入前国民待遇加负面清单管理制度,有序开放制造业,逐步放宽服务业准入,提高采矿业开放水平。支持西部地区按程序申请设立海关特殊监管区域,支持区域内企业开展委内加工业务。加强农业开放合作。推动西部优势产业企业积极参与国际产能合作,在境外投资经营中履行必要的环境、社会和治理责任。支持建设一批优势明显的外贸转型升级基地。建立东中西部开放平台对接机制,共建项目孵化、人才培养、市场拓展等服务平台,在西部地区打造若干产业转移示范区。对向西部地区梯度转移企业,按原所在地区已取得的海关信用等级实施监督。

(十三)拓展区际互动合作。积极对接京津冀协同发展、长江经济带发展、粤港澳大湾区建设等重大战略。支持青海、甘肃等加快建设长江上游生态屏障,探索协同推进生态优先、绿色发展新路径。依托陆桥综合运输通道,加强西北省份与江苏、山东、河南等东中部省份互惠合作。加快珠江—西江经济带和北部湾经济区建设,鼓励广西积极参与粤港澳大湾区建设和海南全面深化改革开放。推动东西部自由贸易试验区交流合作,加强协同开放。支持跨区域共建产业园区,鼓励探索"飞地经济"等模式。加强西北地区与西南地区合作互动,促进成渝、关中平原城市群协同发展,打造引领西部地区开放开发的核心引擎。推动北部湾、兰州—西宁、呼包鄂榆、宁夏沿黄、黔中、滇中、天山北坡等城市群互动发展。支持南疆地区开放发展。支持陕甘宁、川陕、左右江等革命老区和川渝、川滇黔、渝黔等跨省(自治区、直辖市)毗邻地区建立健全协同开放发展机制。加快推进重点区域一体化进程。

四、加大美丽西部建设力度，筑牢国家生态安全屏障

（十四）深入实施重点生态工程。坚定贯彻绿水青山就是金山银山理念，坚持在开发中保护、在保护中开发，按照全国主体功能区建设要求，保障好长江、黄河上游生态安全，保护好冰川、湿地等生态资源。进一步加大水土保持、天然林保护、退耕还林还草、退牧还草、重点防护林体系建设等重点生态工程实施力度，开展国土绿化行动，稳步推进自然保护地体系建设和湿地保护修复，展现大美西部新面貌。加快推进国家公园体系建设。

（十五）稳步开展重点区域综合治理。大力推进青海三江源生态保护和建设、祁连山生态保护与综合治理、岩溶地区石漠化综合治理、京津风沙源治理等。以汾渭平原、成渝地区、乌鲁木齐及周边地区为重点，加强区域大气污染联防联控，提高重污染天气应对能力。开展西部地区土壤污染状况详查，积极推进受污染耕地分类管理和安全利用，有序推进治理与修复。

（十六）加快推进西部地区绿色发展。落实市场导向的绿色技术创新体系建设任务，推动西部地区绿色产业加快发展。实施国家节水行动以及能源消耗总量和强度双控制度，全面推动重点领域节能减排。大力发展循环经济，推进资源循环利用基地建设和园区循环化改造，鼓励探索低碳转型路径。全面推进河长制、湖长制，推进绿色小水电改造。加快西南地区城镇污水管网建设和改造，加强入河排污口管理，强化西北地区城中村、老旧城区和城乡结合部污水截流、收集、纳管工作。加强跨境生态环境保护合作。

五、深化重点领域改革，坚定不移推动重大改革举措落实

（十七）深化要素市场化配置改革。探索集体荒漠土地市场化路径，设定土地用途，鼓励个人申领使用权。深入推进主业为充分竞争行业的商业类地方国有企业混合所有制改革。深化资源性产品等要素价格形成机制改革，建立健全定价成本信息公开制度。有序放开竞争性环节电价，深化输配电价改革。推进增量配电业务改革试点，开展电力现货交易试点。实施丰水期居民生活电能替代等电价政策，促进西部地区清洁能源消纳。建立健全天然气弹性价格机制和上下游价格传导机制。建立健全市场化、多元化生态保护补偿机制，进一步完善生态保护补偿市场体系。构建统一的自然资源资产交易平台，健全自然资源资产收益分配制度。提高西部地区直接融资比例，支持符合条件的企业在境内外发行上市融资、再融资，通过发行公司信用类债券、资产证券化产品融资。西部贫困地区企业首次公开发行上市、新三板挂牌、发行债券、并购重组等适用绿色通道政策。

（十八）积极推进科技体制改革。开展探索赋予科研人员职务科技成果所有权或长期使用权试点工作。支持扩大科研经费使用自主权，提高智力密集型项目间接经费比例并向创新绩效突出的团队和个人倾斜。加快科技人员薪酬制度改革，扩大高校和科研院所工资分配自主权，健全绩效工资分配机制。

（十九）持续推进信用体系建设。建立健全地方信用法规体系。加强政务诚信建设，建立健全政府失信责任追究制度。完善省市县信用信息共享平台。加快征

信市场建设,培育有良好信誉的信用服务机构,鼓励研发适合西部地区的征信产品。

(二十)努力营造良好营商环境。深化"放管服"改革,加快建设服务型政府。落实全国统一的市场准入负面清单制度,推动"非禁即入"普遍落实。推行政务服务"最多跑一次"和企业投资项目承诺制改革,大幅压缩工程建设项目审批时间。落实减税降费各项政策措施,着力降低物流、用能等费用。实施"双随机、一公开"监管,对新技术、新业态、新模式实行审慎包容监管,提高监管效能,防止任意检查、执法扰民。强化竞争政策的基础性地位,进一步落实公平竞争审查制度,加快清理废除妨碍统一市场和公平竞争的各种规定和做法,持续深入开展不正当竞争行为治理,形成优化营商环境长效机制。

六、坚持以人民为中心,把增强人民群众获得感、幸福感、安全感放到突出位置

(二十一)着力强化公共就业创业服务。完善城乡劳动者终身职业技能培训政策和组织实施体系。强化就业和国家通用语言培训。加大对高校毕业生在西部地区就业的扶持力度。积极引导农村劳动力转移就业和农民工返乡创业就业。妥善做好化解过剩产能中的职工分流安置工作。加大力度支持灵活就业和新就业形态。

(二十二)支持教育高质量发展。加强普惠性幼儿园建设,大力培养培训贫困地区幼儿园教师。加快改善贫困地区义务教育薄弱学校基本办学条件,全面加强乡村小规模学校、乡镇寄宿制学校建设。在县域义务教育学校学位供需矛盾突出地区有序增加义务教育供给,有效解决"大班额"问题,做好控辍保学工作。发展现代职业教育,推进职业教育东西协作,促进产教融合、校企合作。逐步普及高中阶段教育。加强学校语言文字工作,确保国家通用语言文字作为教育教学基本用语用字。支持探索利用人工智能、互联网开展远程教育,促进优质教学资源共享。支持西部地区高校"双一流"建设,着力加强适应西部地区发展需求的学科建设。持续推动东西部地区教育对口支援,继续实施东部地区高校对口支援西部地区高校计划、国家支援中西部地区招生协作计划,实施东部地区职业院校对口西部职业院校计划。促进西部高校国际人才交流,相关人才引进平台建设向西部地区倾斜。鼓励支持部委属高校和地方高校"订单式"培养西部地区专业化人才。

(二十三)提升医疗服务能力和水平。重点加强西部地区县级(含兵团团场)医院综合能力建设,持续改善农村医疗卫生条件,加快基层医疗卫生机构标准化建设。改善医疗基础设施和装备条件,提高医护人员专业技术水平。支持在西部地区建立若干区域医疗中心。探索利用人工智能、互联网等开展远程医疗,支持宁夏建设"互联网＋医疗健康"示范区。充分发挥中医药在医疗卫生服务中的作用。加快补齐3岁以下婴幼儿照护服务短板。支持西部地区医疗机构与东中部地区医疗机构间开展双向交流。

(二十四)完善多层次广覆盖的社会保障体系。加快推进养老保险省级统筹,

推进落实城乡居民基本养老保险待遇确定和基础养老金正常调整机制。合理确定基本医疗保险保障水平,完善医疗保险关系转移接续措施。完善失业保险制度,逐步提高失业保障水平。科学制定低保标准,逐步拓展低保覆盖范围。建设统一的社会保险公共服务平台,推广以社会保障卡为载体的"一卡通"服务管理模式。

(二十五)健全养老服务体系。加快构建以居家为基础、社区为依托、机构为补充、医养相结合的养老服务体系。稳步推进公办养老机构改革和建设,全面放开养老服务市场,积极引导社会资本进入养老服务业,扩大西部地区养老服务有效供给,探索建立长期照护保障体系。加大对养老服务设施建设支持力度,加强农村特困人员供养服务机构建设管理,稳步提高托底保障能力和服务质量。实施养老服务专业人才培养等工程。

(二十六)强化公共文化体育服务。完善公共文化服务设施网络,强化数字技术运用,推动文化惠民工程整合创新、提挡升级。推进县级融媒体中心建设,推动广播电视户户通,建立健全应急广播平台及传输覆盖网络。鼓励发展含少数民族传统体育在内的群众体育。加强公共体育场馆建设,推进相关场馆免费或低收费开放。

(二十七)改善住房保障条件。完善分类分级补助标准,加大对农村危房改造补助资金倾斜支持力度。鼓励通过闲置农房置换或长期租赁等方式,解决农村特困群体基本住房安全问题。落实易地扶贫搬迁政策,完善安置区配套基础设施和公共服务设施。积极改善城镇中等偏下及以下收入住房困难家庭、新就业无房职工和城镇稳定就业的无房外来务工人员居住条件。

(二十八)增强防灾减灾与应急管理能力。推进西部地区城乡基层防灾减灾救灾能力建设,完善事故灾害综合风险评估技术标准体系,推进事故灾害综合风险评估和隐患排查治理。结合西部地区实际,推进实施灾害风险防控、监测预警、应急抢险救援、信息服务保障、救灾物资储备以及防灾减灾救灾科技支撑、宣传教育等能力建设工程。实施地震易发区房屋设施加固工程。推进西部地区灾害应急救援联动指挥平台建设,建立应急救援资源共享及联合处置机制。打造符合西部地区需求的防灾减灾救灾科技创新团队、实验基地和实验平台。加快提高骨干救援队伍专业化技术装备水平。

七、加强政策支持和组织保障

(二十九)分类考核。参照高质量发展综合评价指标和分领域评价指标,根据西部地区不同地域特点,设置各有侧重、各具特色的考核内容和指标,实施差异化考核。深入研究制定分类考核的具体措施。

(三十)财税支持。稳妥有序推进中央和地方收入划分改革。中央财政在一般性转移支付和各领域专项转移支付分配中,继续通过加大资金分配系数、提高补助标准或降低地方财政投入比例等方式,对西部地区实行差别化补助,加大倾斜支持力度。考虑重点生态功能区占西部地区比例较大的实际,继续加大中央财政对重点生态功能区转移支付力度,完善资金测算分配办法。考虑西部地区普遍财力较为薄弱的实际,加大地方政府债券对基础设施建设的支持力度,将中央财政一般性转移支付收入纳入地方政府财政承受能力计算范畴。指导推动省以下财政事权和支出责任划分,调动市县积极性。对设在西部地区的鼓励类产业企业所得税优惠等政策到期后继续执行。赋予西部地区具备条件且有需求的海关特殊监管区域内企业增值税一般纳税人资格。对西部地区鼓励类产业项目在投资总额内进口的自用设备,在政策规定范围内免征关税。

(三十一)金融支持。支持商业金融、合作金融等更好为西部地区发展服务。引导金融机构加大对西部地区小微企业融资支持力度。落实无还本续贷、尽职免责等监管政策,在风险总体可控前提下加大对西部地区符合条件的小微企业续贷支持力度。引导和鼓励银行业金融机构合理调配信贷资源,加大对西部贫困地区扶贫产业支持力度。支持轻资产实体经济企业或项目以适当方式融资。增加绿色金融供给,推动西部地区经济绿色转型升级。依法合规探索建立西部地区基础设施领域融资风险分担机制。

(三十二)产业政策。实行负面清单与鼓励类产业目录相结合的产业政策,提高政策精准性和精细度。在执行全国统一的市场准入负面清单基础上,对西部地区鼓励类产业目录进行动态调整,与分类考核政策相适应。适时修订中西部地区外商投资优势产业目录并进行动态调整。继续完善产业转移引导政策,适时更新产业转移指导目录。加大中央财政对西部地区自然资源调查评价的支持力度,自然资源调查计划优先安排西部地区项目。凡有条件在西部地区就地加工转化的能源、资源开发利用项目,支持在当地优先布局建设并优先审批核准。鼓励新设在西部地区的中央企业及其分支机构在当地注册。适当降低社会保险费率,确保总体上不增加企业负担。

(三十三)用地政策。继续实施差别化用地政策,新增建设用地指标进一步向西部地区倾斜,合理增加荒山、沙地、戈壁等未利用土地开发建设指标。加强对基础设施领域补短板项目的用地保障。支持西部地区开放平台建设,对国家级新区、开发区利用外资项目以及重点开发开放试验区、边境经济合作区、跨境经济合作区产业发展所需建设用地,在计划指标安排上予以倾斜支持。推进耕地指标和城乡建设用地指标在国家统筹管理下实现跨省域调剂。

(三十四)人才政策。努力造就忠诚干净担当的西部地区高素质干部队伍,注重选拔符合西部地区需要的专业化人才,建立健全有利于吸引、激励和留住人才的体制机制。落实完善工资待遇倾斜政策,结合事业单位改革,鼓励引导机关事业单位人员特别是基层公务员、教师、医护人员、科技人员等扎根西部。鼓励符合条件的企业实施股权激励、分红等中长期激励。允许国有企事业单位专业技术和管理人才按有关规定在西部地区兼职并取得合法报酬。允许退休公职人员按有关规定在西部地区创业。

(三十五)帮扶政策。深入开展对口支援新疆、西藏和青海等省藏区以及对口帮扶贵州等工作。继续实施中央和国家机关及企事业单位等定点帮扶。支持军队发挥优势,积极参与西部大开发。推动统一战线继续支持毕节试验区改革发展。鼓励东中部城市帮助边境城市对口培训亟需的管理和技术人才。鼓励企业结对帮扶贫困县(村)。进一步推动从中央和国家机关、东部地区选派优秀干部到西部地区挂职任职,注重提拔使用在西部地区作出突出贡献的优秀干部。继续做好公务员对口培训工作。

(三十六)组织保障。加强党对西部大开发工作的领导,强化各级党组织在推进西部大开发形成新格局进程中的领导作用。强化基层党组织建设,健全以党组织为领导的组织体系,着力提升基层党组织的组织力,引导广大党员干部在西部大开发中发挥先锋模范作用。激励干部担当作为,鼓励创造性贯彻落实。国务院西部地区开发领导小组要加强统筹指导,各成员单位和有关部门要各司其职、压实责任,密切配合、通力协作,制定配套政策措施并推进落实。国家发展改革委要切实承担国务院西部地区开发领导小组办公室职责,适时对政策实施情况进行评估,发挥好督查促落实作用。西部地区各级党委和政府要切实承担主体责任,主动作为、真抓实干,结合本地区实际出台贯彻落实本意见的具体举措,团结带领广大干部群众认真抓好各项任务落实。要切实解决困扰基层的形式主义问题,让西部地区基层干部腾出更多精力干实事。东中部地区及社会各界要继续支持和参与西部大开发。

各地区各部门要在以习近平同志为核心的党中央坚强领导下,增强"四个意识",坚定"四个自信",做到"两个维护",认真落实党中央、国务院决策部署,解放思想、锐意进取、深化改革、破解矛盾,加快建立更加有效的区域协调发展新机制,以更大力度、更强举措推进西部大开发形成新格局。

中共定西市委
定西市人民政府关于推进
文化和旅游（体育）融合发展的意见

为深入贯彻落实省委、省政府关于构建生态产业体系推动绿色发展崛起的一系列决策部署，深度挖掘我市文化内涵，促进文化繁荣兴盛，推进文化和旅游（体育）（以下简称"文旅体"）融合发展，增强经济社会绿色发展崛起的软实力，根据《甘肃省文化旅游产业发展专项行动计划》《定西市"十三五"文化旅游产业发展规划》精神，现提出推进文化和旅游（体育）融合发展意见。

一、指导思想和基本原则

（一）指导思想

以习近平新时代中国特色社会主义思想和党的十九大精神为指引，按照统筹推进"五位一体"总体布局和协调推进"四个全面"战略布局总要求，以创新、协调、绿色、开放、共享发展为理念，抢抓国家实施"一带一路"战略的机遇，紧盯省上文化旅游产业发展专项行动计划和市上建设陇中特色文化大市目标，着眼当好文化守灵护魂人，以文化为灵魂、以旅游和体育为载体，以融合发展为方向，发挥定西丰富的文旅体资源优势，突出农耕文化和游牧文化共生的多样性、多彩性、多向性文化特色，突出"渭水源头•李氏故里•当归定西"旅游特色，打造资源聚合、项目联合、产业融合、体验结合的全省文化和旅游（体育）融合发展典型。

（二）基本原则

1.坚持社会效益与经济效益相结合。注重文旅体意识形态和产业经营的双重属性，坚持先进文化的前进方向和群众主体地位，全面繁荣文旅体事业，保障群众基本文旅体权益。统筹发展文旅体产业，注重经济效益，提高对国民经济的贡献率，实现社会效益和经济效益相统一。

2.坚持互补提升与突出特色相结合。强化文化是旅游、体育的灵魂，旅游、体育是文化传承弘扬的载体的定位，强化文化是旅游、体育最好的资源，旅游、体育是文化最大的市场禀赋的认识，推动特色文化广泛传播、繁荣兴盛，推动文旅体相互促进、共同发展。兼顾文化多样性特征，打造和供给人无我有、人有我优、人优我特、人特我专的文旅体产品和服务。

3.坚持优先保护与合理开发相结合。充分认识历史文化遗产的不可再生性，优先保护和弘扬优秀传统文化，既注重保护又合理开发利用文旅体资源。完善保护性开发政策措施，引进先进技术和优势企业，在开发利用中加强保护，在合理开发中永续发展。

4.坚持传承弘扬与改革创新相结合。统筹传承弘扬与改革创新，以传承为基本要求,以弘扬为关键环节,改革创新管理体制机制,创造性融合,创新性发展,探索出各具特色、符合实际的发展模式。

5.坚持整体推进与重点突破相结合。统筹长远目标与近期工作,从全局上谋划,从整体上推进,实现文旅体资源共建共享。抓好重点领域、关键环节和优势地区,整合力量重点突破。扶持运行机制活、扩张能力强的行业、园区、企业和项目做大做强,以重点突破带动整体推进、以整体推进夯实重点突破的基础。

6.坚持政府推动与市场主导相结合。坚持政府宏观调控、社会力量广泛参与,更好地发挥市场在资源配置中的决定性作用。统筹"大旅游"和"小旅游",盘活存量资本、做大增量资本,培育和壮大文旅体市场主体,激发发展活力,增强文旅体产业持续融合的动能,增强市场竞争力,实现效益最大化。

二、发展目标

到 2020 年,全市发展一批具有较强实力的文旅体企业,不断壮大融合的市场主体;开展一批文旅体活动,不断丰富融合的抓手;推出一批文旅体品牌,不断提升融合的品质;建成一批功能完善的文旅体示范基地,不断建强融合的载体;促进文旅体产业要素有效聚集、产品供给更加丰富,促进特色文化品牌和旅游品牌形象的树立、知名度影响力的提升,促进全面融入"交响丝路·如意甘肃"全域旅游格局、由文旅体资源型向文旅体产业深度融合型升级。文化产业增加值占 GDP 的比重争取达到 5%,接待游客年均增长 22% 以上,旅游综合收入年均增长 27% 左右,体育产业开发总规模达 6 亿元以上。

三、主要任务

紧盯发展目标,立足特色资源优势,重点实施文旅体"10+9"融合行动。

1.开展以文物馆藏为主的有形文化和旅游(体育)融合

充分认识文物是灿烂文化的物化载体,文物馆藏文化可构筑华夏儿女心相通、血相连的归属感,对全社会具有独特的文化教育、宣传功能,重视文物馆藏文化建设对文旅体融合具有基础性作用。

顺应研学式旅游的时代性,以文物活起来为要求,以先保护、后融合、再转化为思路,以"一馆一策"为路径,高标准规划,高标准利用、改建、扩建、新建市县区国有博物馆,夯实文物馆藏文化建设的基础。对基础条件好、运行利用较高的陇西县博物馆,引导进一步发挥作用、提高利用、开发文创产品。对新建的市博物馆、市城市展览馆、临洮县博物馆、渭源县博物馆等 4 个博物馆,加快搬迁和布展,力求 2018 年底投入使用。对现有的安定区博物馆、通渭县博物馆、陇西县博物馆、漳县博物馆、岷县博物馆等 5 个博物馆,进行改建扩建。对谋划筹建的马家窑彩陶博物馆、李氏文化博物馆、渭水源文明农耕文化博物聚落等彰显我市地域文化特色的专业性博物馆,做好建设方案,加快建设进度,争取早日建成运行。以民办与政府资助相结合的方式,加快建设陇中名人博物馆、齐家玉博物馆、红色记忆博物馆、剪纸博物馆等民间博物馆和"乡村记忆"博物馆。探索建立动态和静态相结合、国有馆与民办馆并存、综合馆与专业馆互补、普通馆与特色馆兼顾的博物馆体系。到 2020

年,将定西市博物馆、陇西县博物馆、临洮县博物馆、渭源县博物馆等 4 个国有博物馆建成三级博物馆,带动其他国有博物馆升级发展。分别将国有行业博物馆(纪念馆)、"乡村记忆"博物馆、非国有博物馆发展到 10 个以上,将"历史再现"工程博物馆发展到 20 个以上。

紧盯发展研学旅游目标,推进其他文化场馆景点化建设。按照国家标准,重点规划、改造、重建市县区两级文化馆、图书馆、美术馆,使之成为文旅体融合发展的重要基地和旅游目的地。鼓励社会和民间力量投资建设非国有图书馆、美术馆、文化馆和道德大讲堂等公共文化场馆。

全面启用定西大剧院、定西体育馆,建设渭河源大景区和漳县贵清山/遮阳山景区剧院。到 2020 年,各县区和渭河源大景区、漳县贵清山/遮阳山景区分别建成一定规模的剧院,各县区加快建设"一场两馆一中心"和城市健身步道等设施。

专栏 1　馆藏文化建设措施

1. 编制文化祖业守魂规划,保护以马家窑文化、战国秦长城文化为核心的历史文化,以民间民俗特色文化为代表的非物质文化,以马铃薯文化、中医药文化为代表的农耕文化,以洮河渭河自然风情为代表的生态休闲文化,以李氏文化为代表的姓氏文化。

2. 编制公共文化场馆建设发展规划,推动市县区两级文化馆、图书馆、博物馆、美术馆等文化场馆评级和升级。

3. 实施文化场馆项目建设。重点以 PPP 方式,建设一批文物保护项目、一批大遗址保护项目、一批非物质文化遗产保护传承项目、一批历史文化名城名镇名村保护利用项目、一批民族民俗文化传承项目、一批古(典)籍整理出版项目、一批现代公共文化服务体系建设项目。

4. 对重点承载文化祖业的博物馆,实施"一馆一策",从综合管理与基础设施、藏品管理与科学研究、陈列展览与社会服务等方面加强建设。

5. 举办彩陶、洮砚、馆藏书画、非遗、李氏文化、中医药文化、马铃薯文化、玉器瓷器奇石文化、长城文化、红色文化等"十大主题展",打造馆藏文化旅游品牌。

6. 制定出台优惠政策,鼓励民营博物馆建设。每建成 1 个一级民营博物馆补助 50 万元,建成 1 个二级民营博物馆补助 20 万元,建成 1 个三级民营博物馆补助 10 万元,建成 1 个"乡村记忆"博物馆补助 5 万元。对符合三级标准且规范开展免费开放的民营博物馆,每年给予 1 万元的财政补助。

牵头单位:市文广局、市旅发委、市体育局

配合单位:市发改委、市文物局、市财政局、市规划局、市住建局、市国土局、市农业局、市水务局、市卫计委等,各县区政府

2. 开展非物质文化和旅游(体育)融合

进一步认识非物质文化遗产是优秀传统文化的重要组成部分,是新时期体验式旅游开展研学活动的重要内容。着眼"见人见物见生活",围绕不断保护与传承非遗、延续历史文脉记忆、传播中华优秀传统文化、培育良好文化业态,按照"保护为主、抢救第一、合理利用、传承发展"的方针,以真实性、整体性、传承性为核心,重点对具有生产性质和特点的传统技艺、传统中医药炮制技艺、传统美术等非遗项目,深入持久地进行全面性挖掘、生产性保护、融入性传承、合理性利用,深入持久地进行创新化设计、基地化生产、规模化经营、活态化传承,开发出具有多样性、立

体性、品牌性的系列非遗文创产品,构建体系完善、布局合理、特色鲜明、富有创意、品质优良、竞争力强的非遗文创发展格局,使非遗生态保护区、生产性保护基地、研究基地、传习基地、传习所和传统工艺工作站等成为游客研学和体验的非遗文化目的地,使非遗文创产品成为游客吃、购的首选。

到 2020 年,在全市打造出一县(区)一特色非遗文创示范项目基地,建成 6 个以上整体性非遗生态保护区,形成人才培育基地、产品研发基地、生产加工基地和产品营销网络平台、宣传推广推介平台、产业融资平台等"三基地十三平台"发展模式,培育 8 家以上有实力的非遗文创公司成为市场主体,系列化生产性开发 30 个以上的非遗项目,创意 300 种以上非遗文创产品。

专栏 2　非遗文化建设措施

1. 全面普查非物质文化遗产资源,科学整理分类,充实完善项目名录。组织非遗项目代表性传承人、专家、文化艺术人才和各类能工巧匠,论证、评估、设计非遗开发项目,建立保护传承、开发文创产品的非遗项目库。

2. 申报更多非遗项目及代表性传承人纳入国家级、省级名录。

3. 建设国家级非遗研究基地、国家级传统工艺工作站,建设省级非遗生产性保护基地、非遗传习基地和传习所。建立健全代表性传承人开展收徒授艺长效机制,培育一支匠心专注的传承队伍,打造"定西工匠"。

4. 利用非物质文化遗产和传统手工制作技艺项目等资源,发展生产性保护非遗的大户、协会、合作社、企业,加强文创产品设计、系列性开发、规模化生产。

5. 建立市级非遗文创中心,打造非遗文创品牌,注册文创商标。建立以市级非遗产品和衍生品为主的形象店,带动建立健全非遗文创产品营销网络,开展线上线下营销。

牵头单位:市文广局、市旅发委、市体育局

配合单位:市发改委、市文物局、市财政局、市非遗中心、市文化馆、市美术馆等,各县区政府

3. 开展文旅体产业基地融合

紧盯融入兰州都市圈文化产业园,加快建设丝绸之路文化定西带,建设以马家窑文化、战国秦长城文化为核心的历史文化保护基地,以马铃薯文化、中医药文化等农耕文化为代表的传统文化传承创新基地,以民间民俗特色文化为代表的非物质文化传承创作基地,以洮河渭河自然风情为代表的生态休闲旅游基地,打造聚集文旅体产业融合发展的基地平台。

推动省级文化产业示范基地——通渭书画产业园提升为国家级文化产业示范基地,带动马家窑文化产业园、洮砚文化产业园、狄道李氏文化产业园、大渭河文化风情园、古莱坞文化旅游创意园等率先发展成为省级文化产业示范基地,带动承接文旅体产业聚集的所有基地整体发展为旅游景区景点。力争到 2020 年,创建 1 个国家级、2 个省级文化产业示范基地,建设 2—3 个集拍摄、旅游、观光、休闲、度假、培训为一体的影视基地。

深入挖掘旅游资源的文化内涵,提升旅游文化价值,以渭河源大景区等 10 个重点景区、1 个旅游强县、2 个全域旅游示范区、3 个省级特色小镇为主,建设文化、旅游、体育、生态、农业、康养等业态融合的示范基地。

专栏3　文旅体产业融合基地建设措施

1.编制文旅体产业融合发展规划,引领文旅体产业融合。

2.以"园(基地)有重点有特色有项目"为思路,支持文旅体企业大力发展"文化＋""旅游＋""体育＋"和"＋文化""＋旅游""＋体育"项目,培育发展生态旅游、保健养生、红色旅游、研学旅游、会展旅游等新业态,延伸文旅体产业链。

3.实施"十三五"入库和新谋划的文旅体项目,重点有临洮马家窑彩陶文化小镇、华夏文明传承创新区·古莱坞丝路文化旅游产业园、凤凰谷田园综合体、陇西巩昌古城再现、陇西仁寿山康养休闲基地、战国秦长城遗址保护开发利用、定西市陇中文化旅游创意产业园、安定区全民健身中心、通渭墨香书画小镇翰墨文化中心、陇西文化旅游创意园、渭源灞陵文化街区、岷县岷州生态旅游风情苑、漳县贵清山休闲旅游养生基地、临洮平长康养老基地、渭源渭河源运动休闲基地等。

4.围绕项目跟着产业走、产业跟着园区(基地)走、园区(基地)跟着片区走的思路,建设10大文旅体产业融合片区(临洮马家窑文旅体融合片区、陇西李氏文旅体融合片区、通渭墨香温泉文旅体融合片区、渭河源文旅体融合片区、漳县"两山一井"文旅体融合片区、岷县—漳县—通渭红色文旅体融合片区、安定—临洮—通渭体育赛事文旅体融合片区、北部水土治理和生态文明文旅体融合片区、木寨岭南部西秦岭民俗文旅体融合片区、渭河—洮河—长城为主的河岸墙带乡村文旅体融合片区)。

5.发展具有定西特色的文化产业。大力发展资源型、劳动密集型、复合型、非公有型、外向型、高科技型等6类文旅体产业;重点发展出版发行和印刷、广播影视和网络传播、演艺娱乐、民间民俗工艺品加工等优势产业;培育发展文化创意、节庆会展、动漫游戏、移动多媒体等新兴产业;做大做强彩陶复制、洮砚制作、书画剪纸等首位文化产业。

牵头单位:市文广局、市旅发委、市体育局

配合单位:市发改委、市林业局、市工信委、市农业局、市卫计委等,各县区政府

4.开展文旅体活动融合

紧盯旅游大景区、精品线路、重点活动,组织开展能聚集人气、传播文化、提供体验的文旅体融合活动。鼓励承办国家级、省级文旅体大型活动,走文体搭台、旅游唱戏之路。充分利用文化和体育场馆、旅游景区、文化园区、田园综合体、城市广场等阵地,常态化开展特色鲜明的大型文艺调演、文化展览展销和体育赛事等活动。

专栏4　文旅体活动融合措施

1.打造和推出文化品牌活动。重点推出元旦、春节、元宵节文艺演出系列节庆汇演、秦腔擂台赛、文化艺术节、美食节、百名美术摄影交流笔会、传统手工制作大赛、文博联展、马家窑彩陶论坛、李氏文化论坛、纪念榜罗会议论坛等"十个"文化活动品牌。

2.打造和推出品牌体育赛事。重点有渭河源国际露营大会、通渭山地自行车邀请赛暨华家岭露营大会、陇西渭河风情半程马拉松赛、岷县狼渡滩摩托车越野耐力赛、临洮狄道之旅四季越野跑赛、定西市武术(太极拳)邀请赛、安定区西岩山越野跑和健步行活动、欧美国际职业篮球邀请赛、定西市广场舞交流展示大赛、甘肃漳县贵清山重阳登高健身大赛等"十个"赛事品牌。

3.推出特色文化之旅。重点有陇中春节民俗文化之旅、华夏儿女红色圣地之旅、国色天香紫斑牡丹之旅、国际非遗洮岷花儿之旅、渭水源头探源观光之旅、书画交流温泉康养之旅、李氏宗亲寻根祭祖之旅、中国药都仁寿康养之旅、中国薯都农耕体验之旅、黄土风情梯田写生之旅等"十个"特色旅游品牌。

4.对社会力量举办文体赛事活动给予一定财政支持。

牵头单位:市文广局、市旅发委、市体育局

配合单位:市发改委、市财政局、市规划局、市住建局、市国土资源局、市农业

局、市科技局、市卫计委、市文物局、市公安局等,各县区政府

5. 开展文旅体创意商品开发销售融合

挖掘文旅体资源价值,扶持引导市场主体开发特色鲜明的系列文创产品、数字旅游产品、民俗工艺品、生活化艺术品等旅游商品和纪念品,为游客提供富有艺术性、纪念性、实用性、便携性的文化旅游创意商品。率先对剪纸、洮砚、书画、泥塑、皮影、银饰、麦秆画、铜艺及彩陶复制品、榫卯木质工艺品、草编工艺品等 10 大非遗项目进行创意开发。

对馆藏一级珍贵文物和不可移动的 8 处全国重点文物保护单位项目进行创意,使之成为游客来定西的"必购品",成为各类友好交流的"必需品"。

建立文化旅游创意商品目录,将当年研发、批量生产并销售的文化旅游创意商品纳入全市文化旅游创意商品目录,纳入政府采购名录。建立健全文化旅游创意商品销售网络,搭建"文化旅游创意商品＋互联网"平台,完善销售网络体系,推动文化旅游消费不断扩大。对文化旅游创意商品年销售额在 5 万元以上的企业,按销售额比例给予一次性财政奖励。力争到 2020 年,全市建设涵盖景区宣传、产品营销、休闲服务等内容的定西特色文化旅游创意商品实体示范店 20 个,特色文旅体创意商品达到 100 种以上,评选命名的"定西文化旅游创意推荐商品"达 30 种以上,畅销文化旅游创意商品达 10 种以上,购物收入达到旅游总收入的三分之一左右。

专栏 5　文化旅游创意商品开发销售措施

1. 设立文化旅游创意商品中心,指导设计、研发、生产、销售。

2. 扶持设立文化旅游创意商品专项基金,支持设计研发、产品开发、专利申请、知名品牌争创等。

3. 扶持发展一批集研发、生产、包装、销售文化旅游创意商品的骨干企业,完善产、供、销体系,延长产业链条。

4. 支持举办文化旅游创意商品大赛,培育一批知名度较高的品牌,挂牌建立一批名品店,评选命名一批名优商品。

5. 加快乡村旅游商品转化。支持创意开发当归、黄芪、党参等系列中药材保健产品,支持创意开发洮砚、泥塑、木雕、砖雕等工艺美术品品牌,支持创意开发陇西腊肉、金钱肉、岷县点心、沙棘饮品、苦荞茶、小杂粮等农特产品,使之向旅游商品转化,富有个性化,适应不同游客群体。

6. 扶持引导文化文物单位、各类创客、民间能工巧匠等,从事文化旅游创意商品开发、生产、经营活动。

7. 推进乡村旅游"后备箱"工程。支持乡村旅游重点村在临近的景区、景点、高速公路服务区、主要交通干道、游客集散点等地,设立文化旅游创意商品销售窗口、开办网点、开展线上线下一体化销售,为游客提供"后备箱"服务。

8. 对接文博会、旅游节、论坛等,召开文化旅游创意商品营销对接会。鼓励党政部门、机关干部带头购置、使用本市文化旅游创意商品。鼓励国有企业将文旅创意产品设为奖品、礼物等,支持地方经济发展和文化扶贫。

牵头单位:市旅发委、市文广局、市工信委

配合单位:市工商局、市商务局、市财政局、市编办、市畜牧兽医局、市文物局、市交运局等,各县区政府

6. 开展文旅体市场主体体系融合

加强辅导培训、项目对接、树立典型、推广经验等工作,帮助和引导小微文旅体

企业从事特色经营、发展壮大。对首次"个转企""企转规"的文旅体企业给予一次性财政奖励,对年经营收入突破 1000 万元的文旅体企业给予一次性财政奖励,推动"专、精、特、新"式中小微文旅体企业发展。对当年新增固定资产超过 1000 万元的文旅体企业、新开工固定资产投资额在 1 亿元以上的文旅体项目,在建成投产后,给予一次性财政奖励,推动现有文旅体企业做大做强做优。

组建定西市文化和旅游(体育)开发投资(集团)有限公司,支持成立定西市文化产业联盟、定西市文旅体产业联盟,带动文旅体龙头企业发展壮大。积极利用资本市场,培育打造 2—3 家省内知名的文旅体企业。引进、落户一批规模大、实力强的战略型投资企业,以多种方式参与文旅体产业开发。

加强产业聚集、自主创新、资产重组、重大项目建设,推动形成结构合理、管理科学、优势互补、实力强大的现代文旅体产业体系。到 2020 年,培育 2—3 家在西北具有影响力的文旅体龙头企业,50 家左右的文旅体重点企业。

牵头单位:市国资委、市文广局、市旅发委、市体育局

配合单位:市财政局、市发改委、市商务局、市农业局、市卫计委、市教育局、市民政局等,各县区政府、各有关企业

7.开展文艺精品和旅游(体育)融合

鼓励定西市百花演艺有限公司等演艺企业和旅游团体引入域外创编导演人才和管理团队,深入旅游景区景点,挖掘特色文化内涵和价值,创排以非遗题材为主的《定西故事》,使之成为具有定西特色、甘肃水准、永不落幕的精品歌舞剧。以《定西故事》带动创排具有浓厚文化特色的《李时珍祭拜陇西堂》《秦嘉徐淑》《许铁堂》《渭水医魂》等秦腔剧、《如意甘肃我的家》综艺节目及《洮语南风》歌舞剧,保留《云阳板》《巴当舞》《百合花开》等。

支持精品舞台剧特别是歌舞剧,经常在定西大剧院及 4A 级景区驻场演出,并在全省、全国巡演。

探索建立市艺术演出院线联盟,带动演出产品在院线内流动,盘活演艺资源,繁荣市内文艺演出市场。

引进优质文化传媒公司,依托现有的陇西古莱坞等影视基地,力争每年创排1—2 部能够在央视和各大卫视播出的优秀影视作品。围绕《安定古经》等富有代表性的民间传说故事、定西历史名人故事,创作和拍摄电影、动漫、微电影、纪录片等作品,在有关展示旅游和体育活动的平台和媒介传播。

专栏6 文艺精品旅游融合措施

1. 引进国内优秀院团,依托定西市百花演艺有限公司打造歌舞剧《定西故事》。

2. 依托定西市百花演艺有限公司打造《如意甘肃我的家》、定西大众秦剧团打造《许铁堂》、陇西县威远演艺有限公司打造《李时珍祭拜陇西堂》、通渭人家演艺股份有限公司打造《秦嘉徐淑》、临洮县洮苑演艺有限公司打造《洮语南风》、渭源县渭河源演艺有限责任公司打造《渭水医魂》等作品。

3. 以财政资金投入撬动社会资金、招商引资等方式,拓宽筹集文艺创排经费的渠道。

4. 对投演满一年、常态化演出,展演体现定西特色文化、具有较大影响力的精品文艺剧目,年接待人数超过 1 万人次的演艺企业,给予财政支持。5.依托多媒体、自媒体、文化部门 APP 公众号等平台,宣传推介剧目内容。

牵头单位:市文广局

配合单位:市旅发委、市财政局、市百花演艺有限公司等,各县区政府

8.开展文旅体节庆会展融合

对接"一带一路",面向全国、面向世界打造具有定西特色的节会品牌。紧紧围绕定西马铃薯大会和陇西中医药产业博览会等两个国家级品牌节会,精心策划主题丰富的相关配套活动,切实提升两个节会的吸引力和影响力。

对接上级文化和旅游部门,承办全国性文化旅游会展活动,办好敦煌行·丝绸之路国际旅游节和敦煌文博会等两个节会的定西分会场活动,将其打造成我市大型文化旅游节会品牌。创新和改进通渭书画艺术节、陇西李氏文化节、马家窑文化节等三个节会的内容和形式,力争打造成国家级品牌节会。

鼓励和引导社会力量举办区域性传统文化旅游节会活动,将华夏文明渭河源·祖脉文化旅游节、临洮紫斑牡丹文化旅游节、岷县二郎山花儿会、定西市七台山民俗文化节、临洮县古老民间祭祀"拉扎节"等市、县区民间节会,纳入政府引导推动的节会活动,在各县区形成"一县一特色"的民俗文旅体节会品牌。鼓励国内外会展机构、国际性组织、国家级行业协会(学会)在定西举办文旅体节会、商务会展、学术交流活动。对社会力量举办节会活动所投入的宣传营销、运营管理等费用,按一定比例给予一次性财政奖励。

牵头单位:市委宣传部

配合单位:市文广局、市旅发委、市卫计委、市财政局、市农业局、市体育局、市质监局、市公安局等,各县区政府

9.开展红色文化和旅游(体育)融合

完善榜罗会议、岷州会议、盐井会议等红色纪念馆的基础设施,提高接待服务能力。打造榜罗"决定红军落脚点"、岷州"中国革命的加油站"等红色旅游品牌,建设长征精神体验旅游线,使红色旅游景区成为践行社会主义核心价值观的生动课堂。规划和建设甘南农民起义纪念馆、河畔阻击战纪念馆、内官烈士陵园、华家岭阻击战旧址等红色旅游项目,丰富红色教育内容,拓展红色旅游内涵,打造红色文化旅游景区景点。力争创建 1 个国家 4A 级红色旅游景区,带动其他红色景区创 A。

积极对接周边市州,策划举办红色旅游体育节会及主题活动,大力培育"迭部—宕昌—岷县—通渭—会宁—静宁—华池"长征胜利会师红色旅游带。

专栏7 红色旅游发展措施

1.加强景区建设。立足丰富的红色旅游资源,加快资源整合开发和转化利用,谋划实施一批带动能力强的项目。完善榜罗会议纪念馆和岷州会议纪念馆基础设施条件,提高接待服务能力,促进红色旅游发展壮大。

2.打造红色旅游品牌。打造中共中央政治局榜罗会议、中共中央西北局岷州会议、中共中央西北局盐井会议、毛泽东在岷县创作《念奴娇·昆仑》、毛泽东在通渭县文庙小学第一次朗诵《七律·长征》、甘南农民起义、陇右工委、甘肃省苏维埃政府等红色旅游品牌。

3.强化红色旅游教育功能。深入挖掘红色旅游景区所蕴含的红色文化内涵,把红色旅游景区建设成一流的爱国主义教育基地、国防教育基地和青少年研学旅游基地。

4.发挥红色旅游扶贫作用。把发展红色旅游作为带动当地百姓脱贫致富的重要载体,紧密结合集中连片特困地区扶贫开发,开发多样化的旅游产品,为贫困村和贫困户带来更多的客流、物流、资金流、信息流,促进贫困村经济振兴、文化繁荣、社会发展、群众脱贫致富。

牵头单位：市委宣传部

配合单位：市旅发委、市发改委、市文广局、市教育局、市扶贫办、市商务局、市文物局等,各县区政府

10.开展文旅体合作交流融合

利用文化旅游节庆、会展、论坛、研讨、体育赛事等平台,构建与友好城市、对口帮扶地区、"一带一路"沿线城市文旅体交流的合作机制。推动《定西故事》等精品剧目、精品书画、非遗项目外出展览展示巡演,邀请友好城市文化团体来我市展演文化精品,促进人文交流活动。

依托文化交流活动,对接省上建立的南向通道旅游推广联盟和丝绸之路旅游联盟等组织,在兰州、西安、成都、重庆等重点客源城市,在有基础的"一带一路"和南向通道沿线地区及国家,设立旅游营销中心,推动旅游客源互送、市场共享,打造国际旅游线路品牌。

专栏8　文旅体合作交流措施

1. 与省内市州和西安、成都、重庆、福州等市建立文化友好合作关系。

2. 合作开展交流活动。支持利用节庆活动和电视、网络、报刊等媒体在推介文旅体资源中实现交流合作;实施旅游会员优惠,给特定游客免费或打折等方式支持交流合作;支持游客写游记、写散文、写诗歌,在与游客双向互动中实现交流合作。

3. 探索商业运作模式,依托《定西故事》等优秀歌舞剧开展交流合作。

4. 借助有关国际人文合作机制和交流平台,参与"一带一路"和南向通道国家举办的文化年、文化节、艺术节、展览会,创造条件参与国家部委举办的"欢乐春节""感知中国"等重要活动。

牵头单位：市文广局、市旅发委

配合单位：市商务局、市体育局等,各县区政府

11.开展重点景区改造提升行动

推动渭河源大景区、贵清山休闲度假区、遮阳山户外运动公园、通渭温泉康养度假谷、洮河沿岸马家窑文化主题旅游长廊、榜罗红色旅游景区、李氏故里景区、中国薯都大世界、中国药都康养度假体验区、狼渡湿地草原旅游基地等 10 个重点景区深化体制改革,不断完善管理机制。大力实施景区改造提升工程,加快推进景区创 A 升级,重点推动渭河源景区创建 5A 级景区。通过加快渭河源大景区旅游项目建设,带动其他重点景区项目建设,力争年均实际完成投资增长 15% 以上,大景区年均综合收入达到 10 亿元以上。

专栏9　重点景区改革建设措施

1. 完善渭河源大景区管理委员会和旅游开发公司,深化管理体制和经营机制改革,不断发挥市场配置资源的决定性作用,全面激发发展活力。

2. 完善重点景区道路、停车场、游客中心指示标识系统、休憩设施、应急救援系统、安全保障等公共服务设施,统一布局购物街区、特色餐饮、文艺表演等基础设施。

3. 打造知名景区品牌,形成核心竞争力,将重点景区建设成为地方旅游业快速发展的新增长极。

4. 因地制宜,将特色文化元素全方位植入重点景区建设之中。

牵头单位：市旅发委

配合单位：市发改委、市国资委、市农业局、市林业局、市住建局、市文广局、市质监局、市文物局等，各县区政府

12. 开展"一部手机游定西"行动

依托省上旅游大数据中心，建设定西市旅游大数据中心，推动公安、交通、气象、地震、文化等数据横向归集。构建富有特色文化元素的智慧服务体系、管理体系、营销体系，为游客出行提供贴心管家、文化导师、金牌导游、全能导购等服务，增强定西旅游的便捷性、舒适度和美誉度。

支持 3A 级及以上景区、乡村旅游示范点免费 WiFi、通信信号、视频监控全覆盖。对建成达标的智慧旅行社，给予当年相关运营费用一定比例的财政补助。

专栏 10 "一部手机游定西"建设措施

1. 建设定西旅游大数据中心。2020 年，实现全市所有 A 级景区、星级饭店、旅行社、乡村旅游点等重要节点涉旅数据资源全面开放共享。

2. 依托"一部手机游甘肃"综合服务平台，建设定西智慧旅游管理、服务和营销体系。2018 年，完成 2 家 4A 级景区导览系统建设。2020 年，完成 3 星级以上酒店在线预订、自助入住，推进全市所有旅行社、导游线上预约，推进全市大多数旅行社、农家乐线上预定。

3. 运用省上自驾游地理信息系统（GIS）服务平台，为自驾游客提供一站式服务。

4. 运用省上旅游"一卡通"建设成果，让持卡用户在市内享受消费优惠。

5. 2020 年全面完善旅游目的地信息系统，持续深化文旅体与互联网、大数据、云计算、智能技术、新媒体及交通、工业、农业、商务、金融、养生、研学等业态融合。

牵头单位：市旅发委配合单位：市工信委、市公安局、市财政局、市商务局、市住建局、市农业局、市交运局、市安监局、市文物局、市地震局、市气象局、人行定西支行等，各县区政府

13. 开展全域旅游示范区创建行动

按照全区域规划、全要素配套、全产业链打造、全天候全季节拓展、全社会参与、全过程彰显特色文化的理念，统筹推进全域旅游。创建 1 个国家级生态旅游示范区，创建临洮县、漳县等 2 个省级全域旅游示范区，带动其他各县区积极争创示范区。开展旅游名城名镇、名街名村创建活动。整体打造优秀文化、优秀环境、优秀景观，推动资源、产品、业态和产业融合发展，构筑共建共享、相融相促的旅游发展新格局。

积极推出文旅体"春赏花、夏消暑、秋薯宴、冬滑雪"等四季产品，实现由"半年闲"到"四季游"的转变，构建旅游四季格局。

专栏 11　全域旅游发展措施

1.编制《定西市全域旅游规划》。

2.按照定西市《关于促进全域旅游发展的实施意见》精神,率先将"一个龙头、三条旅游轴带、十大文旅体融合景区、精品线路"打造成全域旅游示范区。

3.创建旅游名城名镇。以建设优秀旅游城市为目标,利用中国花儿艺术之乡、中国书画艺术之乡等资源,争取命名一批名城名镇。重点对陇西等名城和榜罗等名镇,以传承创新文化为主题,进行具有鲜明时代特征、强烈时代气息和地方特色风格的建设,构建结构合理、科技含量高、富有创意、竞争力强的现代文化产业体系,推动文体旅产业与信息、商贸、物流、建筑等产业融合发展。对通渭县平襄书画小镇、陇西县首阳中药材小镇、临洮县洮阳马家窑文化小镇 3 个省级特色小镇进行重点打造,带动打造市上命名的 20 个特色小镇。配套建设完善一批具有历史文化内涵的小镇,统筹政府主导、社会参与、政策引领、项目支撑等,完善名城名镇的旅游功能,促进其持续快速发展。打造一批旅游商品、民俗表演、文化娱乐、特色小吃、特色名街,配套建设文化体验休闲酒店、文化主题餐厅、文化旅游演艺、工艺品交易市场等项目。

4.创建旅游名街名村。对名街名村、老民居、老故居(如夏羊故居、蒋云台故居等),利用非遗项目及代表性传承人、传习所等,进行保护和开发,突出"陇中记忆·留住乡愁"主题,建成非物质文化遗产传播体验基地。支持开展非遗项目的研发设计、展示展销、品牌推广、基地建设等产业活动,对开展非遗项目创业并通过项目评审的省级、国家级非遗代表性传承人,积极开展市级以上非遗项目传承培训、项目开发、文化交流的,给予奖励支持。发展新型乡村旅游休闲产品,将名村建设成为具有历史、地域、民族特点的乡村旅游示范村。

5.创新旅游产品供给。大力施行"旅游+"战略,提升农业、林业、水利、科技、教育、文化、体育等领域旅游发展水平,积极推进"商务、养生、休闲、研学、情感、探奇"等大众旅游新业态产品化和产业化。

6.加强旅游从业人员培训,推进旅游公共信息服务智能化,提升旅游服务水平。

7.加强基础设施配套。扎实推进旅游"厕所革命";提高旅游景区可进入性;合理布局建立旅游集散中心和旅游咨询服务中心。

8.加强旅游市场执法。依法建立旅游综合监管机制,推广"1+3+N"旅游综合执法模式,建立健全旅游部门与相关部门的联合执法机制,强化涉旅领域执法检查。

牵头单位:市旅发委配合单位:市发改委、市住建局、市交运局、市环保局、市文广局、市教育局、市体育局、市科技局、市农业局、市水务局、市林业局、市人社局、市文物局等,各县区政府

14.开展乡村旅游新业态集群打造行动

抢抓国家实施乡村振兴战略机遇,大力发展以农耕文化为魂、以田园风光为韵、以村落民宅为形、以生态农业为基的乡村旅游。扶持发展乡村旅游合作社,规划、设计、建设乡村旅游田园型康养基地,丰富乡村旅游业态。对达到定西市建设规范要求的乡村旅游合作社、田园综合体、专业旅游村、标准化农家乐等给予支持。力争到 2020 年,建成 10 个 3A 级标准的乡村旅游景区,24 个乡村旅游专业村,365户标准农家乐,年接待超过 560 万人次,吸纳就业 1.2 万人以上,乡村旅游总收入达到 5 亿元,旅游带动的脱贫人数占脱贫总人数的 20% 以上。

按照旅游专业村、农家乐建设服务标准,在旅游扶贫重点村建设游客中心或咨询服务中心、停车场、旅游标识牌、各类旅游步道、游客休息设施等,完善乡村旅游公共服务设施,全面提升乡村旅游服务质量和水平。支持本市旅游企业录用建档立卡贫困家庭劳动力就业。

专栏 12　乡村旅游新业态集群打造措施

1.实施乡村旅游精准扶贫工程。将发展乡村旅游与脱贫攻坚相结合,实施崆峒镇康家庄村等 56 个旅游扶贫重点村建设计划。率先在 7 个县区各创建 1 个乡村旅游"三变"改革精品示范基地,鼓励更多的贫困村推广精品示范基地做法,带动贫困群众参与乡村旅游发展。进一步加强东西部旅游扶贫对口帮扶合作,争取福州市县区加大对我市贫困地区旅游项目建设、游客输送、人才培训、产品推介等帮扶工作力度,推动乡村旅游发展。

2.推动乡村旅游多元开发。突出土气、老气、生气、朝气"四气"特点,以城镇、景区周边和交通沿线为重点,积极推广景区带村、能人带户、公司＋农户、合作社＋农户的"双带双加"旅游扶贫模式。

3.实施乡村旅游周末休闲工程。设计周末乡村旅游线路产品和营销主题,培育乡村旅游周末休闲产品,打造乡村周末休闲品牌。

4.开展乡村旅游提质升级行动。利用农村"三变"改革政策,盘活农村各类资源资产,参与乡村旅游"三变"改革,加快完善乡村旅游设施建设,开发乡村旅游新业态产品,培育乡村旅游线路品牌,优化乡村旅游环境,整体提升乡村旅游发展水平。

5.规划建设一批田园综合体。重点规划将建和在建的有定西凤凰谷、渭源县上湾镇、甘肃裕民农业科技园乡村休闲旅游观光、临洮县卧龙山、陇西百盛园文化旅游、临洮国家体育训练、渭源县渭河源运动休闲等田园综合体。

牵头单位:市旅发委

配合单位:市扶贫办、市财政局、市农业局、市住建局、市交运局、市人社局、市畜牧兽医局等,各县区政府

15.开展甘肃中部自驾游大本营建设行动

对接省上建设中国西部自驾游大本营、打造世界级自驾旅游线路的目标,依托重点景区、风景廊道、重要交通节点,建成 15 个自驾车房车露营地和 8 个交通驿站,配套房车住宿区、汽车保养区、露天娱乐广场等设施,建设省内外知名的自驾车房车露营地。开发特色鲜明的自驾车房车旅游精品线路,开发户外拓展、励志教育、野营训练等主题研学产品,制定发布自驾游攻略,逐步建立自驾车房车经营体系,打造甘肃中部最美自驾旅游黄金线。

专栏 13　甘肃中部自驾游大本营建设措施

1.实施《丝绸之路甘肃省交通房车露营地发展规划》。

2.通过招商引资方式,进行建设和运营。

3.在房车露营地建设中,彰显定西特色文化。

牵头单位:市交运局、各县区政府

配合单位:市旅发委、市国土资源局、市国有投资控股集团等

16.开展特色旅游餐饮开发行动

挖掘餐饮文化内涵和价值,整合特色美食资源,提升旅游餐饮品质,举办美食节活动,举办"10大特色宴席""10大地方小吃""10大旅游餐饮名店"等评选活动,邀请游客线上线下投票,评选一批特色代表菜肴,形成定西美食谱,打造定西"十三花"。开展美食大赛,重点围绕马铃薯、药膳、特色面食、羊肉等,开发原生态餐饮、养生美食、风味小吃。积极申报中华传统名小吃,提升旅游餐饮档次。

对新评定为四星级、五星级的旅游饭店给予一定的财政奖励。开发城市特色夜市,在市、县区城区中心建设1—2条特色美食街。打造融美食、娱乐、体验、购物、特色表演为一体的昼夜互补文体活动项目,提升城市文化品位,丰富游客夜生活内容,延长游客逗留时间,拉动文化消费。到2020年,建成7个有档次、上规模、特色鲜明的餐饮街区。

牵头单位:市商务局

配合单位:市旅发委、市文广局、市体育局、市公安局、市财政局、市规划局、市环保局、市食药监局等,各县区政府

17.开展多元住宿新业态发展行动

顺应多元化、个性化、高端化市场需求,建立以星级酒店为龙头,以大众化旅社为重要组成部分,以户外营地、乡村旅馆、精品民宿为补充的旅游住宿接待体系,促进景区依托型、城镇依托型、特色田园型、交通节点型旅游住宿协调发展。以创建主题特色精品住宿示范点为突破口,巩固提升星级酒店管理服务水平。支持发展新业态住宿业,重点发展主题酒店、商务酒店、生态酒店和经济型酒店。

挖掘原生态特色古村老屋,引导建设适合大众旅游者要求的住宿设施,增强散客自助旅游服务功能。培育高端精品乡村酒店、汽车旅馆、房车营地、特色民宿、度假公寓、青年旅舍、集装箱旅馆等住宿新业态,撬动旅游体验升级,满足多层次游客的需求。

鼓励运用定西特色文化元素设计、装饰多样化多层次的住宿设施,发展主题鲜明的多元住宿新业态。

聚焦服务重点旅游景区,开展"10大旅行社""10大星级宾馆""10大精品名宿""10大优秀导游"及"年度群众最喜爱的旅游景区"等住宿新业态评选活动,提高文旅体发展的融合度。力争到2020年,重点扶持建设20家左右文化旅游商品研发、特色餐饮开发、特色民宿建设类企业,重点培育1—2家有竞争力的国际旅行社、3—5家有核心竞争力的国内旅行社,使全市旅行社达到25家、旅行分社达到30家、住宿业床位数达5万张以上。

牵头单位:市旅发委

配合单位:市住建局、市商务局、市文广局、市农业局、市交运局等,各县区政府

18.开展旅游"厕所革命"行动

把旅游"厕所革命"当作基础工程、文明工程、民生工程着力推进,坚持科学布局、干净实用的原则,按照补齐影响群众生活品质短板的要求,实施旅游厕所建设

计划,新建、改建旅游厕所270座左右。

专栏14　开展旅游"厕所革命"措施
1.实施拓展工程。把"厕所革命"从城市拓展到农村,从景区拓展到旅游通道沿线、交通集散点、乡村旅游示范村,从数量增加拓展到质量提升,推动"厕所革命"覆盖城乡全域。 　　2.加强管理。探索旅游厕所社会化、市场化管理新模式,探索"以商建厕、以商管厕、以商养厕"模式,强化旅游厕所日常保洁、运行维护管理和考核监督。鼓励拓展延伸厕所功能,提供WiFi、便利店、线路查询、取款机等服务。加强第三卫生间建设,逐步实现3A级以上旅游景区建有第三卫生间。 　　3.提升旅游厕所科技应用水平。解决并逐渐消除部分旅游区域的"旱厕、冰厕、孤厕"。运用"互联网+"信息技术,提高厕所管理服务水平,推广厕所导航等系统应用,建立游客评价和投诉功能。 　　4."厕所革命"宜体现出地域文化品位、彰显人文理念。

　　牵头单位:市旅发委

　　配合单位:市住建局、市交运局、市工信委、市环保局、市规划局、市林业局、市文物局等,各县区政府

19.开展快进慢游交通体系构建行动

　　全面实施4A级及以上旅游景区连接公路提升改造工程,加快通往主要景区、乡村旅游点道路建设,沿途设置观光休憩区,打通游客到景区的"最后一公里"。加大城市快速通道和旅游观光道路建设,形成连接不同级别景点的绿道系统。在自驾车房车营地,配套房车住宿区、汽车保养区、露天娱乐广场等设施,为游客提供多样化服务。推动高速公路服务区、加油站向集交通、旅游、生活等服务于一体的复合型服务场所转型升级。

　　支持旅游客运企业开通城区观光巴士和通往全市各旅游景区的专(环)线车,加快构建旅游观光车、市区公交、出租车等各种交通方式相互衔接、零换乘的综合多维立体旅游交通体系。率先支持在4A级景区开通"旅游直通车"专线,实现4A级旅游景区与临近城市、车站等交通枢纽的无缝衔接。

　　推动定西、漳县、岷县等支线机场的规划建设,改建临洮军民共用机场。推进渭武、通定、陇漳、定临高速公路建设,力争早日建成通车。争取建设天水到兰州的城际列车定西段和兰汉高铁定西段等铁路,实现与周边区域铁路环线联接。

　　完善旅游交通标识体系,将通往文化旅游区、重点乡村文化旅游景点标识标牌纳入全省和全市的道路交通标识范围。新增或改版现有城区主干道与旅游道路衔接的旅游行车导向标识标牌、旅游行人引导标识导览图,实现主要景区周边道路、城区主要街道全覆盖。

　　牵头单位:市交运局、市发改委

　　配合单位:市运管局、市财政局、市旅发委、市规划局、市工信委、市林业局等,各县区政府

四、工作路径

（一）强化顶层设计，坚持走高质量发展的路子。统筹协调，促进文旅体在规划、项目、资金、节会、产品等方面共享资源信息、支持政策、发展平台，实现深度融合。编制文旅体产业融合发展规划，引领资源开发层次和水平的提高，实现社会效益、经济效益和生态效益同步提升。

参照省上优质旅游发展的指标体系、政策体系、标准体系、统计体系，创建和完善优质旅游发展制度环境，强化服务管理质量，营造良好消费环境。

创建地域特色鲜明、文化内涵丰富的文旅体名优品牌，引导文旅体产业特色化、品牌化。

（二）强化创新融合，坚持走促进业态产品转型升级的路子。打破行政区划、行业壁垒，构建"文化＋旅游＋体育"发展体制机制，使文旅体产业融合成为产业体系升级扩容的新动力。以重点文化旅游景区改革为突破口，深度挖掘渭河源大景区、漳县贵清山/遮阳山、战国秦长城等景区文化内涵，丰富参与互动项目，打造高端体验项目，带动全市文旅体创新融合、业态转型升级。

对文旅体产业链条，以创意、创新的方式不断补链延链强链。以现代科技增容，带动文旅体产品创新。挖掘文博文化资源，凝炼马家窑文化、李氏文化、渭水文化、农耕文化等文化元素，开发、再现、活化、衍生系列主题旅游产品，实现文旅体产业相互促进、共同发展。搭建文化演艺机构、旅游景区和体育场馆等之间的交流对接平台，力争陇西、临洮、渭源、漳县等旅游城市和4A级景区率先实现驻场演艺常态化。

（三）强化招大引强，坚持走提升市场化产业化水平的路子。落实招商引资政策，依托兰洽会、敦煌行·丝绸之路国际旅游节、丝绸之路（敦煌）国际文化博览会等重大平台，主动出击，引进一批大企业大资本大项目落户。利用组建的定西市文化和旅游（体育）开发投资（集团）有限公司，打通资本市场通道，为文旅体产业发展提供融资保障。

鼓励支持各类市场主体，通过投资、拍卖、租赁、承包等形式，开发文旅体资源，推进文旅体产业融合的市场化进程。

建立重点文旅体项目库，指导督促县区和市直部门、企事业单位储备一批文旅体项目。建立重点文旅体项目审批、推进、协调、调度绿色通道机制，由发改、国土、住建、农业、林业等部门联审联批，及时解决文旅体项目立项、审批、用地、资金、政策等方面难题。实行文旅体重大项目领导包抓责任制，完善重点文旅体项目考核奖惩机制，推进项目落地实施。对大型文旅体项目，通过"一企一策、一事一议"方式，加大支持力度。

（四）强化机制完善，坚持走开展立体精准营销的路子。整合宣传力量和资源，建立政府主导、企业主体、媒体跟进的"三位一体"宣传营销机制。推出"从兰州一脚油门到定西"等富有形象性、生动性、口语性的宣传语言，全面打响文化旅游品牌。丰富宣传手段,有效整合传统媒体与新媒体、自媒体,开展"短平快"式宣传推介与营销。

利用互联网和大数据平台,打造"文化+互联网""旅游+互联网""体育+互联网"平台,提升文旅体宣传营销和服务管理的智慧化水平。举办重大会议、会展节庆、体育赛事等活动,策划事件营销、新闻营销。联手新媒体,立体传播文体赛事活动,全面提升赛事价值和活动影响力。建立全市旅游景区、旅游饭店、旅游交通等淡季价格优惠联动机制,加大优惠奖励政策扶持力度,持续做好特色旅游产品开发和宣传推介。

五、保障措施

(一)加强组织领导。各县区党委、政府是推进文旅体融合发展的责任主体,要担当责任,加强组织领导。建立健全文旅体融合发展统筹协调机制,成立以市政府主要领导任组长,分管领导任副组长,市直相关部门和各县区政府主要领导为成员的定西市文旅体融合发展协调推进领导小组,负责政策研究、总体谋划、统筹指导、协调解决融合发展过程中涉及的有关重大问题和具体事项,推动全市文旅体融合发展取得新成效。

(二)加强政策扶持。用足用好国家和省、市出台的支持文化产业、旅游产业、体育产业发展的各项政策,全面落实财政扶持、金融支持、税费优惠、用地保障等支持文旅体融合发展的政策。市政府授权定西市文化和旅游(体育)开发投资(集团)有限公司设立全资子公司定西文化和旅游(体育)中小企业发展基金管理有限公司。定西文旅体中小企业发展基金管理有限公司作为定西文化和旅游(体育)中小企业发展基金管理单位,发起设立定西文化和旅游(体育)中小企业发展基金。定西市文化和旅游(体育)开发投资(集团)有限公司以一定量的财政资金、有形资产与信誉、节会品牌、文化商标、版权、非遗代表性项目和传承人、电视台栏目等无形资产为政府出资,按照直接投资与间接投资相结合的方式,撬动银行、保险、投资等金融和社会资本,共同投资设立定西文化和旅游(体育)中小企业发展基金。同时,各县区也要成立相应组织,支持文旅体产业又好又快发展。

(三)加强人才培养。落实人才政策,鼓励高层次人才带自主知识产权来我市创办文旅体企业。建立健全文旅体人才培养、选拔、引进机制,加强文旅体管理、经营、创意和服务等人才队伍建设,真正靠人才做强企业、做大产业。发展文旅体教育,支持市内职业院校设置文旅体相关专业或课程,培养文旅体经营管理人才、专业技术人才和服务技能人才,培训文旅体从业人员。鼓励文旅体企业与院校合作,建立实习实训基地,满足多层次多样化的人才需求。通过走出去、请进来等方式,强化各类文旅体人才培训,着力提升文旅体人才队伍综合素质。

(四)加强市场建设。加强组织协调,建立健全文旅体市场经营秩序综合监管机制,依法开展联合执法和日常监督检查,从严打击假冒伪劣文旅体工艺品、涉嫌低俗色情和封建迷信的文旅体产品生产、销售等非法经营行为,从严打击无证经营、强买强卖、价格欺诈、违约失信等违法违规行为。建立行业失信联合惩戒机制，促进文旅体企业合法诚信经营。

（五）加强项目支撑。谋划文旅体新项目，完善"十三五"文旅体项目库，形成政府扶持类项目、PPP 实施类项目、招商引资类项目相统筹的项目建设体系。执行"五步三法"工作制度和"定西市招商引资十条政策"及定西市构建新型政商关系"双六条""正负面清单"，促进项目建设工作落实。

（六）加强督查考核。建立健全政策落实监督机制和考核机制，加强跟踪落实和督查问责，确保各项政策措施落地见效。将文旅体产业融合发展考核纳入各县区政府目标责任考核范围，加大赋分权重，考核结果作为评价党政领导班子和领导干部实绩的重要内容。